JN296944

虚構ビジネス・モデル
観光・鉱業・金融の大正バブル史

小川 功

日本経済評論社

はじめに

　著者はここ数年間企業・金融の複合的破綻現象を説明する人的要素として，ハイリスクを選好する「虚業家」の存在に着目してきた。特に多種多様な「虚業家」が共鳴・共働するネットワークが過去の我が国のバブル期のリスクを増幅させてきたのではないかという仮説[1]を提示し，若干の事例で実証しようと試みてきた。著者は既に平成15年6月論文で自己の事例研究に関して，「今日のエンロン事件などで証券アナリスト，格付機関等の専門家が加熱するブーム，難解な金融技術，数々の虚構と架空の数値等に目を奪われるあまり，病的な投機的行動や忌むべき虚業の実態を見逃さないためには一体何をなすべきかという今日的で普遍的な命題にも密接に関連するのではなかろうか」[2]と方向性を示唆した。もとより単なる観念論の域を出ないものと理解されていたであろう著者の「虚業家」論にとって，大きな検証の機会が訪れた。それがサブ・プライム・ローン問題に端を発する米国金融危機とその世界的波及である。

　当該問題はついに平成20年9月決定的瞬間を迎え，米国の二大住宅公社をはじめ，リーマン・ブラザーズ，AIG，ワシントン・ミューチュアルなどの各種巨大金融機関の連鎖破綻・公的管理までを引き起こす本格的な金融危機にまで発展し，米国連邦政府は75兆円もの公的資金を投じて詐欺的な金融商品の廃品回収ならびに資本注入を余儀なくされた。一時は革新的な高収益モデルとして礼賛された米国投資銀行ビジネス・モデルが，自ら抱え込んだ「証券化商品」などの猛毒による自家中毒で七転八倒の末に内部崩壊した歴史的瞬間でもあった。これまで自国金融システムを盤石なものと信じていた共和党大統領候補のマケイン氏でさえも「自分たちもよく理解できない商品で利益を追及…健全な投資ではなく，あまりにむこうみずな賭けをしてきた」（H20.9.18日経）ウォール街の「腐敗」に対する厳しい批判に転じた。

僅か半年ほど前に「お大尽」よろしく，米国巨大金融機関の自己資本増強要請に唯々諾々と応じた新興諸国の政府系ファンドも一連の危機で一大金脈と見込んだ投資価値が急落し巨額の含み損を抱え込み，国内での批判にも晒される事態に追い込まれ，著者が危惧した通り明治期の日本興業銀行という「国策銀行の轍を踏む」[3]展開となった。

老舗の証券会社・リーマン・ブラザーズの日本法人は，あの名にし負う六本木ヒルズの上層階に陣取り，かっての英雄・ホリエモンに投機資金を800億円も用立てたほど，「何でもあり」(H20.11.20週刊新潮)の放胆極まる証券会社として著名であった。このホリエモンへの融資の際には同社の他部署の人間すら「余計なことしやがって」(H20.11.20週刊新潮)と冷たい世評を気に掛けたほどであったという。なにしろ前身企業の一つ，クーン・ロープは日露戦争の際，大国ロシア相手にとても勝ち目などないと認識されていた弱小国・日本に高利で軍資金を用立てたほどのハイリスク・ハイリターン商法の元祖であったから，若僧一人に賭博資金を貸し与えるなど，ほんの朝飯前であろう。同社に代表される外資系は破綻寸前まで外資の買弁たる「新興不動産会社」を股肱として使嗾し，ところ構わず各地で「不動産流動化」と称する地上げに狂奔，不動産ミニ・バブルの元凶とも目されていた。社会問題化した品川駅前の老舗ホテルの地上げでは背後にリーマン子会社が暗躍していたり，日立市のリーマン系大型商業施設はリーマンの破綻で即刻運営管理に行き詰まり，閉鎖に追い込まれた。外資系が口を極めてあれほど自慢していたキャッシュ・フロー重視だとか，"倒産隔離"機能付「特別目的会社」とやらの舶来手法の背信的欺瞞性を遺憾なく露呈した。

片や米国最大級の保険グループ・AIGの方も超低金利下の逆ザヤで破綻した中堅2生保を含む日本の生損保各社を底値で次々に買収し，勢力を急拡大するなど，"ハゲタカ振り"を遺憾なく発揮，業界人に明治期の生保買占めの大魔王・大阪生命の再来を想起させた。いずれもバブル崩壊で疲弊し切って，声も出せない国内金融機関を尻目に，"進駐軍"よろしく日本国内を我が物顔に縦横無尽に闊歩・席巻した最もアクティブな外資の代表格として畏怖され，金

融界を震撼させていた。彼らは国内勢を開示やリスク管理に劣る劣等格付と侮蔑する一方，自らは透明性高く，リスク管理に秀でた優等格付なりと僭称した。たしかに外資系格付機関のありがたい"ご託宣"でも国内勢と外資系との優劣の差は明白で，国内勢は敗戦当初と同様に四等国民扱いの汚名を耐え忍ぶほかなかった。

しかし本国で急膨張する証券化商品やCDS分野など新規分野への積極進出策の裏で，当然ながら保険会社の依って立つ基盤たる肝心のリスク管理がおろそかにされ，もはや「賭博」に堕したクレジット・バブルの甘美な夢に自己陶酔していたのでもあろうか。特にAIGは最上級の格付けなる"瞬間的虚報"（サブ・プライムと同様に，破綻のほんの寸前に何段階も格下げされるのがオチである）を信じ込んで，何十年もの長々期の保険契約を締結した純真無垢な庶民を世界中に何百万・何千万人もいわば人質[4]にとった上で，CDSという天下御免の「大賭博」を板子一枚下の自称"倒産隔離"完備の輸贏場で堂々と開帳し出した。大きく儲ければ経営者・幹部でリスク・テーキングの当然の成功報酬なりと山分けし，案に相違して賭に外れるや臆面もなく公的資金による9兆円もの救済をお上に願い出るなど，「これ以上見事なモラル・ハザードはない」という好見本を，高度なリスク管理を売り物とする世界最大級の保険会社自ら捨て身の行動で全世界に差し示して見せてくれた。

結局両社とも，手堅い手数料商売に飽きたらず，「手張り」に走って破滅した明治期の投機的な株式仲買人と同様に，素人には意味不明な横文字を羅列した「カタカナ」賭博に狂奔して共に自滅した。一方は幸いにして，お上のお慈悲に与かり，一方は何故か袖にされただけのほんの少しの違いなのであろう。金融界では明暗を分けた両社の差異がどこにあるのかを巡って，議論が続いているようであるが，もしAIGが先にこけて波紋が世界にひろがったら，その後を追ったリーマンが救済されたかも…という単に日付の差だけなのかも知れない。

金融工学を錬金術よろしく弄び，高給高能力を誇る自称・金融エリート集団も一握りのハイリスク・テーカーの専横・独裁[5]の前には，自分が何をなして

いるかも理解不能な単なる烏合の衆[6]にすぎなかったのではなかろうか。リーマン日本法人の元SVPは高給と引換えに、「代償として人間関係、道徳心といった目に見えない大切なものを犠牲にした」(H20.11.20週刊新潮)との反省の弁を述べている。倒産直前のリーマン・ブラザーズの本社から段ボール一杯の機密書類を大慌てで搬出して逃げ出す金融のプロ達の哀愁に満ちた姿を見るにつけ、他人に難解な金融講釈を垂れ、金融指導のご託宣を与える前に、かかる我が身に降り懸かるリスク予測すらもできなかったのであろうかと問い掛けたくなる。

　問題はどうして米国はもとより世界の有力銀行・金融機関の審査部門などが、かように病的な投機的行動に基づく詐欺的金融商品の本質を見逃して、自己が薄々感じていたはずの疑義を口に出す勇気すら喪失して、事勿れ主義に堕して単に形式的に「これこそリスク分散の出来た最先端の高格付の金融商品なり」と易々諾々と受け入れたのかというリスク管理上の疑問をじっくりと解明することであろう。時流に流されて、腐り果てたお粗末極まる原資産を高格付け金融商品に「マネー・ロンダリング」する"錬金術"という忌むべき虚業に直接・間接に荷担した各種の金融のプロ達のリスク管理の弛緩と、独立不羈の専門的職業人にあるべき矜持や倫理観の欠如こそが今、厳しく問われているのではなかろうか。

　資本市場の番人である金融監督当局をはじめ、公認会計士、格付機関、証券アナリスト、証券・保険のアンダーライター等々独立不羈の金融のプロフェッショナル達が高度専門家としての見識と高い倫理観に立脚して、相応の高い報酬の見返りとして当然に自己に課せられた監督・監査・審査等の専門的チェック機能を誠実に履行してはじめて、規律が確保され資本主義のメカニズムが健全に働く。しかし今回の米国発の金融恐慌では、こうした期待されたプロの規律維持機能が何故か十全には働かず、むしろ格付機関やアンダーライター等の常軌を逸した近視眼的、拝金主義的妄動が混乱を拡散させた。エンロン事件の反省とやらの内部統制の強化策も形ばかり麗々しく規則を作って魂入れず、形式主義・事勿れ主義に堕落した。結果的に巨額の成功報酬に目が眩んで「一か

八か」「後は野となれ山となれ」とばかり乾坤一擲の大勝負に賭けた首脳陣の暴走を一層加速させて「金融の総カジノ化」の惨事を招いたように思われる。投機を本分とする投資ファンドはもとより，投資銀行，大手商業銀行，地方銀行，保険，年金，機関投資家，ノンバンク等々，業態や規制の如何を問わず，程度の差はあれ「金融カジノ」の熱狂的プレーヤーとして続々と参加した。果ては鹿鳴館跡に立つ大和生命の証券界出身の"敏腕"社長も西欧流に開化して輸贏場に乱舞した一人であり，破綻後「社長のバクチの尻拭いはご免」と契約者の激しい怒りを買い私財提供を余儀なくされた。

このようにみてくる時，米国のサブ・プライムやCDSに関連する金融カジノ・ビジネスは開始当初から抜きがたい数々の隠蔽・虚偽・虚構性が色濃く内在している。無謬の科学を僭称する金融工学を金科玉条として，信用リスクを100％コントロール可能な「信用補完」[7]の美名の下に，無価値のものを恰も光り輝く金鉱石にでも変質させるが如き「証券化」なる魔法の「錬金術」を弄ぶなど，本質的にリスク管理の概念が完全に欠落した架空性の濃厚な，「虚構ビジネス・モデル」と言わざるを得ない。

こうした金融カジノ関連の最初からのトータルな設計図段階そのものに本質的で根本的な欠陥があったのか，何十倍もの高倍率レバレッジを利かせ，「証券化」を何度も何度も繰り返して，虚構の上にさらに虚構を積み重ねて天にまで達するかと思われる「バベルの塔」ならぬ「バブルの塔」建設に着手し，醜い仲間内でお互いに「最上級」だと褒め合ってCDSの花見酒を酌み交していたものの，途中で「虚業家」同士の会話が不能となるほどの異常事態が突発して，いわゆる「策士，策に溺れる」結末を招いたればこそ，全米いな全世界規模での未曾有の混乱と危機を招いたのであろう。とりわけ一連の金融カジノで中心的役割を担った「投資銀行」という花形金融業態そのものが弱肉強食・M&A・解体切売りを繰り返した末に，あまりに巨大化しすぎて，総身に悪知恵が回りかねた"金融恐竜"種の滅亡の瞬間なのでもあろうか。投資銀行ビジネス・モデルそのものが規制緩和の果てに自制能力なき巨大賭博産業と化して突進・暴走・自爆・崩壊，一瞬にして市場から完全にその姿を消した。

さしもの栄華を誇った20世紀型アメリカ資本主義も進退ここに極まれりの感が強い。日夜ウォール街を遥拝し，市場原理主義を崇拝し，米国を模倣して「金融立国」化を金科玉条としてきた人々は，この済度し難い現実を一体全体どう直視し，どのように総括されるのであろうか。

1) 拙著『企業破綻と金融破綻──負の連鎖とリスク増幅のメカニズム──』九州大学出版会，平成14年，p544以下。
2) 拙稿「『企業家』と『虚業家』の境界──岩下清周のリスク選好度を例として──」『彦根論叢』第342号，平成15年6月，p142。
3) 拙稿「『ハイリスク選好型』銀行ビジネス・モデルの系譜」『地方金融史研究』第39号，平成20年5月，p59。
4) 持株会社のAIGは金融保証子会社の危機に際して，傘下の「保険契約を200億ドルまで担保にしてよいとの許可を得た」(H20.9.27東洋経済) など，グループ相互間の「資本関係が入り組んだ組織形態」(H20.10.5日経) が特徴とされた。
5) リーマン・ブラザーズの「カリスマ」経営者として400億円近い報酬を獲得したリチャード・ファルドは米国議会に召喚され，各議員からの激しい責任追及に自己の不明を認めた。また日経「大機小機」欄もAIG破綻の「背景にはグリーンバーグ氏の強力な拡大路線がある」とし，同氏を引き継いだサリバン氏も「『リスクを恐れぬ経営』が依然としてAIGの強みと語り，拡大路線を継続した」(H20.9.25日経) と両氏の暴走を指摘する。
6) 証券化商品にもタッチして最近解雇された元外資系証券会社職員も「うすうす危険性に気付かなかったわけではないが，自分に割当られた狭い分野だけからでは全体像が読めなかった」「外資はドライと聞いていたが，まさか自分が『明日から来なくてよい』と言われるとは…」(H20.10.1フジTV) と自分達の不明を正直に語っている。
7) 信用補完 (credit enhancement) とは返済能力など信用度が不足している場合に，債務保証・担保提供・信用保険のように第三者 (信用補完者) の高い信用度を利用したり (外部信用補完)，内部の返済のための仕組みを組み替えるなど金融上の創意工夫手段 (内部信用補完) により，不十分な信用度を高め，他からの受信や投融資の円滑化をはかることをいう。近年は内部信用補完としての特別目的会社・倒産隔離 (bankruptcy remoteness) などを含む証券化手法が開発され，外部信用補完と併用されて来た。

目　次

はじめに　i

序　章　「虚業家」と虚構ビジネス・モデル……………………1

1．繰り返される虚構ビジネス・モデル　1
2．著者の「虚業家」研究　2
3．本書の課題と調査方法　3
4．本書の構成　5

第1章　不動産・観光業の融合・温泉土地会社の破滅…………11

Ⅰ．土地会社としての新花屋敷温泉土地　11
 1．不動産の証券化たる土地会社　11
 2．不動産・観光業の融合・温泉土地会社　11
 3．能勢口土地の設立　13
 4．新花屋敷温泉土地　15
 5．田中数之助　16

Ⅱ．日本無軌道電車　17
 1．無軌道電車の構想　17
 2．無軌道電車の敷設・開業　18
 3．華やかな開業の裏の経営の内情　23

Ⅲ．田中数之助社長の自殺と経営破綻　24
 1．田中数之助社長の自殺　24
 2．社長自殺後の同社の動静　25
 3．不動産登記簿から読み取れる同社の窮状　28
 4．同社の末期を伝える証言　29

第2章　貧鉱を富鉱に虚飾した鉱山業者……………………………39

　Ⅰ．大北炭砿と類似の泡沫会社事例　40
　　1．中外証券信託　40
　　2．日本海上倉庫　42
　　3．北海採炭　43
　Ⅱ．大北炭砿　44
　　1．大北炭砿の創立　44
　　2．大北炭砿の内情暴露　52
　Ⅲ．亜細亜炭砿　56
　　1．炭砿トラスト・亜細亜炭砿の発起　56
　　2．津下精一から設立費借入れ　59
　　3．亜細亜炭砿創立決議　61
　　4．亜細亜炭砿の末路　63

第3章　外地での証券・金融・開拓ビジネスの幻影…………71

　Ⅰ．台湾証券交換所　71
　　1．主唱者・村上先　72
　　2．台湾における取引所設置問題　74
　　3．台湾証券交換所の設立　76
　　4．台湾証券交換所のその後　77
　Ⅱ．坂西少将の主宰する中国関連事業　79
　　1．坂西少将　79
　　2．中日合弁・裕華銀行　80
　　3．支那大陸公司（北京）　81
　　4．大連払下品事業　82
　　5．東方貯蓄銀公司（上海）　83
　　6．福華公司　84

Ⅲ．メキシコ土地開拓事業　85

第4章　庶民の証券貯蓄を収奪した債券業者……………………91

　　Ⅰ．日本公債と資金運用先　93
　　　1．日本公債　93
　　　2．日本採炭　95
　　Ⅱ．日本国債と資金運用先　96
　　　1．日本国債　96
　　　2．日本商事相互　97
　　　3．日本国債信託　98
　　　4．大日本国債　98
　　　5．東京浴場炭砿　99
　　　6．北海中央電鉄　99
　　Ⅲ．東京国債と辻川敏三　100
　　　1．辻川敏三　100
　　　2．東京国債　101
　　　3．東京国債銀行　104
　　　4．西武軌道　105
　　Ⅳ．明治公債　106

第5章　庶民の預金を投機に賭けた「虚業家」………………117

　　Ⅰ．田中猪作　117
　　Ⅱ．佐賀貯蓄銀行　119
　　　1．佐賀貯蓄銀行の破綻までの経過　119
　　　　(1)　佐賀貯蓄銀行の概要　119
　　　　(2)　初代頭取中野致明　120
　　　　(3)　二代頭取吉田久太郎　121
　　　　(4)　大正中期の役員と業績　122

(5)　反動恐慌による取付　123
　　　(6)　支配人永倉義晴，百田郡一らによる整理　124
　　　(7)　佐賀貯蓄銀行の終焉　127
　　2．佐賀貯蓄銀行執行部と田中猪作の悪縁　127
　　　(1)　山口練一　127
　　　(2)　大中正澄　128
　　　(3)　田中猪作との共同謀議　129
　　　(4)　大正バブル崩壊による一派の没落　130
　　　(5)　公判で暴露された一派の爛れた癒着関係　132
　Ⅲ．中央生命　134
　　1．中央生命の設立と増田ビルブローカー銀行による買収　134
　　2．増田ビルブローカー銀行の破綻　136
　　3．田中猪作の中央生命乗り込み　137
　　4．田中猪作と津下精一の提携　139
　　5．田中猪作と中央生命との確執　140

第6章　老舗庶民金融機関のビジネス・モデルの変容……151

　Ⅰ．共栄貯金銀行のビジネス・モデル　152
　　1．共栄貯金銀行の沿革　152
　　2．ビジネス・モデルの確立　153
　Ⅱ．主宰者・小出熊吉　157
　　1．小出熊吉の略歴　157
　　2．「津下事件」での小出熊吉の行状　158
　　3．秋田県山本郡富根村の開墾事業　158
　　4．大東銀行（北京）設立計画　160
　　5．皇国銀行の買収　161
　Ⅲ．共栄貯金銀行の破産までの経過　163
　　1．共栄貯金銀行の資金難　163

            2．金融業者樋口美津雄の登場　164
            3．共栄貯金銀行の破産　167

第7章　大正版ベンチャー投資ファンドの末路……………177

    Ⅰ．津下精一の交遊範囲・人的ネットワーク　182
        1．子爵・九鬼隆治との交流　183
        2．政友会代議士長谷場敦との関係　185
    Ⅱ．直系事業　187
        1．津下商店　187
        2．日本興信所神戸支店　189
    Ⅲ．ベンチャー投資　190
        1．大阪新淀川流域利用開拓事業　191
        2．海草繊維プロジェクト　194
            (1)　日本海藻繊維（国産繊維工業）　194
            (2)　帝国繊維工業　195
            (3)　東洋繊維工業　195
            (4)　日本海草紡織　198
            (5)　大日本海草パルプ製紙　199
            (6)　各社に共通する役員　201
            (7)　海草繊維プロジェクトの実査記録　201

終　章　ハイリスク選好者の連鎖メカニズム……………209

    Ⅰ．各事例間の相互関係と各事例の結末　209
        1．各事例間の複雑な相互関係　209
        2．各事例の結末　211
    Ⅱ．虚構ビジネス・モデル　213
        1．大正バブル期の新興企業群の共通性　213
        2．虚構ビジネス・モデル　214

3．職業的な発起業者の主導　　215
　　4．所謂「泡沫会社」「幽霊会社」　　216
　　5．尤もらしい"舞台装置"　　217
　　6．有力政治家・政界との癒着性　　218
　　7．信用補完のメカニズム　　219
　　8．情報媒体の最大限の活用　　220
　　9．金融機関・ノンバンクの投機機関化　　221
　　10．ハイリスク・ビジネスを支える専門金融業者　　221
　　11．ガバナンス不全　　222

あとがき　　227
引用文献略号一覧　　233
索　引　　237

序　章　「虚業家」と虚構ビジネス・モデル

　序章では著者が本書の主題としてのハイリスクを選好するリスク・テーカー（「虚業家」）に着眼した経緯，本書の問題意識と構成のみを簡単に述べておきたい。なお「虚業家」に関する先行研究は前著[1]の序章に掲げたので本書では繰り返さない。

１．繰り返される虚構ビジネス・モデル

　J.P. モルガン証券の内部にあって，菅野雅昭氏は今次のサブ・プライム・ローン問題の本質を「金融緩和が長期間続いた場合，人々のリスク感覚が正常に働かなくなる例がまた一つ歴史に追加されようとしている」[2]と指摘するが，実は我が国でもこうしたリスク感覚が正常に働かなくなる非正常な時期が何度もあり，その都度リスク感覚が非正常な人物（ハイリスク選好者）が「成金」「風雲児」「旗手」などと持て囃され，あたかも時代の寵児となる奇妙な社会現象が繰り返し生じている。

　たとえば日露戦争後の「全く狂熱した…株界未曽有の大成金時代」[3]を『成金物語』の著者・千原伊之吉は次のように自己の体験として生々しく描写している。「銀行会社の直接経営者の多くは新人物に替って，只管新気運に遅れん事を恐れ，新進気鋭の活気に満ちて，世は唯だ黄金世界に酔うた。銀行は貸出の手を極端に緩めて，株券放資を勧むると同時に，株式放資金の融通は極めて円滑を計るといふ有様」（成金，p113）で，当時すでに「関西に於ける成金の巨頭として天下に持て囃された」（成金，p330）「自分の家には毎日会社の発起人になって貰ひたいとか，或は鉱山を買へとか，地所を買って貰ひたいとか…来る人々が引きも切らぬ有様」（成金，p233）であったという。

日露戦後の成金時代と全く同様に、大戦景気による大正バブル期にも人々のリスク感覚が正常に働かなくなる黄金世界が再来した。大正6年9月帝国興信所という信用調査機関は日刊の機関紙上で加盟会員に対して次のような「会社熱勃興に対する警告」を発した。「時局発生以来、本邦事業界の振興は真に驚異に値するもの有之、新設会社の勃興、既設会社の拡張等日も尚足らざるの観あるは国家の為め御同慶の至りに存候。然るに所謂会社屋連、虚業家連の暗中飛躍も亦之を機として随所に起り、不真面目極れる計画を樹てて之を誇大に吹聴し以て投資家を誘惑せんとする者不尠、実に油断難相成り儀と存候」(T6.9.7内報)

大正バブルが崩壊した大正末期から昭和初期にかけての恐慌期にも、零細な庶民多数が被害者となった、大掛かりな詐欺的不正金融事件が続発し、深刻な社会問題となった。当時の『東京日日新聞』は社説で「不正金融業者が現れて、経済の事情に通じない、地方農民や、都会の小所得者に棚ぼた式の利殖方法を宣伝してその金銭の寄託を受け、結局はこれを横領着服して不正の利得をほしいままにすることがはやってゐる」(T14.10.23東日)と何度も警告した。

2. 著者の「虚業家」研究

まず著者は平成14年拙著[4]において「虚業家」の仮説を提示し、その集団性についても指摘した。つづいて前著の仮説を補強すべく、平成18年刊行した拙著[5]において100余の泡沫会社を乱造して投資家を誘引した「発起屋」「会社屋」の代表格として"会社魔"松島肇とそのパートナー二十数名との連携関係の事例を取り上げた。

こうしたバブル期に集中的に出現するハイリスク選好者(リスク・テーカー)に着目した著者は、彼らが進んで選好するハイリスク分野に特に関心に払うようになった。すなわち古来危険の事業・冒険的事業などとして忌み嫌われることの多かった相場・証券・鉱業・土地・観光・リゾート・開墾・船舶・植民地・海外関連などである。そして順次これらの分野別に個別的な事例研究を積み上げようと努めてきた。一例として乏しいながらも土地・観光・リゾート

等の分野での著者の研究活動歴[6]を注記しておく。

　正統的な実業家・企業家とは区別された「非企業家」とでも分類すべき別のカテゴリーに組み込まれ，企業家とは別の処遇を受けてきた歴史的な経緯を明らかにするとともに，こうした人々に向けられた相場師，山師，地面師，成金など数々の評語の持つ語感を分析の素材として，彼らに共通する投機的性向の解析を試みてきた[7]。

　本書は著者の近年の十数本の論文群で取り上げた松島と同類の連中が数多くの泡沫会社・事業等を乱造し，深刻な社会問題となった事例研究の一部分を再構築して，現時点における一応の総括を提示することとしたい。

3．本書の課題と調査方法

　大正バブル期の事例にほぼ共通する「ビジネス・モデル」を解析する過程で，発起・創立過程に内在する主唱者たちの設計思想上の抜きがたい虚飾性・虚構性に気付くようになった。本書は上記のようなリスク管理の弛緩現象がなぜ特定の時期に全国的（ないし近年の如く全世界的）に集中的に発生し，幅広く各方面に蔓延し，抑制や防止が極めて困難となるのか，その加速メカニズムの本格的な解明のための予備的研究である。

　大正バブル期に1千万円を超える巨額の資本金を有する大規模泡沫会社まで多数出現し得た背景は，これまで十分には説明されていなかったと考えられる。すなわち①うたかたのような泡沫会社という性格上，これほどの巨資を擁する巨大企業をそもそも想定しにくいこと，②はたして現実に巨額の資本金払込が可能だったのかとの疑問からである。これまでの研究では自己の支配する機関銀行と結託した現物出資や幽霊株・空株といった込み入った経理操作により，設立偽装がある程度可能であったことが判明した。しかし会社設立のためにはなお登記費用・株券印刷費・広告宣伝費等の創業費相当額が現金として是非とも必要であり，巨額の資本金を有する泡沫会社の設立には少なくとも十万円単位の収入印紙を用意しなければならないという厳しいハードルがなお存在するのである。これが創業支援のための機能が現に存在したということの解明が必

要な所以である。

　泡沫会社の創業経過を調査するにあたって，著者が本書で主として採用した接近方法は次の通りである。①司法の取調・破綻・裁判等なんらかの形で発覚・公表された大正バブル期を代表するような相当数の経済事件を出発点として，②研究対象となり得ると思われる十数名のそれらしい人物を絞り込み，③伝記・評伝・人物誌等を含む対象人物の略伝を把握した上，④予審決定書・判決等を含む外部公表資料による迂回的接近により，⑤発起・出資・役員兼務等における連携・共同行動を調査し，パートナーを抽出，⑥彼らが発起・出資・役員兼務面で関係する企業・団体等の概要を調査，⑦対象者・パートナーを含む人的ネットワークの範囲を推測するとともに，⑧最終的には彼らの人的ネットワーク構造の全体像を解析しようと試みた。

　各段階で依拠した主な資料は，①通常の経営史研究に用いる一般的史料のほか，短期間に消滅した泡沫会社の調査には欠かせないものとして，②官報の商業登記等に準拠した各種の会社録，特に役員を名寄せした索引部分，③裁判の報道や判決等を掲載した『法律新聞』・判例集，④企業の発起，内紛，信用失墜等を調査した信用調査機関による報道，⑤新聞・雑誌・投資銀行レポートなどの公開された情報をも積極的に活用した。⑤は有力全国紙だけでなく，各地の地方新聞をも広く収録した理由は投資先が全国各地に及ぶことのほか，地方新聞に記事を配信する有力通信社の調査した情報をもカバーしようとしたためでもある（事実，東西の大手新聞に掲載されなかった情報も地方紙から相当数得られた）。著者の接近方法は要するに歴史研究における一般的な「深彫り」を断念する代りに，代替的な便宜手段として当該経済事件が発生した当時における金融機関・機関投資家等に所属する信用調査担当者が通常容易に参照可能と想定されるレベルの一般的な人物・企業データ（公表資料）を揃えて，事前の机上調査に相当する程度の簡易な分析作業をこうした実務にも従事してきた著者自身で再現しようと試みた「浅彫り」程度のレベルにとどまる。

　本書が依拠した主な資料は巻末の「引用文献略号一覧」の通りであり，本文中では注記せず，（　）内に略号で引用箇所を示している。当然ながら当時の

第一次史料・内部情報，不動産登記簿，関係者・子孫の保存文書・証言等への接近・入手を心掛けたが，本書が対象とした泡沫会社などでは当然ながら企業として存続する場合が皆無に近いため，入手・利用できたものは第1章など一部分にとどまらざるを得なかったという限界があり，これが遺憾ながら十二分には歴史研究たりえない本書最大の未解決課題となっている。各企業の有力役員等の履歴を煩瑣なほど注記した理由の一つはネットワーク解明のほかに，今後読者のご指摘を頂いて子孫などの家に残された関係文書発掘の手掛かりともなることを期待したためでもある。

4．本書の構成

本書の第1章以下の構成は次のとおりである。

第1章から第4章までは大正バブル期を中心に様々な業種においてある種の天才的な革新性をも秘めた新規ビジネス・モデルの創始・開発事例であり，一見積極的な評価を与えられる可能性すらあるケースを順次取り上げる。すなわち日本最初の「無軌道電車」という新規交通システムを国産技術のみによって初導入したパイオニアとの評価もある観光開発企業（第1章）を最初に取り上げる。続いて道東など奥地・遠隔地の低品位の劣悪鉱区や，一大炭砿トラスト（第2章），台湾での証券取引所・外地の諸会社（第3章），高額の有価証券（第4章）といった通常の販売方法では一般の庶民層には到底販売できそうもない"難物"の投資対象を，知恵と創意工夫で国家的な大義名分の唱導，ロットの小口化，独自の販売チャネル創設など，先駆的な独自ビジネス・モデルを巧みに構築することにより，何千・何万人という大衆レベルに販売することにほぼ成功したかにみえた。

事例として取り上げた各企業も各々の絶頂期には斯界のパイオニアとか，ある種の革新者として世の礼賛を受け，専門家の評価まで得てほんの一瞬時代の寵児のように持て囃された場合すら見受けられた。しかし隠蔽された実態は礼賛や誇大な社名等とは程遠い劣悪な内容にすぎず，こうした"難物"をみすみす抱かされた投資家は，これらの虚構ビジネス・モデルの忌むべき実態が

徐々に判明するに連れて等しく後悔し，強く抗議し，投資家層のひろがりから深刻な社会問題化するに至ったものである。

　第5章と第6章では貯蓄銀行・生命保険などの正規の庶民金融機関がハイリスク選好者との緊密な接点を持ち，あるいは買収を受けて彼らの関与・支配が深まるにつれて本来あるべき公益的性格が大幅に変容を余儀なくされ，庶民から託された資金を妄りに他に流用し，投機に投じて消失させ，遂には取付けを受けて多くは破綻の道を歩む（あるいは間一髪で虎口を脱した）という共通の筋道を明らかにする。

　第7章は一足飛びに関西財界の盟主への出世を夢想した三等郵便局長が問題含みの投資先ばかりを意図的に選好して幅広く巨額の郵政資金を散布し尽し，身代をつぶしたという治産能力が著しく欠落した個人投資家サイドの失敗事例を取り上げる。こうした一種の異色のベンチャー投資ファンドと呼ぶしかない奇妙な存在が本来は登記費用が捻出し難い巨額の資本金を擁する大型泡沫会社の成立すら可能にさせた一種のインキュベートのための恰好の温床ともなったと考えられる。第1章を除き，第2章から第6章に掲げた事例の多くが実は第7章の投融資先でもあったというのが本書の一応のオチになっている。

　終章では上記のような各種の虚構ビジネス・モデルを創出したハイリスク選好の"虚業家"同士が相互に競合・扇動・共働・共鳴し合い，重層的に役割分担し，絡み合う全体像を"虚業家"の連鎖・相関ネット・ワークとして提示するとともに，リスク管理の弛緩を引き起こした主因としてハイリスク選好の連鎖のメカニズムの解明に迫ろうとするものである。

　本書を構成する各章の初出は以下の通りである。

　　第2章ⅠⅡ…拙稿①「『虚業家』による虚偽的信用補完のビジネス・モデル——"鉱業投資ファンド"大北炭砿の事例を中心に——」『彦根論叢』第361号，平成18年7月，同Ⅲ…拙稿②「"虚業家"による誇大妄想計画の蹉跌——亜細亜炭礦，帝国土地開拓両社にみるハイリスク選好の顛末——」『彦根論叢』第368号，平成19年9月

第3章Ⅰ…拙稿③「"虚業家"による外地取引所・証券会社構想の瓦解――津下精一の台湾証券交換所経営と吉川正夫仲買店買収を中心として――」『彦根論叢』第367号，平成19年7月，同ⅡⅢ…拙稿④「"虚業家"による似非ベンチャー投資ファンドとリスク管理――大正期"印紙魔"三等郵便局長による郵政資金二百万円超の散布実態――」『滋賀大学経済学部研究年報』第14巻，平成19年11月

第4章ⅠⅢ…拙稿⑤「有価証券割賦販売業者のビジネス・モデルとリスク管理の欠落――日本国債㈱，日本公債㈱，東京国債㈱のファンド運用の失敗を中心に――」『彦根論叢』第362号，平成18年9月，同Ⅳ…前掲拙稿④

第5章ⅠⅡ…拙稿⑥「大正期破綻銀行のリスク選好と"虚業家"――佐賀貯蓄銀行と田中猪作をめぐるビジネス・モデルの虚構性――」『跡見学園女子大学マネジメント学部紀要』第6号，平成20年3月，同Ⅲ…拙稿⑦「"虚業家"による生保乗取りと防衛側のリスク管理――大正期中央生命の濫用的買収未遂事件を中心として――」『保険学雑誌』第602号，平成20年9月

第6章…拙稿⑧「老舗庶民金融機関のビジネス・モデル変容と頭取の『虚業家』的性格――破綻行・共栄貯金銀行頭取小出熊吉を中心として――」『彦根論叢』第366号，平成19年5月

第7章Ⅰ…拙稿⑨「大正バブル期の泡沫事業への擬制"投資ファンド"とリスク管理――"印紙魔"三等郵便局長の『虚業家』ネット・ワークを中心に――」『彦根論叢』第364号，平成19年1月，同ⅡⅢ…前掲拙稿④

終章…拙稿⑩「泡沫会社発起の虚構ビジネス・モデルと"虚業家"のネット・ワーク――大正バブル期のリスク管理の弛緩を中心として――」『彦根論叢』第369号，平成19年11月

　序章と第1章は今回新たに書き下したが，第1章はかって著者が昭和54年9月29日鉄道史研究会で報告した内容と，その前後に実施した現地調査の記録に依拠している。また第5章のⅡと第6章のⅠは平成19年8月29日地方金融史研

究会夏季合宿（於地方銀行協会）で「大正期破綻銀行のリスク選好と『虚業家』（続）――共栄貯金銀行，佐賀貯蓄銀行などのビジネス・モデルの虚構性をめぐって――」として，第5章のⅢは平成19年10月28日日本保険学会大会（於桃山学院大学）での自由論題「"虚業家"による生保乗取と防衛側のリスク管理――中央生命対田中猪作の事例を中心として――」として，それぞれ報告したものに加筆した。

1) 5) 拙著『「虚業家」による泡沫会社乱造・自己破綻と株主リスク――大正期"会社魔"松島肇の事例を中心に――』滋賀大学経済学部研究叢書第42号，平成18年，p1以下。
2) 「十字路」平成19年8月15日『日本経済新聞』。
3) 千原伊之吉『成金物語』（以下単に成金と略），采女社，大正5年，p167。
4) 拙著『企業破綻と金融破綻――負の連鎖とリスク増幅のメカニズム――』九州大学出版会，平成14年，p544以下。
6) 土地・観光・リゾート分野の業績としては以下の通り。
   ① 「宮城電気鉄道の設立動機と設備金融――親会社高田商会の破綻と生保融資――」『鉄道史学』第3号，昭和61年7月。
   ② 「大都市鉄道への経営転換と資金調達――阪神急行電鉄，大阪鉄道の対比を中心として――」『鉄道史学』第8号，平成2年9月。
   ③ 「戦前の不動産買上・流動化機関」『インダストリー・レビュー』ニッセイ基礎研究所，平成4年11月。
   ④ 「戦前期の生保不動産投資と土地会社への関与」『経済学研究』第58巻3号，九州大学経済学部，平成5年2月。
   ⑤ 「我国における観光・遊園施設の発達と私鉄多角経営の端緒――私鉄資本による遊園地創設を中心に――」『鉄道史学』第13号，平成6年12月。
   ⑥ 「地方債のデフォルトと土地会社方式による解決――生保共同引受による留萌町債問題と生保土地管理㈱設立を中心として――」『彦根論叢』第293号，平成7年2月。
   ⑦ 「阪神電気鉄道――阪神間の遊園地・都市開発に果した役割――」宇田正・浅香勝輔・武知京三編『民鉄経営の歴史と文化　西日本編』古今書院，平成7年9月。
   ⑧ 「土地会社方式による不良債権処理――渡辺系昭和土地案から勧銀・根津系自己競落会社への変態を中心に――」『彦根論叢』第305号，平成9年1月。

⑨ 「金融恐慌と証券化処理——我国における土地会社方式を中心に——」『証券経済学会年報』第32号, 平成9年5月.
⑩ History of Amusement Park Construction by Private Railway Companies in Japan, "Japan Railway & TRANSPORTATION REVIEW" No. 15, March 1998.
⑪ 「湯布院・別府の観光開発の先駆者・小野駿一と油屋熊八」『滋賀大学産業共同研究センター報』第2号, 平成15年6月.
⑫ 「邦人向"海外不動産投資ファンド"の創始者のリスク選好——紐育土地建物社長・岡本米蔵の前半生——」『彦根論叢』第357号, 平成18年1月.
⑬ 「ハイリスクの海外不動産投資ファンドの内地販売戦略——大正期紐育土地建物会社のビジネス・モデルの虚構——」『彦根論叢』第358号, 平成18年2月.
⑭ 「"虚業家"による誇大妄想計画の蹉跌——亜細亜炭礦, 帝国土地開拓両社にみるハイリスク選好の顛末——」『彦根論叢』第368号, 平成19年9月.
⑮ 「近江商人系資本家と不動産・観光開発——御影土地を中心として——」『彦根論叢』第375号, 平成20年11月.
⑯ 「海浜リゾートの創設と観光資本家——東京ベイ臨海型テーマパークの魁・三田浜楽園を中心に——」『跡見学園女子大学マネジメント学部紀要』第7号, 平成21年3月.
⑰ 「雨宮敬次郎——熱海への観光鉄道を拓いた相場師——」『日本の鉄道をつくった人たち』悠書館, 平成21年6月（予定）所収.

7) 拙稿「企業家と虚業家」『企業家研究』第2号, 平成17年6月, 同「買占め・乗取りを多用する資本家の虚像と実像——企業家と対立する『非企業家』概念の構築のための問題提起——」『企業家研究』第4号, 平成19年6月.

第1章　不動産・観光業の融合・温泉土地会社の破滅

Ⅰ．土地会社としての新花屋敷温泉土地

1．不動産の証券化たる土地会社

　不動産・観光業の一例として本章で取り上げる宝塚市・川西市に跨がる新花屋敷温泉土地は、社名から遊園地・温泉業のイメージを抱かせるが、沿革的には不動産分譲に主体を置いた零細・後発の土地会社である。土地会社とは「関西百有余土地会社の鼻祖…土地会社中の権威」[1]とされる泉尾土地（明治36年12月設立）をはじめとして大戦景気により「大阪ヲ中心ニ続々設立セラレ」[2]、「最も安全有利に土地の経営に依って資本家に土地を有価証券化して提供するもの」[3]と、"証券化された不動産"と位置付けられていた。『日本全国諸会社役員録』を素材とした武知京三氏の調査では明治・大正期に設立された阪神地方の土地会社は重複分を含んで244社に達するものと試算する[4]。

　大正7～9年の大戦景気の絶頂期に「近来株式相場にて成功せしもの其資本を土地に移さんとするもの多く、随って地所の思惑買ひ盛に行はる」[5]とされたように、"証券化された不動産"である土地会社の多くは加島安治郎、竹原友三郎、石井定七[6]ら株式仲買人や投機的な資本家の主導で不動産投資の変形として設立されたと考えられる。

2．不動産・観光業の融合・温泉土地会社

　土地会社の中で社名に「温泉土地会社」を名乗るのは白浜温泉土地、中央別

府温泉土地，新別府温泉土地，城崎温泉土地建物，日本温泉土地など，白浜，別府，城崎，箱根などの著名な温泉に立地したものが多い。日下温泉土地など都市近郊の非温泉地域に立地しながら「温泉土地会社」を名乗るものの大半は，鉱泉，潮湯等近場の「疑似温泉」の系譜に連なるものと考えられる。「疑似温泉」は本格的な温泉旅行に縁遠い都市部の庶民層に疑似体験を安易に提供する目的で，その多くは「湧いづる塩類冷泉を槽に貯へ沸かして客の入浴に供ふ」[7]，「傍らより湧出するものを樋にて浴槽に導き火を焚きて煖むるもの」[8]であった。明治初期から中期にかけて「鉱泉の湧し湯」ないし潮湯等の「疑似温泉」ブームが起った。しかし鉄道の発達により庶民層の中距離旅行が容易となり，また各地に本格的な温泉開発が進むに連れて，こうした近場の疑似温泉の遊興施設の多くは劣等財として衰退してしまう。しかし京都の老舗ホテルの中には当初は明治6年創設の三層楼の「人工温泉」吉水温泉に付帯する旅館，割烹，貸席等から変身・発達するものがあるなど，観光経営史の上で重要な位置付けにあるものと考えられる。

　本章で取り上げる新花屋敷温泉土地もこの種の「疑似温泉」の系譜に連なる「鉱泉の湧し湯」であるほか，その経営はさらに次のような特色を有している。

① 住宅地の立地上にやや難点あり，当初はリゾート別荘地分譲を志向
② 別荘地としての付加価値を高めるため，当初から温泉・遊園地を計画
③ 最寄駅からかなりの急坂を登る必要あり，輸送機関の自営を決断
④ 種々研究の末，日本で最初の無軌道電車を採用し，敷設を申請
⑤ 併せて温泉場，歌劇場，遊技場，遊園地等の娯楽機関の開設を目論見
⑥ 開業後日本無軌道電車と改称し，外観上は恰も純粋の私鉄企業に転換
⑦ 私鉄が観光・不動産業を兼営する大手私鉄の標準的な形態を装うも，
⑧ 経営は全く不振で，無軌道電車，観光業とも極めて短命に終った。
⑨ 社長自殺後の私的整理過程が不透明で，整理屋的人物が末期社長就任

すなわち表面上は次々にビジネス・モデルを転換させ，歌劇場まで構想して小林一三による阪急のビジネス・モデル[9]を真似た「宝塚の亜流」[10]に近づこうと努力する。物理的な距離では宝塚にほど近い阪急沿線に位置するにもかか

わらず，内容は零細・後発の劣悪な土地会社経営から脱皮できないまま，財務体質だけを悪化させ実質的に破綻したものと思われる。このように新花屋敷は1社で観光企業の多くの系譜を兼ねる多様性，さらに観光企業に共通する困難かつ短命な経営特性を如実に体現する点で取り上げることとした。著者は主役の初代専務・二代社長・田中数之助（後述）の特異な個性だけでなく，脇役の初代支配人・宇喜多秀穂，末期の社長・藤井照千代など登場する重役・幹部にも観光企業経営者として注目すべき部分があると見るからである。

3．能勢口土地の設立

能勢口土地は大正8年12月10日（商登）「花屋敷土地会社裏に位せる西谷村及び多田村に跨れる土地五十数万坪の経営」（T10.2.9内報③）を目論んだ阪本弥一郎[11]，田中数之助らの発起で「土地建物ノ売買賃貸借信託業，温泉場経営右ニ関スル付帯事業」を目的として大阪市南区塩町通4-59（田中数之助の住所）に資本金200万円，払込50万円，4万株で設立された（T9.1.17藤本）。創立総会で取締役阪本弥一郎，高橋安次郎[12]，田中数之助，舟知和助[13]，福井熊三郎，太宰文蔵[14]，取締役兼支配人宇喜多秀穂[15]，監査役寺井栄三郎[16]，池田勝治[17]，広田善八[18]を選出した（増田4巻36号，帝T9, p125）。

田中専務は「勝手を充分知ってゐる人物が欲しい」（先駆, p157）として，高野鉄道[19]における「根津嘉一郎氏と宇喜多翁との関係をよく知ってゐたので…切望」（先駆, p160）して宇喜多秀穂を取締役兼支配人に迎え入れた。宇喜多は「意を決して支配人の椅子につかれ」（先駆, p160），自ら率先垂範，自社の新花屋敷に別邸を建てて移り住んだ。

能勢口土地の株式を分譲した商事信託合資会社のパンフレット「日本第一の破格低廉にして道路開通後大奔騰す可き能勢口土地株割安限定分譲」は次のように宣伝している。「能勢口停留場より十二町，花屋敷停留場より約十町，雲雀ケ丘停留場より約六町にして達する丘阜にして…花屋敷，雲雀ケ丘両住宅会社経営地に接し，又大阪の富豪藤田男の別荘[20]に隣す。面積約六十万坪，地盤高燥空気純潔四囲の眺望佳絶にして地味又頗る肥沃なり…巨利満願寺は其中央

写真-1　開通時の無軌道電車（本社前）
(柴田市郎編『大礼記念電気大観』電気大観発行所，昭和4年，p277)

に聳へ幽邃閑雅風致掬すべく，真に神仙の楽天郷…実に郊外住宅地たるの要素を具備せる理想地なり…更に特筆すべきは此地買収価額の低廉なること…一坪当僅かに六十五銭弱の破天荒の廉価を以て買収し得るに至れり」（能勢）。

　パンフレットでは「経営地内の適当なる場所に数ケ所のラヂウム温泉及び其他各種の温泉場を開設し…居住者並に来遊者の娯楽に供せん」（能勢）と近隣の先行事例に見習って，「新式温泉場と娯楽場の設備」（能勢）を構想していた。同じ分譲主体の商事信託合資会社が主宰した御影土地の売出広告でも「六甲山腹に数千軒の山林住宅を経営し，一王山付近に大遊園地を借入，大規模の計画をなす」（T9.3.3大毎広告）と宣伝し，「温泉地開拓及び納骨堂の新設」（T10.4.17内報）など観光開発をも兼営する花形株を標榜したが全く実現せずに終った[21]。

　これは後に無軌道電車（写真-1）が走ることになる満願寺に至る道路の中ほどには，明治40年ころ敦賀出身の東塚一吉が忘れ去られていた古霊泉を開削

し，「料理店，旅館を設け，内湯として」[22]，炭酸泉の花屋敷温泉を開業，大正期には自動車で送迎したという前史があった。箕面有馬電気軌道の停留場名も一丁北に位置する当該温泉に由来し，先発の土地会社・花屋敷土地（分譲を完了し14年ころ解散[23]）も別会社・桃園温泉土地[24]で「宝塚パラダイス式」（T8.4.18内報③）の温泉場経営を企画したが，同社合併後「温泉場経営は会社の直営と為すの難事なる」（♯4営，p3）を痛感している。

西谷村・多田村に跨る36筆の「経営地を三十五万円内外を以て買収継承し，道路開鑿樹木栽植其他土工費に約四万円を投じ，将来好適の住宅地たらしむべく」（T10.2.9内報③）着々と準備をおこなった。花屋敷土地から「花屋敷停留所ニ通スル道路敷ヲ頗ル有利ナル条件ニヨリ提供ヲ受ケ…大道路ヲ完成」（♯1報，p2），「既に幹線道路の舗装を終り，松林には適宜の間伐を加へ，一面花卉を移植して，着々整理を急いで」（T10.1.11D），「樹間ニ夥多ノ花卉ヲ植栽シ…今ヤ理想的住宅地タルノ貌誠ニ現然タルニ至レリ」（♯1報，p2）と自賛した。

能勢口土地の買収の一つ切畑字長尾山５番38の土地を例にとると，もとは満願寺の寺領だった梅村好太郎（名古屋）所有の山林を８年10月15日能勢口土地が買収している。また長尾山５番128，６番10の山林でも大正８年10月15日能勢口土地が買収している（不登）。ふじガ丘自治会の調査では「満願寺住職より60万坪の私有地を借り受け」[25]たと借地部分の存在を指摘している。当該地区は大正初期の有名な「長尾山訴訟事件」の紛争地に相当するが，能勢口土地の買収・借地部分との因果関係の有無は未詳である。

４．新花屋敷温泉土地

能勢口土地は半年後の９年４月先行土地会社として比較的良好な花屋敷土地にあやかって，「新花屋敷温泉土地と看板を塗替へ」（先駆，p160），「商号変更」（♯1報，p6）した。９年５月までに「総計約六万四千坪ノ売約ヲ得タ」（♯1報，p2）が，10年８月10日大阪朝日に出した「第一期竣工土地家屋特価提供」広告では，「意外に多数の御申込に接し，即日全部売切と相成申候…既

に第二期工事も一，二ケ月後に迫り居候に付，次期売出の際には可相成至急申込に預り御埋合せ申上る事に致度」(T10.8.12大毎⑧広告) とした。ダイヤモンドは「払込十二円五十銭のもの，昨今の時価六，七円で…昨今の株式額面割れは屈指の投資物で，土地株中の掘出物」(T10.1.11D) と好意的に見たが，朝日は「奇岩怪石に富み四季を通じて風景絶佳水質清く文化生活に適すと呼号された新花屋敷土地が電車の便から二十五町も距ってゐる」(T11.1.6大朝) と指摘した。

　10年4月大阪窒素肥料[26] (資本金100万円) 合併により資本金は100万円増加し300万円，払込75万円，株数6万株となった (株 T14, p377, 要 T11, p112)。合併後の役員は社長阪本弥一郎，取締役高橋安次郎，田中数之助，舟知和助，太宰文蔵，宇喜多秀穂，中村猪三郎[27]，渡瀬茂平[28]，監査役寺井栄三郎，広田善八，池田勝治，池本益蔵[29]，芳川正雄[30]であった (要 T11, p112)。

　新花屋敷温泉土地は12年7月5日本社を大阪市南区鰻谷西ノ町12より兵庫県川辺郡西谷村切畑字長尾山5番ノ1に移し，大阪を出張所として，社長も阪本弥一郎から田中数之助に交代していた。移転時の目的は「一，不動産ノ売買賃貸借，二，金銭貸付業，三，旅客並物品運送業，四，右二関スル付帯事業」(商登)，役員は取締役田中数之助，高橋安次郎，舟知和助，中村猪三郎，宇喜多秀穂，渡瀬茂平，正井猪久蔵，監査役寺井栄三郎，池田勝治，広田善八，池本益蔵，太宰文蔵，横川章太郎 (和歌山) であった (商登)。役員・大株主に遠方の和歌山県在住者が多いのは，初代社長の阪本弥一郎が和歌山出身で，同社以外にも多数の新設会社株主募集に同郷人を動員したためと思われる。9年11月期では株主104名，資本金200万円，払込50万円，所有土地35.3万円，未収金16.0万円，建物1.6万円，土工勘定5.4万円，什器1.1万円，土地売買益3.4万円，有配当，負債の部の「土地勘定」は14.8万円であった (株 T10, p733)。

5．田中数之助

　新しく社長となった田中数之助 (大阪市南区塩町通4／神田区小川町) は熊本県出身，「肥前天草の産にて目下久留米絣商を経営」(T7.11.5内報③)，「久

留米絣大阪販売所を経営し来り，手腕家の定評ある」(T10.4.1内報①)とされ，神田区小川町の株式会社久留米絣商店取締役のほか，三十三銀行，大阪窯業肥料，石橋土地建物，宝来土地建物，新花屋敷温泉土地各取締役を兼ねた(要 T10役中，p30)。松村寛平，陸煕らの勧誘で東京市の三十三銀行[31]取締役大阪支店長と大正興業銀行（旧太宰貯蔵銀行）取締役（T11.2.5内報②）に選任されたが，両行とも相次いで破綻した。大正初期の田中には「昨年来株式市場に出入し多大の痛手を蒙りたるやの噂あり。以前より不動産の売買に従事せし経験あるを以て，這次同会社を創設せし次第なるが，各株主の有する不動産を順次買収し，又は適当の土地を買入れ薄利にて譲渡する等一般土地経営をなすと雖も…〈田中〉氏近来の行動は輒もすれば公明を欠き取引先の注目する所となり居れる」（T7.11.5内報③）との評もあった（〈　〉は引用者）。なお千代子夫人は春名高義（後述）の長女である（二四，p10）。

II．日本無軌道電車

1．無軌道電車の構想

　新花屋敷温泉土地は駅との間を「住宅居住者の便宜のため，自動車三台を無賃で運転してゐたが，頗る多額の経費を要する」（先駆，p161）という交通上の悩みを抱えていた。宇喜多支配人は大正2年「主脳者となって平野無軌道[32]を経営するつもりで其敷設認可まで得ていたが…之れ〈阪堺電車〉と競争を避けるため平野無軌道を中止」（先駆，p161）したという無軌道電車出願の経験があった。

　そこで宇喜多は「これ〈無軌道電車〉を新花屋敷で経営して見たいと思い立たれ…比較的経常費の少ない，しかも自動車より輸送力の豊富な無軌道電車の建設を提案」（先駆，p161）した。田中社長はかねて宇喜多と思われる「友人に聞き無軌道電車なるものが，最も宜しき様に心得居ったが，相談する相手がない為め，今日に及んで居た」（黒田，p276）が，13年9月日本輸送機製作所

の黒田豊（元嵐山電車軌道工務課長）を招いて「今日より一任するから何卒具体案を立てて，無軌道電車の事業を進展させて呉れ」（黒田，p276）と依頼した。田中は「最も経済的で建設費も余り嵩まらず，然も世人の趣味を曳くに足る設備」（黒田，p276）を黒田に諮問したところ，宇喜多と同様に黒田も無軌道電車を推したため「忽ち賛成」（黒田，p276）したという。

13年11月18日電車製作を黒田の日本輸送機製作所に発注，13年12月2日無軌道電車敷設を兵庫県に出願した（黒田，p276）。同社が兵庫県に出した「無軌道電車敷設申請書類」の骨子は「現在経営地内には約150人が居住し…これに対応するため3台の自動車を無賃で走らせているが，居住者は増えている。さらに春から秋にかけて，散策，納涼，松茸狩りで多くの人が訪れる。また無軌道電車の開通に合わせ，温泉，歌劇場，遊技場，遊園地の開設を予定，これによって四季を通じ1日平均1,500人の利用が見込まれる」[33]という趣旨のものであった。

2．無軌道電車の敷設・開業

14年11月期では「無軌道電車建設費及土工費」122,073円計上，昭和2年2月6日西谷村切畑字長尾山5番ノ1に浴場一棟を登記した（不登）。2年11月14日無軌条電車敷設を認可され，2年12月21日の株主総会で定款の目的に，敷設申請の内容にあわせて「食堂，娯楽機関ノ経営，日用品ノ販売」（♯12報，p4）を追加し，「一，不動産ノ売買賃貸借，二，金銭貸付業，三，旅客並物品運送業，四，食堂ノ経営及日用品販売，五，娯楽機関ノ経営，六，右ニ関スル付帯事業」（商登）に変更した。3年6月29日株主総会で定款の目的に「七，浴場ノ経営」（商登）を追加した。

鉄道省と内務省は無軌道電車の申請に関して「過般来協議を続け…交通機関として時勢に適合せざるの理由によって…全部の出願を却下する方針」（S2.9.22東朝②）と報道された直後に同社は以下の通り認可となった。

「無軌道電車の認可　わが国最初の施設として許可，不許可を注目されてゐた兵庫県川辺郡新花屋敷温泉土地株式会社の無軌条電車敷設の出願は，

遂に去る十一月十四日内務大臣から認可された。その要項次の如し。
  (一) 経営者＝新花屋敷温泉土地株式会社
  (二) 目的＝旅客輸送
  (三) 事業資金＝十二万円
  (四) 車両最大幅員　六フィート　車両　二台，定員一車二十八人
  (五) 使用道路＝阪急電鉄花屋敷停留場より西谷切畑に至る延長七百二十六間
  (六) 建設費に対する収益率年一割の予定。

右無軌条電車は普通電車と自動車との中間に位するもので，軌条電車に比して甚しく便利であるから将来大いに普及されるだらうし，内務当局も道路管理上の障なく，かつ経営の適当なることを認めた場合は，続々許可する方針らしい。ただ問題は鉄道省の意向で，同省では軌道法の規定を盾に，内務大臣が鉄道省の諒解を得ずして独断許可の挙にでたことを難じ，何等かの対策を講じようとしてゐるから，その成行によっては或はまた一問題を惹起するだらう」(S2.12.1『電気の友』)

同社認可の協議に与かれなかった鉄道省は「鉄道網並びに自動車網の発達せる今日にをいて両者の中間に位する無軌条電車は寧ろ時代遅れの交通機関」(S2.11.15東朝④) だとして内務省に異論を唱えた。こんな両省の衝突の中，2年12月15日兵庫県知事から無軌道電車敷設を許可され，3年4月18日起工式を挙行した。7月10日敷設工事竣成，7月31日知事から無軌道電車線路変更工事と運転開始の件が認可された (♯12報，p7)。7月31日の新聞には「日本最初の無軌道電車　阪急花屋敷より新花屋敷まで八月一日開通　新花屋敷　大温泉　遊園地　運動場　最明滝　満願寺」(S3.7.31大毎) との広告が掲載された。経営難の高野鉄道で新設の長野遊園地の知名度を上げるのにさんざん苦心した経験もある宇喜多支配人は，最明寺滝に因む「世をすくふこころの滝のなかれをは汲て楽しむ天の下人」など，多数の沿線ゆかりの「詩歌を探し出し…活用」(先駆，p161) するなど観光宣伝にも力を注いだという。「同社ではこのほか花屋敷の丘上付近に各種の娯楽場や温泉住宅などを経営する計画である

から、この無軌道電車が開通の上は現在の自動車にくらべ乗心地もよく便利になると会社では力んでゐる」（S3.7.30大毎）とされた。

3年8月1日「無軌道電車及浴場ノ営業ヲ開始」（♯12報、p7）、「無軌道電車及浴場並ニ遊園場ハ当時必スシモ完成ト云フ能ハサリシモ兎ニ角八月一日ヲ以テ一斉ニ之レヲ開業セリ。而シテ浴場及遊園場ハ幸ニ其当初ヨリ一般ノ好評ヲ博シ」（♯12報、p2）た。8月1日開通の様子は次のように大きく報じられた。「日本最初の無軌道電車として一般から注目されてゐる阪急宝塚沿線新花屋敷温泉土地会社経営の無軌道電車は去る六月から開通のはずであったのが、道路工事や遊園地の設備等で手間どり延び延びになってゐたところ既報の通り八月一日から第一区間（阪急花屋敷停留場前より満願寺山麓の土地前に至る一マイル）のみ開通することとなり、五日名士を招待して開通式をあげることとなった。…同社ではこの電車の開通と同時に客をひく手段として満願寺山麓に西明寺滝などを取入れた約三万坪の地に遊園地を設け、温泉場や、かちかち山、桃太郎神社、動物園といった児童本位の遊園設備をしてゐるが、これも八月一日から一斉に開場するはずである。なほ無軌道電車は当分毎日午前五時半から午後十一時十分まで運転し、発車時間は十五分おきとし、運転は当分二台、停留所は将来数個所設けるはずだが、当分は起点終点のほか、つつじケ丘[34)]一個所、電車賃は片道十銭往復十五銭」（S3.7.31大毎市内版）、「温泉は分離派式の瀟洒な洋風木造二階建で建坪二百坪、男女浴場を始め食堂、娯楽室等が備はり、ほかに貸温泉もある。遊園地は約二万坪あり、子供本位の各種運動器具が備はってゐる。これらの工費は十八万円で、入浴入場料は大人十銭小人五銭である」（S3.7.31大朝大阪版）」、「乗客はどしどし多くなって正午頃には発車毎に満員の盛況で、二時までには約五百名の乗客があった。何分日本最初の無軌道電車だといふので、珍しさの見物がてらに乗りに来たものばかりで、中には神戸や京都辺りからわざわざ出かけて来た人々もあった。一方温泉場や児童の遊園地も引続き客足絶えず、いままで閑静だった満願寺山麓も俄に都会的な明るい賑ひを見せてゐた」（S3.8.2大毎市内版）

記事の中で「第一区間」とする理由は「会社では更に電車をこの温泉場前ま

で延長[35]し，行く行くは更に多田神社を経て能勢電多田停留場に至る線路をも造り」(S3.7.31大朝大阪版)たいという希望をもっていたためであった。

　8月5日各方面名士を招待して開通式を挙行し (S3.7.31大毎市内版)，9月5日無軌道電車・浴場の開業式を挙げ (♯12報, p7)，9月9日メーカーの日本輸送機製作所の披露宴が新花屋敷の温泉館で開宴され，「日本輸送機社長の開通苦心談及新花屋敷社長の該電車経営談等あり，京大よりは平野博士，青柳博士代理等参会」[36]があった。無軌道電車開通は地元新聞を賑わしただけでなく，各種のマスコミ，学術誌等，幅広く取り上げられた。たとえば『アサヒグラフ』は3年8月8日号で「我国最初といふので珍らしがられてゐる大阪府下花屋敷の新花屋敷温泉土地株式会社の無軌道電車はこのほど工事竣成し，八月一日から開通した」[37]として本店前の車両2両の写真を掲載した。また『歴史写真』も3年9月号に「本邦最初の無軌道電車」の写真を掲載した[38]。田中社長の採用条件であった「世人の興味を惹く」[39]宣伝効果は十二分にあったといえる。たとえば専門雑誌の『電気雑誌OHM』は3年10月号を「無軌道電車号」として「本号の表紙絵には，大阪花屋敷で最近開通した無軌道電車の写真を掲げ」，「惟ふにこれからは比(ママ)の種のものが計画実行されるであらう」[40]と評価した。つつじケ丘付近の林間の急坂を疾走する風景，起点の「無軌道花屋敷」の駅名標とともに，煙突から煙をあげる新花屋敷の温泉場と遊園地の全景が「無軌道電車号」表紙を飾った。

　また『日本地理風俗体系』の中で生野中学藤本好教諭は「無軌道電車」と題して，「関西住宅地の発達はこの日本唯一の無軌道電車を生んだ。これは新花屋敷と阪急花屋敷との連絡上唯一の交通機関である。レールの無い砂塵の多い急阪を馳る電車は決して乗心地のよいものではない。この付近には最近の計画になる〈小〉桜丘経営地等の住宅地がある」[41]，「新花屋敷経営地　阪急花屋敷停留所の西方満願寺盆地を開拓したのがこの住宅地で，盆地の中心には温泉を経営してゐる。花屋敷との間約一哩には無軌道電車を運転して連絡を保ってゐる」[42]と詳述した。

　兵庫県の発行する『兵庫県要覧』は無軌条電車の項を設けて，「新花屋敷温

泉土地株式会社は阪急電鉄宝塚線新花屋敷停留所付近に於て，其の経営せる土地開発を兼ね地方交通機関として無軌条電車を施設し，昭和三年八月之が開通を見たり。即ち総工費十二万円，延長七百二十六間，車両二十八人乗二両，路面にはコンクリート舗装を施し単線なり。無軌条電車は本邦に於ける最初の試にして開業後日尚浅く，之が得失，性能並効果等総て今後の成績に俟つべきもの多し」[43]と特記した。

　日本最初の無軌道電車として一躍全国的に有名になったことに気を良くした同社は3年9月17日臨時株主総会で商号を日本無軌道電車と変更した（商登）。日本無軌道電車は3年11月「営業概況」で「経済界ノ不況ハ本期ニ入ルモ何等ノ転回ヲ見ル能ハス，弥々倍々沈滞寂莫ヲ重ヌルノミ。本社ノ業績モ亦…甚タ振ハズ真ニ遺憾ノ極ナリトス…開業後日尚ホ浅ク而モ其前半ハ宣伝ノ甚タ至ラサルアリ。後半ハ稍々宣伝セラレタルモノアルモ，時既ニ冬季ニ入リ行楽ノ好期ヲ逸セシニ由ル…漸次好転ノ傾向アルハ誠ニ明瞭ナリ。左レバ来期以後ニ於テハ其宣伝ノ普及ニ連レテ相当ノ好果ヲ齎スヘキヲ信ス」（♯12報，p1〜3）として，来期以降「相当の成果を収め得へきを予想」していた。郷土史家の阪上太三氏は飛行機からの宣伝ビラ配布や満願寺での盛大な会式を示唆している。湯浅和平氏も「温泉には一度行きましたが，大きかったという記憶があります。温泉前の遊園地には滑り台などの遊具のほか，サルやキジなどがいる動物園もありました」[44]と証言する。

　満願寺門前で昔から米穀商等を営む辰巳商店の老婦人は当時の観光客の入込状況についての著者の問いに「最盛期には本社事務所（現「峠の店」）の隣に旅館，寿司屋・喫茶店等があり，新花屋敷全体で料亭・料理屋が数軒もあった。客は都会というより，近郷の田舎から多数来て，春秋だけでなく料亭は結構繁盛していた。温泉は湧かし湯であったが，私は近所の顔でタダではいりに行けたので，家の風呂を湧かさずに済んだ。本当にいい時代だった」[45]と最盛期の温泉街を懐かしんでいた。

3．華やかな開業の裏の経営の内情

　昭和3年初冬に黒田豊は「現状にては運転開始早々のこととて，手を入れる部分が多少ある事は免れないので，経常費は此割合にはなって居ない事と思ふが，電線路の並も直り，道路の不充分であった所も，手入が済めば略ぼ予算通りに行く事と思はれる」(黒田，p280) と，予想より経費が嵩んでいることを示唆している。鉄道技師の立場から『軌道・無軌条式電車』の著者佐藤利恭は「本線路は1/12の急勾配が多い。即ち急勾配線に於ける本式電車の一例」[46]と紹介し，大阪市交通局の宮本政幸も「道路も未舗装で，車両の通る個所のみは軌道に用いるような敷石をならべた」[47]だけと指摘する。

　平成5年8月初に現地調査した故吉川文夫氏は満願寺住職の母から「いつもガラガラで走っていた…ガタガタゆれて乗り心地悪かった…道路のコンクリートがすぐにだめになってしまった」[48]話などを聴取され，著書にも「私たちも温泉に入りに行ったが，トロリーバスの利用者はわずかで，いつもすいていました。途中で運転手に頼めば降ろしてもくれました」，「勾配がきついため，雪の日はスリップして乗客は途中で降ろされ，大人が押していました」，「運賃が高いので住民は乗らない人もありました。また家から駅までは下り坂なので歩き，帰りだけは乗るという人もいました」[49]との貴重な証言を収録している。湯浅和平氏も「開業当初は物珍しさに多くの人が利用していましたが，平日は少なかった」[50]と証言する。こうした証言から①小規模な郊外分譲地の公共交通機関として不可避な運賃の高さ，②道路舗装上の問題による乗り心地の悪さ，③数少ない固定客のはずの住民の中にも徒歩，片道乗車があり，④積雪時の運休・事故多発，⑤結果としての「いつもガラガラ」の低稼働の実態が明らかとなる。4年ころの新花屋敷温泉土地の分譲単価は坪5〜35円，一区画100坪以上，現在戸数68戸であった[51]。敷設申請の段階でも経営地内に約150人が居住しているにすぎず，もともと多くもない住民の利用率も高くなかったとすれば，開通ブーム一過後の観光客の激減は単に運輸収入の減少にとどまらず，温泉場・遊園地収入の激減をも意味する。借入金等の外部負債で巨額の観光設備投

資を敢行した同社にとって，現金収入の目減りは即座に資金繰りの悪化に直結する。『兵庫県統計書』によれば同社の「公債社債」[52]は3年80,000円，4年130,000円，5年143,200円と，逐年増加している。

開通後の同社の資金調達として判明するのは4年1月30日長尾山5番89の建物に抵当権を設定し，川島岩彦（大阪市西成区粉浜，紳S6, p85）から7,000円（3～4年の借入金純増5万円の14％に相当）を借入れた事実である（不登）。4年1月という開通後半年以内に金融機関ではなく，個人金融業者からの比較的少額の高利借入れに依存せざるを得ない同社の資金繰り面での苦境が示されていると思われる。なお4年6月21日株式併合により資本金を90万円，一株払込金額を50円に変更した（商登）。

Ⅲ．田中数之助社長の自殺と経営破綻

1．田中数之助社長の自殺

社長田中数之助の資産内容について4年商業興信所は正味身代未詳（資, S4, p141）との記号を付し，帝国興信所も対物信用を最低ランクと示すなど，かねて調査機関は疑義を抱いていたが，ついに同社の苦しい内情が広く世間に露呈する事件が勃発した。昭和4年12月11日の大阪朝日は「無軌道電車社長田中氏消ゆ」と題して，「社長田中数之助氏は先月末ごろ突然いづれかに姿をかくしたまま，目下行方不明である。専務の石崎[53]氏は『田中社長の逃走は事実でありますが，行方はわかりません』とのみいってゐる。逃走の裏面には何か事情が伏在してゐるのでなからうかといはれてゐる」（S4.12.11大朝）と報じた。社長を補佐すべき専務が本当に「社長の逃走」という不穏当な言葉を記者に対して使用したとすれば，もはや社長と専務との間にすら信頼関係が崩れつつあったことも示しているようである。4年12月18日の大阪毎日は次のように詳しく報じた。「田中数之助氏は先月二十一日会社へちょっと顔をみせただけでそれきり行方をくらましてしまったので爾来家族はもとより，決算期を控へ

てゐる会社関係者は大狼狽して八方捜索中であったが，杳として消息を絶ち，不思議極まる家出とされてゐたが，当の本人は家出の十一月二十一日午後十一時ごろ南海電車大和川の踏切で轢死してゐたことを住吉区役所が仮埋葬後，本月十一日の某新聞広告によって気付き，田中氏の宅へ知らせたので，関係者が出かけて遺留品を調べたところ，五円六銭入りのがま口，ガス大島の袴，中折帽子，時計など家出当時田中氏の持ってゐた品物に間違ひないので，ここに大和川の踏切の自殺者は田中氏であることが確定的となった。そこで田中家および無軌道電車会社は田中氏の家出後二十七日目になって田中氏の死亡をはじめて確認発表。田中氏の死の原因についてはなほはっきりしたことが判らぬが，氏はその愛嫁千代子を亡ってからとかくおろおろとして楽しまなかった…無軌道電車の重役会の席上田中氏の経営よろしきを得ずとの理由により二重役より甚だしく面膺された事実があった。それ以来まるで神経衰弱者の如くなってゐるとのことである。なほ同会社では土地の経営をやってゐるが，これまた思はしくなかったといふことで，氏の自殺は不如意なる会社の前途を悲観のあまりであると噂するものが多い。なほ氏の家庭は大阪市南区塩町通四丁目にあり，妻女たか子さんとの間に次女綱子があるだけで至って淋しい。氏はまた無軌道電車社長のほかに合名会社久留米屋本店の代表社員であった」(S4.12.18大毎)。

　4年11月21日取締役田中数之助が死亡した旨を約1月後の12月20日登記（商登）した事情は大毎記事の通りである。この事件については当時大阪の新聞記者であった河南荘人も新花屋敷の土地会社の社長が経営不振から南海電車に飛び込み自殺した[54]との趣旨を書いている。

2．社長自殺後の同社の動静

　5年9月に京都市電気局が発行した小冊子『無軌条電車に就いて』は「我ガ国ニ於テハ未ダ最新式ノ無軌条電車ハ運転セラレテ居ナイ。阪神急行電鉄沿線ニ於テ花屋敷ト新花屋敷トノ間約一哩ノ阪路ニ於テ，極メテ不完全ナル原始的運転ガ〈三年八月一日以来〉行ハレテ居ルガ，如斯ハ最新〈式〉ノ（都市交通

機関トシテ茲ニ論ズル所ノ）無軌条電車ノ実例トスル事ハ出来ナイ」[55]と先発企業を「不完全ナル原始的運転」と酷評し，存在そのものを否定するが，これは京都市電気局が7年4月に開通させる無軌条電車こそが最新式の無軌条電車の第一号なりと強弁するための伏線であった。これに対して東京市電気局は無軌道電車敷設方針を6年1月に打ち出したが，「既に我国では阪急電鉄宝塚沿線花屋敷に約一マイルが運転されてをり，その成績は比較的良好なので東京市も漸く乗気となって来た」（S6.1.10東朝②）ためと報じられた。

　6年5月15日発行の『阪急沿線案内』には花屋敷「駅付近より無軌道電車（片道十銭往復十五銭）が新花屋敷まで通じてゐる。新花屋敷住宅地のつきるところに新花屋敷温泉がある。春は桜が美しく，温泉は鉄筋コンクリートの二階建洋館で入浴料大人十銭小人五銭，温泉を中心に絶好の遊園地をなして居る。園内の小渓をたどって最明寺の滝に出るのも面白い。無軌道電車の終点に近く名利多田満願寺がある」[56]と料金まで詳しく紹介した。大正13年版の『阪急沿線案内』で花屋敷土地経営の「天然鉱泉桃園温泉」[57]に言及するも分譲専業時代の新花屋敷は全く無視していたのと様変わりの好遇ぶりであった。阪急は無軌道電車に電力供給を開始しただけでなく，宝塚線の培養路線として大いに便益を受ける立場に変わったからであった。開通時に車止めをかませてまで，つつじケ丘の急坂にわざわざ停車させた無軌道電車を本格的に撮影した商業写真が池田文庫に所蔵されているのも，沿線観光資源として重視した阪急本社側の姿勢を示すものでもあろう。

　6年11月24日発行の『産業界の先駆・宇喜多翁』は本文に「日本無軌道電車其他」の項を建て，「新花屋敷の宇喜多別邸」（先駆, p157）や新花屋敷遊園地の写真数葉を掲載，巻末の年譜には「能勢〈口〉土地株式会社支配人となる。後同社は新花屋敷温泉土地株式会社と改称され，更に日本無軌道電車株式会社と改めたる際，取締役となり支配人を兼ぬ」（先駆, p258）と記載する。本文に「故田中数之助氏」とあるので，自殺が報じられた4年12月18日以降に書かれた記事であるが，生存者を称える伝記の性格上，同社の不穏な動きには一切言及していない。宇喜多は取締役在任中の6年2月住所を天王寺から住吉区天

神森1に移転し，7年3月任期満了で退任した（商登）。

　このように京都・東京の両電気局，電力の供給元でもある阪急，宇喜多支配人の伝記編者といった緊密な関係先が5～6年ころに刊行した書物にも日本無軌道電車の切迫した近況等は一切伝えられなかったが，7年版の『兵庫県統計書』には「日本無軌道電車株式会社ハ昭和七年一月ヨリ休業ス」[58]と注記し，前年まで記載していた日本無軌道電車を「電気軌道」欄から削除した。また7年4月23日株主総会で商号をから花屋敷温泉土地へ変更（商登）しており，正式にこの時点で無軌道電車を廃業したことが確認出来る。『川西市史』は「昭和七年一月から休業，同年四月…無軌道電車の営業を廃止した」[59]と記し，多くの文献がこの説を踏襲している。しかし前年の6年版の『兵庫県統計書』の「電気軌道」欄の日本無軌道電車の掲載数値は乗客43,116人，賃金（運輸収入）3,476円（全額乗客）のみで，しかもこの数値は5年版と全く同一数値である。つまり日本無軌道電車の報告は以下のように5年までしか提出されず，しかも休業手続きもされないという異常事態になっていた可能性が高い。同社の無届け休業状態の処置に困惑した兵庫県担当官が無意味な前年数値を重複して掲載したのは，せめて形式なりとも統計上の体裁を整えたいとする役人根性のなせるわざでもあろうか。

（単位：円）

	乗客	賃金	支出	興業費	社債	客車	停留所	積立金
昭和3年	109,581人	5,577	5,484	102,780	80,000	2両	3所	7,500
昭和4年	145,470	6,065	20,336	101,011	130,000	2	3	7,500
昭和5年	43,116	3,476	20,269	101,011	143,200	2	3	7,500

　乗客数は8月1日からの営業の3年より，フルに営業した4年が著増しているが，5年には開業当初の物珍しさがなくなったためか乗客数は前年比1/3以下に激減している。乗客1人当りの運輸収入は3年5銭0厘，4年4銭1厘に比して5年は8銭0厘と約2倍の異常値を示している。報告数値相互に不整合があり，報告そのものの正確性も疑われる。おそらく日本無軌道電車は兵庫県への数値の報告を遅くとも6年から怠っただけでなく，5年の期中にも事故・

電線略奪（後述）など運輸上なんらかの異常な事態が発生して，事実上休業に近い末期状態に陥っていた可能性もあろう。残念ながら著者は3年11月期の第12回より後の営業報告書ならびに日本無軌道電車に関する兵庫県庁文書を未見のため断定することはできないが。

3．不動産登記簿から読み取れる同社の窮状

　著者が閲覧した宝塚市側[60]の数筆の不動産の閉鎖登記簿からも同社の資金繰り逼迫の様子が読み取れる。すなわち昭和5年12月16日大阪市の柏木元次郎（11年10月28日長尾山5番1の建物の競落者であり，プロの業者筋と推定）から3,500円を借入れ，長尾山5番121などの不動産の仮登記担保，ついで抵当権を設定している（不登）。また6年10月2日関西信託から珍しくまとまって5.5万円（5年末の同社借入金143,200円の38％に相当）を借入れ，本店敷地である長尾山5番1，6番9，6番10などの社有不動産多数を共同担保とする抵当権を設定している（不登）。

　大阪の信託業界の大手・関西信託は当時不動産分譲の受託にも力を入れ，同系の塚口土地，北大阪土地はもちろん中小業者からの受託にも乗り出していた。たとえば5年5月発行の『関西信託時報』には理想的郊外住宅地として①「花屋敷一万坪　停留場付近…一坪二十五円ヨリ三十五円迄」，②「小桜丘一万八千坪　花屋敷停留場ヨリ北へ三丁…一坪十五円ヨリ二十五円迄」[61]の紹介記事が掲載され，以後連載されている。委託者は明記されていないが，物件①は村上商店土地部[62]，物件②は小桜丘土地会社[63]と推定される。住友信託などには見られず，関西信託の得意とした分譲地の受託は「道路工事，植樹，土地の区画，上下水道其他の施設をなし，又適当なる宣伝方法によって之を広く売出す」[64]ことで，「売主から売却価額の百分の二以上」の手数料を申し受けるものであった。おそらく日本無軌道電車とも分譲地受託業務の一環として融資を開始したものと思われる。不動産閉鎖登記簿では6年10月2日となっているが，それ以前の5年5月ごろに別の優良担保（たとえば大阪市内の田中の個人資産）などで取引し貸金の不良化等により物件担保を追加で徴求した可能性もあ

ろう。銀行が貸さなかったような日本無軌道電車クラスの中小企業とも関西信託があえて不動産抵当で取引した背景として陶山保次郎[65]は麻島昭一氏との対談で，関西信託は「大体不動産が中心で，貸付なんかも不動産担保が多かった…大阪市内の隅々まで地所関係は知っておった」[66]，「みんなが不動産の扱いに慣れていた」[67]と不動産のプロを自負し，期限は「延びたところでそう喧しく言はぬ」[68]，「不動産の方は，放っておいても権利は逃げるわけじゃなし…きちきちせぬでも行けます」[69]と貸金の長期化にも鷹揚な態度で臨んだと回顧している。関西信託はいわば目利きの質屋と同じく，担保物件の評価能力はもとより自社の店舗，『関西信託時報』等を含む営業網での物件の換価能力にも絶対の自信を持っていたものと思われる。

4．同社の末期を伝える証言

　現地を調査した奥平英郎氏は「峠の店」経営者夫人の次の証言を残している。「もう五十年も昔の事で，詳しいことは知りませんが，何でも日本初の無軌条電車が走っていたと父からは聞きました。そしてその電車が事故を起こし，その賠償問題をめぐって個人会社の悲劇となり，社長が変ったり，重役の自殺事件が起って，ついに倒産したとか聞いています」[70]。

　無軌道電車の故障に関して技術面の総責任者の黒田は「間もなく種々の故障が続出したが為に，結局無軌道電車は失敗であるとの不評さへ伝へられた。ユニバーサルジョイントの破損，ウォームシャフトの折損の如き計算上折れる筈のないものが折れたに就いては…道路の破損に依る激動に因て，恰も金槌の柄が折れる様な具合になって折れた」[71]と弁解している。事故は3年にも負傷者9人と届けられており，黒田は「事故を減じ最早現在では何の故障もなく，試運転当時にも優る安全で軽快なる運転を続けて居る」[72]とするが，それ以後にもなんらかの重大事故が発生した可能性もある。

　著者が「峠の店」の女主人から奥平氏の記事を見せて頂き，聴取した話では「『峠の店』は間違いなく温泉土地会社の事務所であったが，屋根瓦が落ちたので葺き替えた。無軌道電車の車庫は峠の店の反対側に昭和52年ころまで残って

いたが，取り壊しレンガだけが残っている。車庫の隣に無軌道電車の切符売り場もあった。すぐ近隣に旅館もあり，階上は寿司屋であった。自分の父は無軌道電車には関係していないが，昭和10年ころ土地会社から本社敷地ほか相当の地所を買収し，その後に『愛宕原ゴルフ場』を設立したが，土地会社から引き継いだ土地だけで10万坪はあったと聞いている」[73]と，10年ころ同社の資産が一挙に大量に処分され，一部は現在の愛宕原ゴルフ場敷地[74]に転用された事実を明らかにした。

　この「峠の店」の女主人から「一番古いことを知っている」と紹介して頂いた上記の辰巳商店主に無軌道電車の休業時期を尋ねると，「昭和3年8月の開通直前，無軌道電車の工事中に新花屋敷に来た。いつ止めたかは分からん。すぐのうなった。ほんのちょっとだけであった」[75]と無軌道電車の短命を強調したあと，次のような同社末期の生々しい有様を証言した。

　「田中社長は経営不振で大和川で飛び込み自殺したので，顔もはっきり知らん。社長のあとに役員になった連中が（特に酷い男らと固有名詞を挙げて）会社の財産を勝手に切り売りした。軌道用地，トロリー，動物園のウサギなどの小動物に至るまでことごとく売り払ったため，会社の帳簿にはあるはずの現物がなくなってしまう始末。従業員も給料が貰えないので未払給料のカタに会社の財産を勝手に山分けするなど…それはそれは悲惨な最後であった」[76]と，「さも酷い」という風に顔をしかめてみせた。辰巳商店等と思われる「住民の話を聞いて」書いた『サンケイ新聞』記者「芳」氏も「昭和に入ってすぐ満願寺一帯に大レジャーランドがあった。遊園地から動物園，旅館までが建ち並ぶ約150万㎡の広さを誇っていた。…当時は物珍しさも手伝って利用客は多かったらしい。しかし2年後に会社が倒産してトロリーバスも遊園地などもも姿を消したという」[77]と記している。

　能勢電気軌道が昭和45年に刊行した社史『風雪六十年』は単に「日本最初の無軌道電車の開業であったが，間もなく経営不振に陥り運転を休止し会社も解散した」[78]と記すにとどめるが，著者はそれ以前にも能勢電気軌道古参役員や地元居住の山村速雄氏ら複数の関係者から悲しい話（破産時トロリー等が略奪

される凄惨な光景を目撃したなど）を何度か聞かされており，生々しい辰巳証言でああやっぱり伝承の通りだったのか…と直感した。

　残念ながら末期の同社の実情を克明に伝える資料は未見であるが，商業登記簿の相次ぐ取締役辞任からある程度の内実を窺うことはできる。すなわち昭和3年9月16日渡瀬茂平，6年2月25日舟知和助，6年11月28日西尾伝次，7年11月10日石崎篤，7年11月17日菅野真湛が辞任した。大量に取締役が辞任した直後の8年1月29日取締役にの藤井照千代[79]ら，監査役に田中金蔵らという破綻企業の整理過程にしばしば登場する特殊資本家が登場しており，上記の辰巳証言を裏付けるものと考えられる。彼らは所期の所謂「整理」目的を達成したためでもあろうか，8年10月30日藤井照千代ら取締役全員辞任，田中金蔵は8年11月15日資格失格により，いずれも1年以内に持株売却等により同社から引き揚げている。なお3年11月末の日本無軌道電車株主名簿にも大浦栄太郎[80]（10株），南秀吉（3株）など特殊資本家が散見され，彼らの標的となっていた可能性もあろう。

　長尾山5番1の建物は債権者の多田村の大西清治からの強制競売申立により，9年4月17日伊丹裁判所の強制競売開始決定，債権者の大阪市の中島正一[81]からの競売申立により11年8月22日伊丹裁判所の競売手続開始決定，11年10月28日大阪市の柏木元次郎（昭和5年3,500円借入先）が競落した（不登）。長尾山5番89の建物は上述の金融業者川島岩彦（紳S6, p85）からの申立により，9年10月29日伊丹裁判所の競売開始決定，10年1月8日川島岩彦が自己競落した（不登）。長尾山5番1などの社有不動産は大口債権者の関西信託からの申立により，10年7月17日伊丹裁判所の競売開始決定，10年9月30日小林治助[82]が競落許可決定となった（不登）。

　また末期の役員は素姓未詳の非著名人が多いなかで，3年までは非株主で沿線外西脇町在住の来住梅吉（要S8, p13）は本職が西脇商業銀行[83]常勤監査役（要T11役中, p165）であり，兼務先の日本化学漆器も同行常務の来住静一（要T11役中, p165）が取締役の企業であるなど，花屋敷温泉土地にも同行資金が投じられた結果の債権者代表としての監査役就任の可能性があろう。

このように社有物件の競売や売却が相次ぎ，主要資産をほぼ喪失した10年以降は必要な役員の重任登記も一切なされなくなるなど，商業登記簿面からも実質的に休眠化したことを窺わせる。著者が確認できた個人筆頭株主の田中孝（田中数之助夫人）名義の株券（本書カバー写真）も商号変更に伴う日本無軌道電車株式に切替えられておらず，裏面に債権者への名義変更も一切記載されないまま，大量のストック株券（未発行）ともども流出している。

　こうした証言や断片的な情報を組み合わせれば，同社は破産，解散等一切の法的手続きを踏まないないままに，「整理屋」的人物の暗躍による不条理な私的整理を経て休眠・実質破綻したことを示唆していよう。こうして日本最初の無軌道電車開業の栄誉に輝くべき観光企業は，ほんの一瞬だけであったが，華やかな脚光を浴びマスコミ等にも紹介されて虚名のみ千載に残したものの，大変残念なことに脱線・転覆・破壊の最悪コースを突っ走る社名通りの"無軌道"ぶりを露呈して暗い闇の中に消え去り，おそらくヤミ世界などの喰い物にされるという不名誉極まる惨めな末路を辿ったものと想像される。

1)3)　商事信託調査部編『土地会社総覧』大正9年7月，p29～30, 16。
2)　日本銀行調査局『本邦財界動揺史』『日本金融史資料明治・大正編』第22巻，昭和33年，p463所収。
4)　武知京三『近代中小企業構造の基礎的研究』雄山閣出版，昭和52年，p206。武知京三「大正期阪神地方の土地・信託会社──『日本全国諸会社役員録』を素材として──」『近畿大学短大論集』第8巻第1号，昭和50年12月，p142。
5)　阿部直躬『三十年之回顧』商業興信所，大正11年，p260。
6)　竹原友三郎は拙稿「戦前期の生保不動産投資と土地会社への関与」『経済学研究』58巻3号，平成5年2月，石井定七は拙稿「買占め・乗取りを多用する資本家の虚像と実像──企業家と対立する「非企業家」概念の構築のための問題提起──」『企業家研究』第4号，企業家研究フォーラム，平成19年6月，参照。
7)　野崎左文『漫遊案内』明治30年7月，p22（池上鉱泉）。
8)　同上，p121（潮鉱泉）。
9)　拙稿「大都市鉄道への経営転換と資金調達──阪神急行電鉄，大阪鉄道の対比を中心として──」『鉄道史学』第8号，平成2年9月，同「我国における観光・遊園施設の発達と私鉄多角経営の端緒──私鉄資本による遊園地創設を中心

に──」『鉄道史学』第13号，平成6年12月参照。
10) 「宝塚の亜流」の一つとして拙稿「宮城電気鉄道の設立動機と設備金融──親会社高田商会の破綻と生保融資──」『鉄道史学』第3号，昭和61年7月，参照。
11) 阪本弥一郎（和歌山市屋形町）は慶応元年6月14日和歌山の阪本伝三の次男に生れ，英吉利法律学校卒，弁護士となり，和歌山市会議員，和歌山市選出立憲同志会代議士，能勢口土地，新花屋敷温泉土地，扇田炭鉱，北大阪土地，東亜証券商品信託各社長，北大阪土地，豊田炭礦各取締役，大阪株式取引所，三十三銀行各監査役，筑前炭礦発起人総代・取締役，金原鉱山発起人，大正12年時点では扇田炭鉱社長，酒類防腐素製造，富士鉱業，福松炭礦各取締役，大阪株式取引所，日東鉱業各監査役（二四さp32）．大正12年1月13日死亡，享年59。
12) 高橋安次郎（東区今橋）は明治43年「所謂呑行為に向って…薮田，三河，高安〈高橋安次郎〉と〈松井伊助〉氏の四名が犠牲となって検挙」（『大阪財界一百人』p194）された北浜仲買人の通称「高安」，45年2月浪速土地発起人，能勢口土地専務（能勢），大正14年12月29日退任（商登）．
13) 舟知和助（大阪市東区本町）は石橋土地建物取締役②1,100株，新花屋敷温泉土地取締役のみ（要T11役下，p19），昭和3年11月日本無軌道電車1,425株主，6年2月25日辞任（商登）。
14) 太宰文蔵（福島県伊達郡保原町）は明治9年7月11日先代文蔵の長男に生れ，「保原町に合名組織を以て太宰銀行を起し，更に明治四十五年に至り，東京市日本橋新右衛門町に，太宰貯蔵銀行を設け，共に其頭取となって親ら経営に参画するの外，第百七銀行，福島県農工銀行，大日本軌道株式会社，共益信託株式会社等の重役として…何れも其枢要の地位に在りて，同地方実業界の重鎮」（大正，p1059），太宰銀行，太宰貯蔵銀行，大東ビルブローカー銀行各頭取，第百七銀行，第百七貯蓄銀行各取締役，日東保証信託社長，信達軌道，奥川水力電気各取締役，岡山水力電気監査役（要T11役中，p18），大正14年12月29日新花屋敷温泉土地取締役退任（商登）。
15) 宇喜多秀穂（東成郡天王寺村）は明治33年時点で讃岐鉄道主事，讃岐鉄道54株主，讃岐汽船取締役，37年高野鉄道支配人就任，40年高野登山鉄道常務，日本無軌道電車625株主，浪速電球取締役（要S8役上，p280）。
16) 寺井栄三郎（大阪市東区船越町）は明治13年大株に入り，17年大株副支配人から42年大株理事就任，大正9年日本信託銀行1,000株主，北浜ビルディング取締役，大阪株式取引所，新花屋敷温泉土地，北大阪土地，日本軽銀工業，朝日製帽所各監査役（要T11役下，p62），能勢口土地監査役，大正13年大株商議員総代，大株理事在任中の大正14年5月13日死亡（商登）．
17) 池田勝治（大阪府豊能郡秦野村大字尊鉢）は石橋土地建物監査役，新花屋敷温

泉土地，池田製氷各監査役（要T11役上，p42），大正12年9月25日死亡（商登），昭和3年日本無軌道電車820株主（名義未変更）。

18) 広田善八（和歌山市新留町11）は和歌山銀行頭取，和歌山瓦斯，大阪中央土地各社長，和歌山倉庫銀行，和歌山水力電気，扇田炭砿，南海晒粉，日本除虫菊，由良染料各取締役，新花屋敷温泉土地，日本織物，日本王冠製造，北海曹達各監査役（要T11役下，p202），昭和3年日本無軌道電車1,300株主。

19) 高野鉄道は前掲拙著『企業破綻と金融破綻』第1部第9章参照。

20) 藤田別荘はその後三洋電機の井植家の手に移り，井植山荘と呼ばれた。

21) 御影土地，商事信託については拙稿「近江商人系資本家と不動産・観光開発――御影土地を中心として――」『彦根論叢』第375号，平成20年11月，参照。

22) 辻本清蔵『摂北温泉誌』大正4年，p43，『川西市史　第3巻』昭和55年，p292／東塚一吉は付近に銭屋五兵衛の碑を建てた「仁侠の志士」とされるが，なぜ花屋敷と命名したのかの由緒は不明である。

23) 坂本勝比古「郊外住宅地の形成」『阪神間モダニズム』淡交社，平成9年，p48では両社を混同しているが，全く別企業である。

24) 桃園温泉土地は「宝塚パラダイス式」（T8.4.18内報③）の天然鉱泉桃園温泉場経営を企画したが，9年4月花屋敷土地に合併された。

25) 平成12年7月9日議事録。

26) 大阪窒素肥料は大正9年3月26日創立，淡路に工場を建設，社長中村猪三郎，監査役は池本益蔵ら。

27) 中村猪三郎（大阪市北区玉江町→東成郡天王寺村）は明治13年2月香川県中村嘉平の長男に生れ，神戸英一番輸入部大阪支配人を経て船具金物商・地主，石橋土地建物，東亜拓殖澱粉，豊国ゴム各取締役，日本綿紡監査役（二四な，p15），大阪窒素肥料取締役，サクラ工業所社長，大阪製鋼所取締役，新花屋敷温泉土地取締役，キャバレーヅパノン監査役，日本綿紡監査役，大阪ゴム取締役，東亜拓殖澱粉取締役（要T11役中，p99），穴吹川水力電気各社長，大正14年12月29日新花屋敷温泉土地取締役退任（商登）。

28) 渡瀬茂平（兵庫県津名郡岩屋町）は津名郡会議員，摂陽商船・岩屋海運の岩屋代理店主（富谷益蔵『兵庫県官民肖像録』博進社，大正7年，p423），新花屋敷温泉土地取締役のみ（要T11役上，p183），昭和3年9月16日取締役辞任（商登）。

29) 池本益蔵（兵庫県津名郡浦村）は明治6年7月生れ，34年浦村村会議員，39年助役，大正5年津名郡会議員，7年時点で淡路硫安製造，淡路窯業各取締役，淡路帆船監査役，津名郡参事会員，兵庫県産業組合連合会監事（前掲『兵庫県官民肖像録』p40，433），大阪窒素，新花屋敷温泉土地各監査役（要T11役上，p45）。

30) 芳川正雄は扇田炭鉱監査役（帝T11，p217），大正10年三十三銀行監査役

(T10.7.7内報③)，新花屋敷温泉土地監査役。

31) 　三十三銀行は大正9年10月東都興業銀行が改称，資本金を200万円に増資の際，国際生命から松村寛平，松浦五兵衛らが参画した。同行「専務松村寛平氏が同じく専務取締役たる国際生命保険会社の各地支店及代理店等の努力に由り地元筋に於て良好なる成績を得，此程第一回払込を了し…目下国際生命の支店所在地…に支店設置の準備中に在るが，特に大阪支店は田中数之助（新取締役）をして縦横に活躍せしむべしといふ」(T10.4.1内報①) と報じられた。しかし11年同行出張所長が数十万円もの定期預金証書数百通を偽造（犯，p291），「松村は…三十三銀行の頭取を兼ねてゐたが，同銀行も破産して，財界を動揺」(T11.10.18法律) させた。松村は前田利定らと発起人となった東北鉄道鉱業で「会社成立に関する手形関係は頗る複雑を極め」(T11.1.17内報②) たとの疑惑も持たれた。

32) 　平野無軌条電車は近藤貞三らにより2年10月資本金40万円で大阪市南区椎寺町と平野郷町3哩2鎖を英国製の無軌条電車5両，貨車2両で運転する計画であり，『電気界』は「平野電車が本邦に於ける同式電車出願の嚆矢也」(T2.10『電気界』，p310) と報じた。大阪市内の路線に関しては宇田正「今里のロータリーと無軌条電車」『大阪春秋』第130号，平成20年4月，参照。

33) 　倉橋滋樹・宝塚市立図書館副館長・市史資料担当「宝塚歴史散歩⑦」『広報たからづか』No.1019。

34) 　小桜丘土地会社が分譲中の「小桜ケ丘住宅地」（現宝塚市つつじガ丘）の入口があり，4年ころ戸数数戸。

35) 　池田文庫所蔵の「目下工事中の新花屋敷温泉」ポスターでも「温泉前停留所」まで延長した構想図が描かれている。

36)39)40) 　昭和3年10月『電気雑誌OHM』p525，p491，「編輯室より」。

37) 　『アサヒグラフ』昭和3年8月8日号，p30。

38) 　『歴史写真』昭和3年9月号，p10。

41)42)51)63) 　『日本地理風俗体系』第8巻，近畿地方上，新光社，昭和6年7月25日，p178，182，183。

43) 　『兵庫県要覧』兵庫県知事官房統計課，昭和4年5月28日，p216。

44)50) 　平成18年1月1日『広報かわにし』第1154号，p3。

45)73)75)76) 　昭和55年8月16日著者が聴取。

46) 　佐藤利恭『軌道・無軌条式電車』常磐書房，昭和4年，p314。

47) 　宮本政幸『新しいトロリーバス』鉄道図書刊行会，昭和32年，p118。

48) 　平成5年8月5日著者への私信。

49) 　吉川文夫『日本のトロリーバス』電気車研究会，平成6年，p74。

52) 　3年11期の同社の「借入金」は80,000円（#12報，p9）であり，兵庫県が分類

する「公債社債」は借入金を意味すると解される。

53) 石崎篤（大阪／川辺郡西谷村）は3年11月日本無軌道電車500株主，花屋敷温泉土地取締役（要S8役上，p45），7年11月10日辞任（商登）。

54) 河南荘人『関西五私鉄昔話』143回連載。

55) 京都市電気局『無軌条電車に就いて』昭和5年9月1日，p13。〈 〉内は7年4月の再版（p22）で文言が追加され，（ ）内は「所謂，真ノ」に置換。

56) 『阪急沿線案内』p55～6。宇田前掲稿では昭和5年10月刊行の「沿線名所旧跡」案内に記述されているとの指摘あり。なお昭和初年の版では「新花屋敷土地乗合自動車」と記載。

57) 『阪急沿線案内』大正13年，p31。

58) 『兵庫県統計書 上巻』交通，昭和27年，p38。

59)62) 『川西市史 第3巻』昭和55年，p294。

60) 歴史的な経緯から川西市に属する満願寺地区と，宝塚市に属する長尾山地区が入り組んでおり登記簿調査にも種々の制約があった。

61) 昭和5年5月『関西信託時報』p11。

64) 昭和10年12月『関西信託時報』p3。

65) 陶山保次郎は関西信託調査部で『関西信託時報』編纂に従事し，昭和3年京都支店長を経て戦前期本店営業部長を務めた。

66)67) 麻島昭一編著『日本信託業証言集』上巻，専修大学出版局，平成20年，p217。

68)69) 同上，p226。

70) 奥平英郎「幻の鉄道④ 花屋敷無軌条電車」『心のコロニー』第4号，昭和52年3月20日，p7。

71)72) 昭和3年10月『電気雑誌OHM』p492。

74) ㈱愛宕原ゴルフ場（昭和34年5月設立）の所在地は宝塚市切畑字長尾山5番3ほか。

77) 「阪神プラザ」昭和54年7月。トロリーバスの車両は釣鐘山登山口の公衆便所として戦後まで使用されたとの情報（Wikipedia）があり，昭和10年ころまで存在した温泉場の最明寺川沿いの敷地はなんらかの事情で小西酒造「白雪硬式野球場」（昭和46年10月作成満願寺自治会看板）を経て，現在は平成8年ころ造成された「グレース・タウン」となっている由（ふじガ丘自治会調査）。

78) 『風雪六十年』能勢電気軌道，昭和45年，p75。

79) 藤井照千代は金融業（『大日本商工録』昭和5年版，大阪，p388），播丹鉄道，九州肥筑鉄道，播磨電気鉄道各取締役（要S8役下，p51）。藤井は昭和10年4月20日長尾山5番118の営業所建物，長尾山2番452の軌道用地，長尾山5番118の店舗などの社有物件を共同担保として300円という些少な債権額に依拠した特異な抵当

権を設定（不登）するなど，債権者という立場よりむしろ詐害行為者の色彩が濃厚である。播州鉄道の破綻処理，播丹鉄道新設は拙著『地方企業集団の財務破綻と投機的経営者——大正期「播州長者」分家の暴走と金融構造の病弊——』滋賀大学経済学部研究叢書第32号，平成12年，参照。
80) 大浦栄太郎（北区曾根崎上）は会社員（紳S6, p53），古川浩『会社問題の理論考察』昭和31年，p571。
81) 中島正一（西区靭南通）は大正6年創業の自転車卸（帝信T14, p147），自動自転車，三輪車商（紳S6, p202），自動三輪車製造（帝信S11, p137），10年4月18日500円の抵当権を設定。おそらく無軌道電車の車両関係の取引か。
82) 小林治助（大阪市南区問屋町）は先代からの製紙原料，大阪バケツほか会社役員（帝信T14, p209）。
83) 西脇商業銀行は大正9年6月ころ播州織物業界の「救済策に就いてシンジケート」（T9.6.8神戸）の一員であった。

第2章　貧鉱を富鉱に虚飾した鉱山業者

　投資家がリスクが高くて，躊躇しかねないような際どい案件に投資を決断させるための仕掛けとして，リスク・プレミアムを反映した金利の上乗せに加えて，正常なリスク感覚を麻痺させて投資を誘発・促進させる甘味財として様々な信用補完手段が工夫されてきた。本章では北海道東部の採掘実績の乏しい試掘坑へ集中投資するハイリスクの"鉱業投資ファンド"ともいうべき大北炭砿と，国際公募まで謳った一大炭砿トラスト・亜細亜炭砿の事例を中心に，当時の多分に虚偽的とも解される信用補完の不明朗な慣行をリスク管理の観点から分析・検討してみたい。

　専門知識を有しない一般投資家にこの種の得体の知れない危なっかしい投資を勧奨して，思い切りよく投資を決断させるには，目に見える形での「いかにも信用が置けそうな話」だと思い込ませる数々の策略・信用補完が是非とも必要であった。たとえば①つい引き込まれそうになるほどの名文を書き連ねた誇大な宣伝広告，②大規模な事業と信じ込ませるための資本金・資産等の数量的な水増し，③投資価値を保証するために提示する学術的な分析結果の改竄・虚偽表示，④世間的に著名な人物多数の推薦，⑤爵位があるなど，有徳人種の然るべき役職への推戴，⑥科学者の買収・共謀関係への誘導などである。

　すなわち投資家が信頼するに足るような尤もらしい人物が自ら学術的鑑定を行ったり，推奨したり，発起人・役員・トップ等に就任するなどであるが，前半Ⅱの大北炭砿はこうした信用補完の仕掛けが数多くちりばめられていた。しかも念のいったことに「正直に払込んだのは応募株主丈で，発起人等は総て幽霊株主であるのが稀でない」[1)]ともいわれる「幽霊会社」の典型でもあった。なお大北炭砿への大口投資を敢行し，問題発覚後の大北炭砿の経営を引き継い

だと考えられる日本国債については第4章で述べる。

　後半Ⅲの亜細亜炭砿は日本国内の一大炭砿トラストを標榜するにとどまらず，中国奥地・シベリアの資源開発までも夢想してアジアはもちろん英，米，仏，露国人にまで世界的公募を実施したほどであった。前半の大北炭砿とは異なり，リスクを選好する投機的な投資家に可能な限り大仕掛けの舞台装置を用意して，恰も政府筋の勧奨ある国策的な事業でもあるかのように信じ込ませ，彼らの投機的本能を極限まで昂進させるという高度な方法を採用した。国策的な事業を推進した"国士"然とした法学博士が著名な"バイカル博士"[2]こと戸水寛人[3]であり，この誇大妄想計画にまんまと乗せられたのが，本書の主人公ともいうべき津下精一（第7章参照）であった。

Ⅰ．大北炭砿と類似の泡沫会社事例

　次項のⅡで取り上げる大北炭砿の設立と前後して大正バブル期に安易に発起され，同様に悲劇的な結末を迎えた以下の3社でも大北炭砿の主要発起人・役員等の関係者（氏名に＊印を付した）等がなんらかの重要な役回りを演じている。大北炭砿の場合に解明できなかった彼らの真意や相互関係が，これら周辺事例では公判記録等によってある程度明らかになっており，おそらく大北炭砿でも同様な状況にあったたものと想像される。

1．中外証券信託

　中外証券信託は大正8年11月＊戸水寛人，＊行本邦彦[4]，桂正夫[5]らが中心となって「一，内外有価証券信託預，二，一般金融業務，三，営利会社の設立並株式引受，四，内外有価証券売買並株式鞘取運用，五，有価証券の発行引受，募集並払込代弁，六，一般信託業務を行ふ」（T8.12.12内報②）目的で南茅場町49番地に資本金100万円，払込25万円で設立された。社長戸水，専務平渡信[6]，常務吉田敏夫，取締役行本，桂，監査役小平鑑七郎[7]であった（T8.12.5内報③）。

この戸水社長，平渡専務，行本取締役のトリオは大北炭砿でも揃って役員になっており，三者の関係が踏襲された。盛んに「株の月賦販売てふ新招牌を掲げ…地方人の投機心を煽ったが，当時は之れが又相当に受けた」(T9.10日本一，p95)中外証券信託の実態は「怪しげな現物屋」(T9.10日本一，p95)であった。同社は株価大暴落に際して「常に警戒を厳にしたるより其累を被る事なく」(T9.5.18内報①)と宣伝したものの，暴落直後の9年7月に早くも「投資家の一考を促す（株式投資は危険か）」と題して「現在の如く堅実株が，悉く実質以下に下落し…てゐる時に際して，堅実株を選定して投資するのは…聡明な手段」(T9.7.1東日)と強気で公債，社債，株券，現金を信託預りする旨，連続広告した。信託預り広告の結果としての中外証券信託に対する証券金銭等の信託者には元宮内大臣中村雄次郎(T13.7.23法律)ら十数人の有力者が含まれ，彼らの代理人には田利清弁護士が任命されていた。また同社は平渡専務が主宰する東京楽天地の株式募集も取扱った(T9.11.9大毎⑥)。しかし13年には「現重役間にも兎角の噂があり」(T13.8.20法律)とされた戸水，平渡，吉田，桂各重役，結城長治らが背任横領事件で取調べを受けた(T13.8.20法律)。結局中外証券株式会社（中外証券信託が改称）は14年破産宣告を受け，14年（ツ）第四六号破産事件の強制和議のための債権者集会が15年7月5日に続行と定められた(T15.7.3法律)。大北炭砿の影のプロモーターと目される平渡は「高橋是清総裁の約手偽造等，一再ならず問題を起して天下著聞の人物」[8]で，信用希薄な自己の名を公然と名乗り難い事情にあったと推測される。「悪事にかけては糞度胸を有って居る」[9]とされた平渡は中外証券信託と思しき会社を巡る醜聞が報じられている。すなわち平渡は「曽てある会社の金を使込んだので，他の重役一同が相談の上，平渡を罷めさせ，大株主の諒解を得て使ひ込の金は会社の負担とした，所が之を聞込んだ平渡は…総会の席上で，一重役の使ひ込を株主全体の負担とすることは，背任罪だから，重役全部辞職しろと強要した」(T15.6.15法律)という。あきれる重役に平渡は「使ひ込んだのは…重役としての平渡で，今日は一株主としての平渡として云ふのだ」(T15.6.15法律)と平然とした態度で3日間も論戦を続けたという。

平渡は後に発覚する松島遊廓移転問題でも中心人物となり，公判で「凡そ政党員は誰でも事業に手を染めて金穴を見つける。自分たちも最も要領よく金をとらう」[10]との意図で諸事業に関与したと供述している。

2．日本海上倉庫

「我実業界ニ於テ信用アル」（T15.5.25法律）人物とされた＊坂田実[11]はたとえば日本縮羊毛織[12]でも大正8年12月木村庫之助とともに発起人総代となり，創立総会で相談役に推された（T8.12.13内報①）。この坂田とその配下の山田浅雄[13]のコンビは日本林業，北海採炭（ともに坂田が社長，山田が監査役）などでも見られた。坂田は8年11月日本海上倉庫の発起人総代として本邦最初の試みとして海上倉庫を経営すべく，「之ヲ首唱シ，自ラ創立委員長トナリ…山田浅雄外数名ノ発起人ト共ニ其局ニ当リ，創立ニ関スル一切ノ行為ヲ為シ」（T15.5.25法律）た。温厚篤実な坂田が「設立事務ハ完全ニ遂行セラレ，事業ハ将来有望ナリ」（T15.5.25法律）と説明すると，発起人たちは三田派の銀行家としての「同人ノ閲歴人格手腕ニ信頼シ…之ニ一切ヲ委ネタ」（T15.5.25法律）とされる。こうして著名な発起人である渡辺勝三郎，若尾謹之助，若尾璋八，久米良作，伊藤幹一，根岸練次郎，堀江鉄五郎，指田義雄，三浦逸平，関谷兵助，神田鏞蔵，南波礼吉，藤田謙一，指田伝助らは山田に代理権を与えた。設立事務の衝に当り，創立に関する一切の行為を為した山田は代理人として定款に記名捺印したり，辞退を申し出た発起人も山田の懇請で断念したほどであった（T15.5.25法律）。日本海上倉庫の発起を報じた帝国興信所も「一般公募…各地よりの申込相当多数に達しつつある模様なり…本邦倉庫及海運界に一革命を実現すべき事，将に期待に値ひすべし」（T8.11.20内報①）と絶賛した。同倉庫は9年2月資本金1,000万円，払込250万円の大企業として麹町区内幸町1-3に設立され，坂田が社長，山田らが取締役に就任した（要T9, p46）。しかし山田は「殆ど事実上の主脳者となり兎角専横の振舞多く，遂には自己の利益（即ち権利売買金）を図るべき目的にて…権利価格の釣上策を講」（T10.2.20内報②）じた。しかし山田らの「謀略は美事画餅に帰すると同時に

同社に対する不安を喚起し」(T10.2.20内報②)、「凡ゆる術策を弄し事務の乱脈を招致」(T10.11.16内報②) した。10年9月以降に東京美術館などから72.7万円もの手形訴訟が頻発、資金が枯渇し10年9月10日支払停止、11年3月破産宣告を受けた (T11.3.4内報②)。同倉庫の「設立ハ全ク発起人等ノ詐術ニ基キシモノ」(T15.5.25法律) として「恰モ毒瓦斯中ニ人ヲ誘致シ、又ハ公路ニ陥穽ヲ穿チ置ク」(T15.5.25法律) と同然と見做され、設立無効の判決言渡を受けた。坂田は「日本海上倉庫、日本林業等で味噌をつけ」(T9.10『日本一』, p100)、「所有不動産を処分して提供なし、引責辞職するに至るが、坂田氏は之れがため資産を失ひ社会的に葬られた」(T10.2.20内報②) とされる。

3．北海採炭

北海採炭は留萌港近くの430万坪の鉱区を45万円で買収し、大正8年7月300万円で京橋区木挽町に資本金300万円、払込75万円で設立された (通覧, p7)。発起人の＊坂田実が初代社長に、小沢浩が常務に、宮本厳らが取締役に、＊山田浅雄らが監査役にそれぞれ就任し、米山安平 (元八幡製鉄)、杉浦譲三 (元住友製鋼所) を専任技師とした。万事が楽観的に過ぎる発起人らは地方有数の優良炭を強調、「五尺三寸の有望なる着炭を見…近々出炭を見るに至るべし」(T8.11.28内報①) など、3割配当を広言、「粉飾して誇大に吹聴」(T8.4.21D) したため、設立当初は一般に前途有望視された。海上倉庫と同じ坂田・山田のコンビが同様な乱脈経営を行った上に、交通が不便で採掘上難点の多い北海採炭は、早くも10年には「財界の激変に逢着し、昨今では作業を中止」(T10.4.11D) せざるを得なくなり、「業況不振、欠損暴露に悩んで」(T9.10日本一)、10年3月15日小沢常務らが辞任 (T10.5.18内報③)、結局13年4月15日解散に追い込まれ、三輪音吉、小山新松が清算人に就任した (T13.9.8官報第3614号, p202)。

II. 大北炭砿

1. 大北炭砿の創立

　大北炭砿の創立過程は以下のように報じられている。北海道釧路国で「希有の大露頭発見せられ，其後忽ちにして鉱区出願者続出し…予て同方面に着眼しつつありたる発起人中の有力家は機逸すべからずと做し，茲に同志を糾合し，最も重要なる八十余鉱区を買収し之を基礎として一大会社を創設すべく」(T8.9.4内報①)，工学博士大塚専一[14)]，金子元三郎[15)]，宇佐川一正[16)]，金子圭介[17)]，平出喜三郎[18)]，浦辺襄夫[19)]らが発起人となり，資本金1,500万円で大北炭砿の創立が計画中とされた(T8.8.14読売)。

　大北炭砿の創立事務が進捗し総株数30万株中27万株は発起人賛成人にて引受済となり，3万株を9月5日から10日の期間内に公募することとなった(T8.8.29読売)。発起人総代の宇佐川一正は男爵，在郷陸軍中将，貴族院議員(紳T14, p384)で，元東洋拓殖総裁という輝かしい経歴の人物が大北炭砿発起人総代のほか戦友共済生命，日本酢酸塗料等でも同様な立場に位置している。

　同社発起の概要は以下の通りである。「男爵宇佐川一正，金子元三郎其他各地の有力者を発起人として目下創立進捗の大北炭砿は資本金一千五百万円，四分の一払込を以て，北海道釧路国阿寒川，庶路川，喜別川の上流に於て二千五百余坪の大炭田発見せられ，地質学者大塚専一，採砿学者舟橋了助両博士の調査に依り，確実有利のものと認められたる採掘許可の四十三鉱区，三千七百余万坪並に目下出願中の四十鉱区，三千三百余万坪を百七十五万円にて買収し，二百万円を以て採掘に着手するの目論見なるが，総株三十万株は既に大部分発起人賛成人の引受け確定したれば，三万株を来る十五日より十八日迄平価にて公募するに決定せる由」(T8.8.12内報①)

　9年7月1日現在の『札幌鉱務署管内　鉱区一覧』によれば大北炭砿名義で登録済みの鉱業権は試掘54鉱区(釧路郡1，白糠郡34，阿寒郡19)，採掘鉱区

はゼロであった。このうち白糠郡の試掘登録番号678号の町村は白糠郡尺別と十勝国十勝郡浦幌村に跨がっていた[20]。8年ころ会社が作成した10万分の1の『大北炭砿株式会社砿区図』（写真-2）には試掘登録番号の記載はないが，釧路郡の鉱区が3，阿寒郡の鉱区が24（舌辛鉱区群），白糠郡のうち白糠村約29（庶路鉱区群），尺別村27（音別鉱区群），「北海道釧路国に在る八十三の大鉱区を基礎とする」（T8.9.3読売）とされた合計約83鉱区が描かれている。多くの鉱区は独立せずに互いに接して概ね三個の鉱区群（舌辛，庶路，音別）を構成している。尺別村の最西の鉱区（試掘登録番号678号に相当か）は『鉱区一覧』の記載通り，一部が十勝国十勝郡浦幌村に跨がっている。運炭に欠かせない輸送設備としては舌辛鉱区には「舌辛市街ヨリ大楽毛駅迄軽便軌道布設シアリ」[21]として合資会社沢口商店経営の運炭軌道が存在するが，庶路鉱区の南端から庶路駅までは釧勝興業による「馬車鉄道予定線」，音別鉱区（9年4月以降は分離して音別村）の南端から音別駅まで北日本鉱業[22]による「鉄道予定線」が示されているにとどまる。いずれも他社による敷設を書き入れたにすぎず，輸送上の欠陥を露呈している。登録年月が8年8月以前の試掘鉱区は38鉱区（釧路郡0，白糠郡22，阿寒郡16）であったので，報道された「採掘許可の四十三鉱区」には若干不足するが，ほぼ近い数字となっている。最も登録年月が古い鉱区は7年8月の白糠郡の試掘登録番号441～442号であり，発起時点の8年8月において，わずか1年以内に試掘登録され，採掘実績のないもので占められていた。登録年月が8年9月以後の試掘16鉱区は報道された「目下出願中の四十鉱区」の一部に該当しようが，それから約1年後の9年7月1日現在でも残りの24鉱区は試掘登録されておらず，またその後も同社名義の採掘鉱区は見当らない。

　『ダイヤモンド』誌は「近頃の新炭砿会社としてはカナリ大きい計画で…発起人賛成人も先づ相当の顔触れであり，権利株が盛んに売買されて居る」（T8.10.1D）として「新事業評」欄に掲載した。8年9月4日の新聞には発起人総代金子元三郎，金子圭介，「山の鑑定者たる責任上，発起人総代となりて責任を分担する」（T8.9.3読売）理学博士大塚專一，平出喜三郎の4名の名

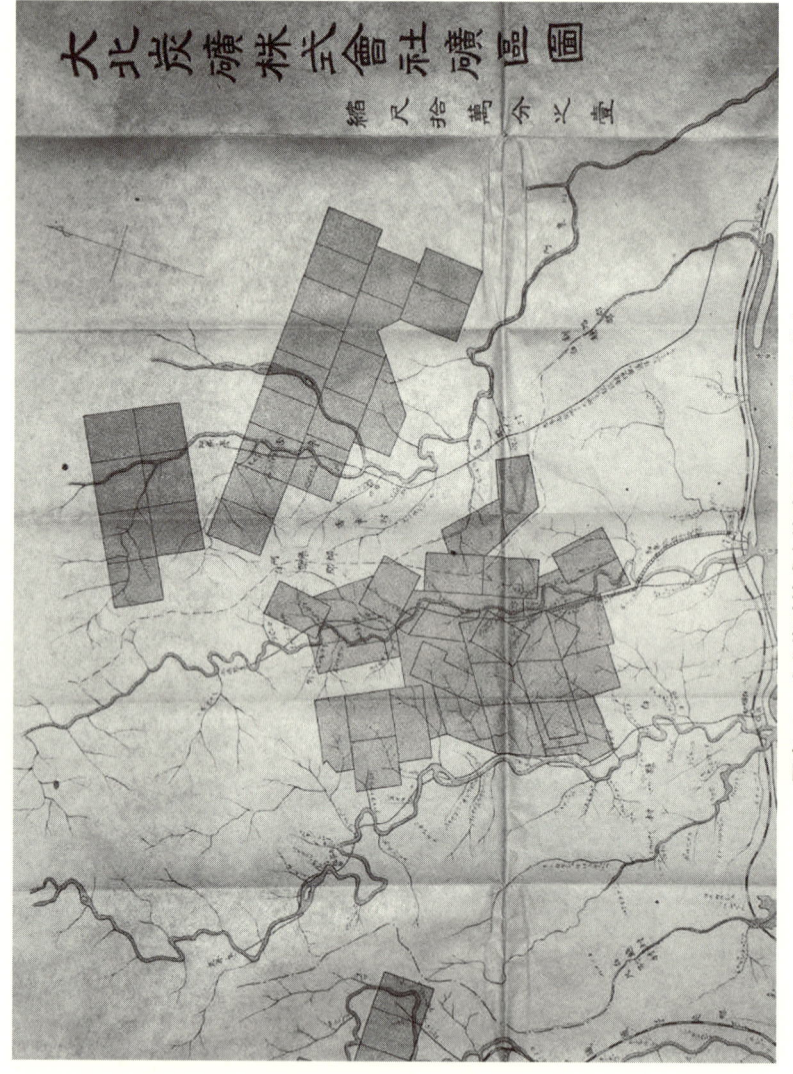

写真-2 大北炭砿株式会社砿区図 縮尺十万分之一

表-1 大北炭砿発起人一覧（大正8年9月）

一色忠雄（有楽町, 印刷業, 一色活版所）, ○鳩山一郎（弁護士, 江戸川製紙代表取締役, 湊鉄道, 日本紙器, 東京澱粉製鋼, 隆文館各取締役, 函館水電, 東京木村各監査役）, 橋本太吉（広島）, ○戸水寛人（#亜細亜炭砿社長, #東洋繊維工業監査役, 第2章注2）参照）, 大西正雄（横浜市南太田, 会社員）, ○太田信治郎（帝国化学製麻, 日本漁業各取締役）, 大塚専一（注14）参照）, 岡崎久次郎（芝区白金, 輸出入商, 日米商店, 大日本自転車, 京浜運河各社長, ヤマトブロック建材, 日本絹紬, 帝国蓄電池, 大徳汽船, 東北拓殖, 東京綱業各取締役）, 渡亀造（米価暴騰で不当利得したと追求された東京市白米商同業組合長）, 加藤定吉（京橋区南鍋町, 代議士, 貿易商）, ○川崎克（時事新報主幹, 著述業）, 金井重雄（麹町区永田町, 朝日商会取締役）, ○金子圭介（注17）参照）, 金子元三郎（注15）参照）, 金杉英五郎（神田区駿河台, 医師・医学博士, 慈恵会医科大学長. 六條生命取締役, 東京博善, 大陸貿易各代表取締役, 天親館取締役, 熱海宝塚土地発起人, 日本カルシウム泉賛成人）, ○㉜吉村鉄之助（吉村商会社長, 箱根土地取締役, 東京浴場炭砿, 熱海宝塚土地, 帝国炭砿各発起人）, 田村彰一（第4章注36）参照）, ⑲髙橋小十郎（注30）参照）, 辻村与三郎（京橋区南鍋町, 銅版製造業, 日本写真通信社長, 凹版工業, 朝日電気工作所各取締役）, 名和陽一（兵庫県武庫郡御影町, 会社員）, 中林兵吉（終章注8）参照）, 中村愛作（注32）参照）, □宇佐川一正（注16）参照）, 浦辺襄夫（明治製革, 東京地下鉄道取締役, 帝国土地開墾発起人）, ○山口恒太郎（福辺, 福岡日日新聞主筆, 九州電灯鉄道取締役, 博多湾鉄道汽船, 九軌, 博多電灯, 東邦電力各取締役, タクシー自動車社長）, ○安田伊左衛門（赤坂区青山南町, 九州採炭各取締役, 若松炭砿常務, 日本化粧品, 南洋農産各取締役, 中央窯業原料監査役, 大日本証券交換所発起人）, ○松本恒之助（津, 伊勢軽便鉄道取締役, 大日本軌道取締役, 中勢鉄道顧問）, 足立荘（内国貯金取締役, 日本徴兵保険専務, 日本不動産監査役, 秩父電線製造所取締役）, ○阿由葉鎗三郎（第4章注31）参照）, 青木正太郎（東京米穀取引所監査役, 明治40年2月日本倉庫を設立, 東京米穀商品取引所理事長, 京浜電気鉄道常務, 帝国美術, 東京電球, 東亜電気硝子各社長, 日本護謨工業取締役, 群馬電力, 横浜倉庫監査役, 日東炭砿創立委員）, □佐藤友右衛門（新潟県北蒲原郡水原村, 大地主）, 清浦敬吉（豊多摩青山南町, 日浦炭砿〈#亜細亜炭砿賛成人〉常務, 東亜線糸工業, 若松炭砿, 九曜商会, 九州採炭各取締役, 東京金線監査役, #亜細亜炭砿創立委員）, 菊地武徳（四谷区霞丘町, 著述出版業）, 行本邦彦（注4）参照）, 三井徳宝（注31）参照）, 宮本茂実（ガストンウキリアムス＆ウキグモア, 北海炭砿, 自動車興業各取締役）, 塩入大輔（京橋区築地, 弁護士, 伊那電車鉄道, 朝日電機工作所各監査役）, 塩田奥造（第3章注22）参照）, 熊取谷七松（日本橋区箱崎町, 砂糖貿易の㈱熊取谷商店, スマトラ農林各社長, 朝鮮京南鉄道, 東京興業信託, 東神土地建物, 東神海運, 国際活映, 尾道軽便鉄道, 硫黄島拓殖製糖, 尾道船渠造船所, 東京砂糖貿易各取締役, 秋田木材工業, 郡山紡績各監査役）, ◎樋渡彦九郎（注27）参照）, ○平出喜三郎（注18）参照）, ○森田小六郎（日本ペニー紡績, 中央窯業原料各取締役）, 鈴木茂兵衛（日本橋区小網町, 肥料食塩水油商・絹川屋16代目, 東京農銀頭取, 吾妻川電力, 草津軽便鉄道各取締役）

[凡例] 「いろは」順, ○数字は『実業之日本』誌調査の「日本重役肩書数番付」（T12.1.15『実業之日本』, p80）による兼務会社数, （ ）内は地域, 家業, 主な肩書, ○印は代議士（現, 前, 元）, □は貴族院議員（同左）, ◎は『商工信用録』大正7年掲載の鉱業家, ＊印は大北炭砿役員就任者, 特記なしは東京, #印は本書の掲載企業

[資料] 大正8年9月4日『読売新聞』の名簿を巻末の「引用文献略号一覧」の人名録・信用録等で補充

表-2 大北炭砿賛成人一覧（大正8年9月）

［賛成人］ ○井上角五郎，伊東三郎（東京築地活版製造所取締役，東京電灯監査役），◎伊沢良立，○岩崎勲，稲茂登三郎（帝国火災専務，東京信託取締役，内国貯金銀行監査役），㉜今西林三郎，□池田長康（男爵，山城銀行頭取），池田龍一（日清生命専務），石渡邦之丞，○早速整爾（中国新聞社），○林田亀太郎，○⑰橋本喜造（船成金），小原達明（八千代生命社長），○小川平吉（私鉄疑獄事件の鉄相），○小山田信蔵，尾崎敬義（中日実業専務），○荻野芳蔵（注28）参照），大木達夫，大村一男，○渡辺修（大阪電灯常務，大阪三品取引所理事，博済生命取締役），㊿加島安治郎，改野耕三（日本水産販売専務，農商務省官房長，自由通信社長，広告取次業・日本通信社，満鉄理事，日米興業賛成人），河東田経清（マスラ鉄工社長，金剛山電気鉄道，万寿生命各取締役），桂正夫（第一福善代表取締役，横浜桟橋倉庫監査役），垣見八郎右衛門（貸地家），上遠野富之助，○横山章（横山鉱業部），田坂初太郎（品川銀行，田坂保全各取締役，日本ペインキ社長），竹村良貞（帝国通信社社長），武岡豊太（湊川土地建物），○武内作平，○中野貫一（新潟県大地主），南波礼吉（中央証券社長），ウイリアム・ハリス，ウイリアム・フレザー，内野五郎三（東京米穀取引所理事），⑭倉知鉄吉（中日実業副総裁），○久須美東馬（越後鉄道，日英醸造，新潟新聞社各社長），日下義雄，○○＊矢野荘三郎（第5章注45）参照），前島弥，㉕藤田謙一（鈴木商店顧問），福沢大四郎（明正社，日本信託銀行，愛国貯金銀行，甲子園ホテル各取締役），⑭小池国三（山一），○小寺謙吉（朝鮮銀行大口貸出先），五島儀三郎（第7章注34）参照），◎□安case兼道（警視総監，猪野鉱業代表取締役，大日本人造肥料会長），天野保二郎（明治44年1月東株仲買人免許，北海炭砿鉄道監査役），＊坂田実（注11）参照），酒井静雄（村井銀行営業部長，支配人，明治石油社長），◎三枝守富（薬丸金山取締役），光永星郎（日本電報通信社専務），○○下出民義（名古屋電灯副社長，尾張銀行取締役），○○肥田景之（大東鉱業代表取締役，日本電気興業取締役，北海道瓦斯，内外化学薬品，大北電機各監査役），○⑯平沼亮三（南進公司社長，南和公司代表取締役，東京会館常務，戸部貯蓄銀行，東陽銀行各取締役）

［凡例］〔資料〕とも表-1に同じ

前で以下の宣伝文と発起人・賛成人の氏名[23]を並べた株式募集広告が大きく掲載された（表-1，表-2）。投資意欲をくすぐるという意味でなかなかの名文であり，以下に全文引用する。

「無尽蔵の富［希有の炭田］　当会社の鉱区は北海道釧路国釧路，白糠，阿寒及び十勝国十勝の四郡に跨り，鉱区数八十三，面積七千余万坪，其規模に於て常に東洋一の大鉱区にして，炭質及び炭層は古くより採掘され居る釧路炭とは全く系統を異にする優秀のものなり。

［数十億の富］　当会社鉱区の内，最底位にある庶路鉱区すら露頭を開鑿して精緻に調査したる結果，炭層厚く良炭豊富にして頗る有望なる事実判明せり。舌辛の鉱区は之より猶ほ優る。若し夫れ音別の鉱区に至っては当に前人未踏の優秀なる鉱区にして，以上三鉱区の埋蔵炭量は優等塊炭のみにても三億噸に余り，之を時価に見積れば五十億円に達す。

［調査の正確］　鉱区の調査は理学博士大塚専一責任を以て自ら其の衝に当り，実験に富める数名の炭砿技師補助の下に数回の踏査をなしたる外，今此処に其の名を表すを憚るも，採鉱学の泰斗にして，現に官職にある某工学博士が吾人に対する甚大の好意に依り，親しく実地に望みて調査の労を取られたるものなれば，其の調査報文は至大の権威を有す。

［絶対の確信］　既に隠退と決せる博士大塚専一が再び老躯を提げて起てる所以のものは自ら調査せる結果，希有の炭田なりしを認め，茲に絶対の確信を抱き，敢て邦家の為め篤餞を尽し，此の一大宝庫を開かんとするに外ならざるなり。

［配当の予想］　本鉱区は露頭雄大，炭量豊富，加ふるに最も経済的層厚を有し，傾斜頗る緩にして採掘の容易なる他の比に非ざれば，輸送設備完成の暁は何程にても採炭意の侭なるが，最も安全に見積り将来年四割五分配当をなし得るを此処に声言せん。

［公募の理由］　鉱区関係者及び発起人の引受株と賛成人の申込株のみにて遥に規定株数を超過したれ共，最も国家的性質を帯べる此の大事業を少数人にて独占するの不利なるを思ひ，敢て株式の一部を割きて公募に付し，一は以て多数人の協力に依り，事業の完成を図りて会社の隆盛を期し，一は以て本炭田を広く社会に紹介し当会社の成立を一般に公告せんとするに外ならざるなり。大正八年九月」（T8.9.4読売）

『釧路炭田』は第一次大戦後に「大手の炭砿会社に入社」した「大学出の地質家」は「地質調査所とは別途の企業に直結した調査を開始した」（炭田, p56）と評価している。大北炭砿の宣伝ぶりは実地調査をした「本邦地質学会の権威」（T8.5.29内報）と称される理学博士の大塚専一と，補助者の森田英

男,「元撫順炭砿技師」(T8.8.21内報)の市江満量らに「帝国ホテルで技師の報告演説をやらせたり,無闇に記事広告を出したり,兜町で自から株を買って煽ったり,有りと有らゆる手段を尽して会社を賑やかに成立させ様とした」(T8.11.21D)とされる。

『日本鉱業新聞』によれば「〈白糠〉地方は交通不便にして,且炭質優良ならざるため採炭を計画する者少なく」(T9.5.1鉱業)と見られていた。『ダイヤモンド』誌も大北炭砿は「鉱区と釧路港との間に二十五哩の専用軌道を布設し,釧路港より海路横浜へ石炭を送ると云って居るが,これもさう易く運ぶや問題」(T8.10.1D)と見た。同誌も「古河の如きは矢張り此方面に鉱区を有って居たけれども,坑夫難と運炭難より全然其権利を放棄した」(T8.10.1D)とした。6年木村久太郎が春採炭坑(安田商事から20万円で買収)に「隣接する釧勝興業株式会社の砿区44万3千坪(試掘鉱区)を同時に3,000円で買収した」(炭田,p146)のと同様に,おそらく大北炭砿が285万円で買収したと称する7,000余万坪もの広大な諸鉱区は,採掘中の釧勝興業,釧路炭砿等に隣接・近接する小規模炭坑の試掘鉱区ないし廃鉱同然の「無名の炭山を所有者より一坪二銭五厘」(T9.12.1国民)といった捨て値(木村久太郎の買値は1坪当り6.8厘)で買い取ったものであろう。9年春設立の十勝,胆振方面のT炭砿の鉱区説明書を作成した某博士は「小樽に出張し同市の某旅館で報酬五百円を以て一夜の内に作り上げ,肝心の十勝,胆振方面の鉱山へは一度も足を踏み入れなかった」[24]ことが後に破綻で暴露したという。この十勝方面のT炭砿がはたして大北炭砿のことかどうかは未詳ながら,「至大の権威を有す」(T8.9.4読売)る某工学博士の「親しく実地に望みて調査の労を取られたる」(T8.9.4読売)との触れ込みの調査報文もT炭砿の場合と五十歩百歩ではなかったかと想像される。

『ダイヤモンド』誌は「博士及技師の報告を基礎として作成した創立趣意書の吹聴が稍々誇大に失し,聊か脱線の嫌ひある」(T8.10.1D)とした上で,「坑夫難の点から見ても,設備費の足りない点から見ても…実際の採掘量は遥に下るだらう…成立後幾多の難関に遭遇し,順調の発達を見る事は覚束ない」

(T8.10.1D）と極めて悲観視した。また帝国興信所は大北炭砿の第一回調査を嘱託された工学士高橋雄治は「創立者との間に意志の疎通を欠くる所ありて…調査は中止」（T8.5.29内報）されたとの興味深い事実を指摘する。おそらく高橋は依頼された誇大報告を拒否した末の調査中止であろう。また大北炭砿の創立に尽力した東京帝国大学工科大学教授・工学博士（名鑑T6, p230),「採鉱学者舟橋了助博士」(T8.8.21内報) のことと思われる「採鉱学の泰斗にして, 現に官職にある某工学博士」が「原鉱地に出張実地踏査」(T8.5.29内報) 後の募集広告では「此処に其の名を表すを憚る」(T8.9.4読売) と名を出し渋った事情も同様であったかもしれない。しかし大北炭砿の狡猾な宣伝が利いて「当時は炭界の最盛時で…目論見書に吹聴する丈けの利益を挙げる事は出来ないとしても, 一二割の配当は困難でなからうと観測する向が多かった」(T10.3.1D) ため, 株式募集広告で「鉱区関係者及び発起人の引受株と賛成人の申込株のみにて遥かに規定株数を超過したれ共, 最も国家的性質を帯べる此の大事業を少数人にて独占するの不利を重ひ, 敢て株式の一部を割きて公募に附し」(T8.9.4読売) たなどと大見得を切っていた大北炭砿の株価には「一時十円も権利が付いた」(T8.11.21D) ほどの人気であった。しかし一部には不安視する向もあったようで,「創立当初已に発起人及び賛成人の引受株数に於て多大の欠陥ありとの風評」(T9.12.5内報①) も根強く流れていた。

　8年12月13日大北炭砿は創立総会を開き, 社長×坂田実, 専務行本邦彦, 取締役金子圭介, ×矢野荘三郎（第5章参照), 熊取谷七松[25], #三浦覚一[26], 平渡信, 森田小六郎, #有吉喜兵衛（印刷業者), 樋渡彦九郎[27], 監査役#松田福一郎（電機業), 山田浅雄, 荻野芳蔵[28], #石田庄七[29], 高橋小十郎[30], 三井徳宝[31], 相談役戸水寛人, 大塚専一を選任した（T8.12.16内報①×印は賛成人, #印は非発起人, 他は発起人)。本店は東京市日本橋区呉服町30番地（荻野, 高橋の東京の住所に一致), 目的「一, 石炭の採掘売買並に運搬, 二, 砿区の購入及び売却, 三, 以上に付帯する業務並に其業務に対する投資」(T8.12.27内報③), 資本金1500万円, 株数30万株, 1株の金額50円, 払込375万円（1株12.5円払込), 公告を為す方法は「時事新報, 中外商業新報に掲載

す」(T8.12.27内報③),満期未詳であった(要T9, p173, T9.1.17藤本)。9年では坂田,矢野,熊取谷の3名は退任済みで,取締役行本,平渡,森田,三浦,樋渡,金子,有吉,監査役高橋,松田,山田,石田,三井であった(要T9, p173)。

2．大北炭砿の内情暴露

『釧路炭田』によれば「第一次大戦後の恐慌は,大戦中の好景気で群立した炭砿の縮小を余儀なくさせたほか,経営の一新を迫るもの」(炭田,p56)と,釧路炭田一帯の衰退を指摘するが,同炭田中の最後発たる大北炭砿の場合はどうであったのか。最盛期には一時10円も権利が付くなど過熱気味の株価も12.5円払込の株が10円程度に低迷,「化けの皮が露はれ」(T8.11.21D)始めていた。さらに9年3月期は積雪のため採掘開始できず,やむなく隣接する大盛炭砿を賃借し採掘したものの,「所定の配当を挙ぐるに至らずして無配当」(T9.9.15法律)で僅か1.2万円を次期繰越とした。翌9年9月期は「益々不成績にして十三万六千円の欠損」(T9.12.5内報①)を露呈した。

そしていよいよ大北炭砿の化けの皮が剥がされる時がやって来た。公募時『ダイヤモンド』誌は大北炭砿を「一か八かの大博突をやる積りで製造に取掛かった会社」(T8.11.21D)と決め付け,「恐らく此会社は払込難の為めに不成立になるだらう」(T8.11.21D)と予想したが,「果せる哉…会社内部の醜状が暴露」(T10.3.1D)され,160余万円もの空株が露呈した。9年12月1日の『国民新聞』は「諸名士を重役とせる大北炭砿会社の不正暴露す。二足三文の炭山を買入れて千五百万円の会社創立,重役を取調中」と題して,次のように大々的に醜状を暴露した。「京橋区呉服町大北炭砿株式会社に不正事件あるを探知し,某署にては過日来より重役等を召喚,取調を為しつつあり,我社の探聞する処に依れば同会社は大正八年四月資本金千五百万円にて創立し,麹町区一番町三十七,行本邦彦氏専務取締役となり,三井徳宝,平渡信,理学博士大塚専一氏等を常務取締役,戸水寛人氏を相談役として,北海道釧路なる無名の炭山を所有者より一坪二銭五厘にて買収し,無尽蔵の炭山と吹聴して株主を

募集し，表面総株三十万株，四分ノ一，三百二十五万円全部を払込みし如く装ひ，登記を済まし，重役連は五六十万円を着服したる上，広告其他に莫大の費用を消費せしにより，遂に解散の止むなきに至りたるものなりと」(T9.12.1国民)

同日の『北海タイムス』にも東京発電報としてほぼ同一の内容に「今回の株主総会に大物議起らん」(T9.12.1北海)と付記した記事が掲載された。9年11月30日の定時総会までに社長の金子圭介，監査役高橋小十郎以外の全役員は辞任した。9年11月30日午後1時から京橋会館で開催された株主総会では金子社長も病気で弁護士の鈴木富士弥が議長席に就いた。『国民新聞』は「国民新聞を読上げて大殴合の株主総会。大北炭砿会社の滅茶々々な内面暴露」と題して，前述の「本紙の記事に驚いて駆け付けた株主は定刻までに百四十五人（此株数十五万九千二百八十）で，何れも重役共の非を鳴して居る。其内に壮士が十数名入り込み何となく不穏の形勢があるので所轄の築地署は勿論警視庁からも，警官多数出張して警戒し，やうやく午後二時五分から始めた」(T9.12.2国民)と報じた。

「総会に於て未曾有の紛擾を惹起」(T10.3.1D)した様子を新聞から拾うと，まず株主の吉村鉄之助は「三十日の国民新聞の記事に就いて，旧重役の弁解を求む」(T9.12.2国民)と同記事を朗読した。株式募集広告では「国家的性質を帯べる此の大事業」(T8.9.4読売)などと大見得を切っていたが，経済雑誌の主宰者でもあった行本専務は「株式を公募した時は財界の好況当時で申込が続々あったが，第一回払込の時は不景気となり思ふやうに払ひ込みが出来ませんので，止むを得ず，手形を割引して監査役を欺いて払込が済むだやうにして登記を済ませましたが，何んとも申訳がありません」(T9.12.2国民)とあっさり空株を認めた。これを聞いたプロの鉱業家の樋渡監査役は突然に壇上に飛上がり，「コノ小僧に瞞まされたのは諸君に対して面目ない」(T9.12.2国民)と行本の頭を殴り付けたが，舞台回しのコンビが株主の目を反らせる茶番を演じたのであろう。

第二回総会で明白となった会社内部の醜状は，①第一回総会の時に銀行預金

が1,792,152円としたのは虚偽であったこと，②発起人49人中払込を完了したのは僅かに金子圭介社長，高橋小十郎監査役と，中村愛作[32]，三井徳宝の4人だけであったことである（T9.12.2国民）。たとえば浦辺裏夫も8年8月の計画中の段階から発起人として名が出ていたが，総会後の10年10月14日大北炭砿は浦辺に未払込分の12,500円の払込を求めて提訴している（T10.10.16内報③）。

　紛糾に紛糾を続けた後にようやく同社は「事業は一先づ中止し，会社内部の大整理を行ふ」（T10.3.1D）こととし，資本金1,500万円を1/4の375万円に大幅減資し，未払込者には払込ませることの2件をこの総会で可決した。しかし新任候補者リストとして取締役（社長）金子圭介，竹村欽次郎，高橋小十郎，山内長世，友成四郎，監査役戸水寛人，内田民部，坂東清七（T9.12.20鉱業）として，その中に問題の「戸水寛人の名が現はれると，又議場が沸騰して，戸水も未払込みの一人だと騒ぎ立てるので，〈戸水〉氏の名前を削って漸く午後五時五分大紛擾裡に散会」（T9.12.2国民）した。新役員中の竹村，高橋，友成，内田らは有価証券割賦販売業の日本国債（第4章参照）系統の人物であり，同社が顧客から預かった資金で大量に大北炭砿に投資していた可能性が高い。

　大塚博士は踏査報告書で「炭質は優良にして…夕張系に近き純粋優良炭…」（T8.9.4内報①）などと，口を極めて大絶賛したが，実際には「炭質は同社が声明せるが如く左して優良ならず。買収以前已に採掘を試みたる者あるも，其成績面白からざりし為め殆んど休坑の姿となれるもの少からざりし」（T9.12.5内報①）と低品位の廃鉱・休鉱同然の貧鉱区の寄せ集めであったことも暴露された。『釧路炭田』によれば大北炭砿の諸鉱区が含まれる白糠，阿寒，釧路の小規模炭坑の多くは「大正期の石炭景気をまたずに，経営者の交代をくりかえした。また生き残ったヤマであっても…その経済的基盤に激変をきたし，消えていったものが多数あった」（炭田，p143）と，当該地区に共通した小規模炭坑経営の困難性を指摘している。たとえば大北炭砿の音別鉱区の最西端678号鉱区に近接する浦幌地区は平林甚輔（第6章注19参照）経営の大和鉱業が6年末より探鉱を開始[33]し，常室，留真，ケナシの3地点に開坑したが，

第2章　貧鉱を富鉱に虚飾した鉱山業者　55

営業採炭に踏み切ったのは僅かにケナシ坑のみであった[34]）。

　また情報の得られた鉱区として，大北炭砿音別鉱区に近接する白糠郡白糠村の白糠炭砿の結末を少し詳しくみてみよう。白糠炭砿合資代表社員東多次郎，常務社員佐藤伊三郎（下谷区下谷町，北辰炭砿取締役）らが532.3万坪の鉱区を経営したが，輸送上に不利な白糠鉱区は「交通不便にして，且炭質優良ならざるため採炭を計画する者少なく…出炭を見る迄に尚多大の時日を要する状態」（T9.5.1鉱業）であった。間瀬文彦（大崎町，北辰炭砿取締役）が8年10月白糠炭砿代表社員東多次郎が死亡した後に，代って代表社員に就任，「経営に任ぜしも，炭質良好ならざる処なり。経費徒らに嵩みて収支償はず。加ふるに資本の充実せざる同社を引受けたる事とて，〈間瀬〉氏の出資も相当額に上り，手許不如意を来し，融通手形又は小切手の発行も次第に多」（T9.1.13内報②）くなり，不渡りとなった。8年12月設立の北辰炭砿が資金難の白糠炭砿の合計大小11鉱区を90万円で買収した。しかし「鉱区の大部分は何れも試掘未着手に近き状態」（T9.5.1鉱業）で，旭炭坑は「現在は全く事業を中止し，廃坑同様」（T8.11.11D）で，『ダイヤモンド』誌は「目論見書の予想楽観に失した点が多く，殊に…鉱区に就ては一層其嫌ひがある」（T8.11.11D），「露骨に云へば会社が成立しない方が結構」（T8.11.21D）と指摘した。また『日本鉱業新聞』の分析によれば「当社の予算と多大の相違」（T9.5.1鉱業）あり，「炭量一千万噸を下らず…第一期より利益を挙げ，第二期に二割，第三期に三割，第四期に四割配当をなす」（T9.5.1鉱業）とする「当社の予想利益亦実際に比し著るしく過大」（T9.5.1鉱業）と批判した。北辰炭砿は「目下…四円位の呼び値があったが，ホンの一時，忽ち逆戻して今は権利零」（T8.11.21D）の状態となり，紆余曲折の末，14年9月4日設立無効の判決が言い渡され，14年10月6日判決確定，14年10月19日東京地裁で清算人石川慶三（前取締役）を選任（T15.8.18法律），結局清算に追い込まれている。

　本章の大北炭砿の場合，上記の白糠炭砿・北辰炭砿のように残念ながらその末路を詳らかにはできなかったが，判明する事実としては大北炭砿は紛糾した前記の総会決議に従って，あくまで払込を拒む発起人に対して株金払込請求訴

訟を次々に起している。発起人である新潟県北蒲原郡水原村の大地主・佐藤友右衛門の場合，11年東京地裁は「申込人は之によりて発起人の信用或は投資の多寡を知り，以て事業の有望なりや否やを判断するの一材料と為す」(T11.6.22内報②) から,「発起人が一旦引受数を株式申込証に記載し，之により株主の募集を為したる以上は全然之を取消すことを得ざるもの」(T11.6.22内報②) として敗訴した。遅くとも大正14年には試掘鉱区権者からも姿を消した大北炭砿が意外にも長らく存続していた理由は，鉱区への期待より，むしろ整理のため多数株主への訴訟継続上の必要性からであったかもしれない。

Ⅲ. 亜細亜炭砿

1. 炭砿トラスト・亜細亜炭砿の発起

大正9年8月大阪の本名田村静・通称「戸島喜右衛門なるものが戸水〈寛人〉博士を説き落して，博士を創立委員長に挙げ」(T10.5.27東日) たのが亜細亜炭砿の端緒である。亜細亜炭砿の創立委員は磯部検三[35]，高木賢蔵，田中猪作 (第5章参照)，山瀬俊賢[36]，蔵内熊槌[37]，津下精一 (第7章参照)，秋好善太郎[38]，川崎静雄，林信一郎，大山綱紀，中島猪之助，西郡宗三郎など30名 (T12.1.25法律，T8.12.26内報，T9.6.20鉱業) であるが，このうち鉱業家として『日本鉱業名鑑』に名が記載されているのは川崎静雄[39]ぐらいであった。

亜細亜炭砿は大阪市高麗橋3丁目の大正生命大阪支店内 (後に日本橋区万町8) に創立事務所を置き，現に隣接鉱区たる東日本炭砿との間に紛擾を惹起 (T8.1.18内報) した瑞穂炭砿との間に「目下買収の交渉中」(T8.9.30内報) であるなど，「全国に散在して資金の関係等より有望なる鉱区を擁しながら経営困難に陥れる幾多の炭業会社を買収する外，筑豊方面及び支那に於て石炭採掘事業を営まん」(T8.9.30内報) とする炭砿トラスト計画であった。高率の配当を謳い，「当初は資本金は五千万円，而も一時に全額払込てふ素晴らしい鼻息」(T9.10日本一) で，「世界的公募に依り一大炭砿会社を組織すと称し，

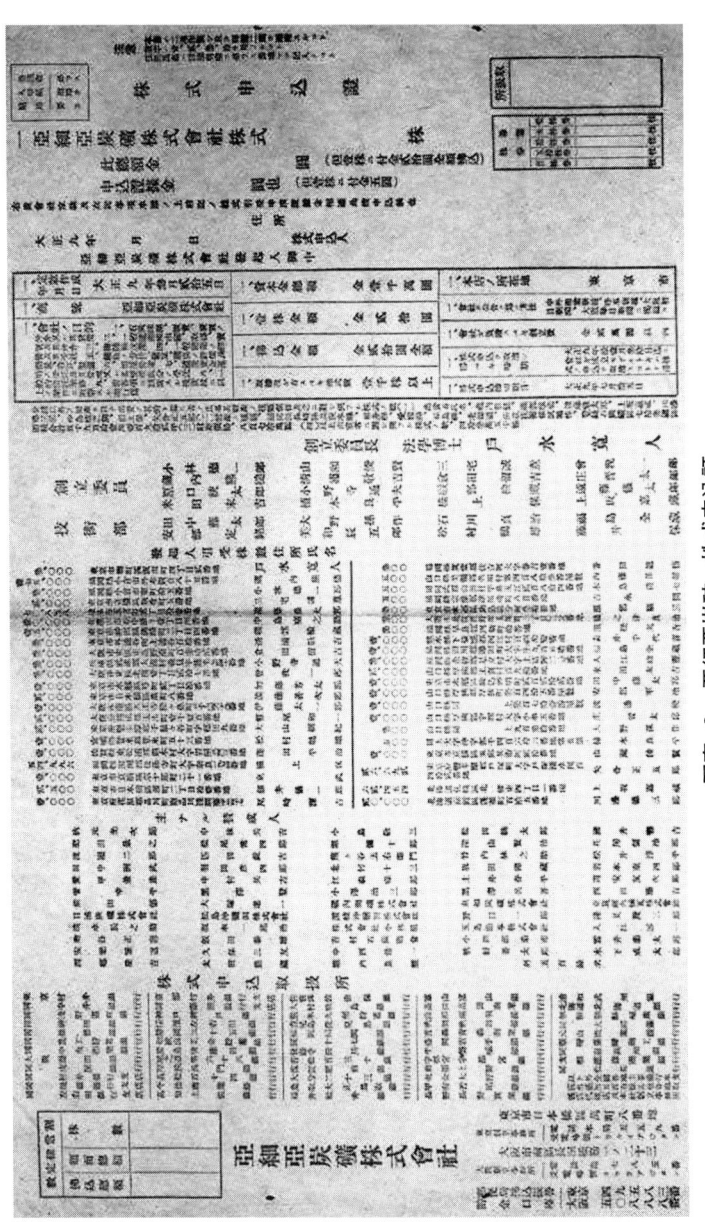

第2章　貧鉱を富鉱に虚飾した鉱山業者

写真-3　亜細亜炭礦　株式申込証

極めて誇大なる印刷物を配付」(T8.9.20内報)中であった(写真-3)。

当初の計画では「九州田川郡に於ける現在稼行中の十八炭砿,山口県宇部炭田に於ける八炭砿,山形県に於ける一炭砿及び北海道に於ける数炭砿を買収する予定なるが…第二期事業としては支那山東,山西方面より徐々奥地の未開炭田を日支合弁事業として開発し,将来は西比利亜に向って突進するの抱負」(T8.9.30内報)と「『国家的』な大きい事業である」(T9.10日本一)と強調した。このうち中国の未開炭田に関しては創立委員の「原口統太郎氏が北京政府より認可を得たる山東省溜山炭砿及び満洲撫順炭砿接続の大炭田経営投資の特許権の併合契約を締結」(T10.11.10内報①)したとしていた。しかし帝国興信所は「年六割の利益配当を標榜」(T8.9.20内報)し,「東亜の炭砿業を統一して石炭を欧米に供給せん」(T8.9.20内報)とする亜細亜炭砿を「一応尤もらしき所ありて,事理を解せざる徒輩を惹付くる魅力を有するに似たる」(T8.9.20内報)が,「類例殆んど皆無…一の仮想的企画にして…内容…空虚」(T8.9.20内報)で,「痴人の夢に等しき」(T8.9.20内報)ものと酷評した。

「株式は縁故関係に依り相当の申込ある由なるが,尚一万株は近々公募に付し,来たる七月十五日頃迄に募入を決定する計画」(T9.6.20鉱業)であった。「資本金は総て現物出資に依りて成立」(事件,p8)とされたが,正確には「資本総額一千万円中八百七十万円は鉱区を以て財産出資となし,残額百三十万円を流動資産に充て,石炭採掘の外運輸及信託事業を営む」(T9.6.20鉱業)ことを目的とした。

肝心の亜細亜炭砿「会社の基礎事業たる…福岡の鉱区」(T10.5.27東日)は蔵内次郎作一族の蔵内保房[40]の名義であったが,「蔵内保房氏所有の坑区以外に尚ほ鉱区を都合する者続出し」(T10.5.28佐賀),「各方面より鉱区を持ち込むもの続出したので,〈資本金を〉三千万円に増資」(T10.5.27東日)することとした。ところで当時資金繰りに窮しつつあった蔵内鉱業は「自分所有坑中の…最も悪い炭層」(T9.9.5東経)を約32万円で別働隊の若松炭砿に売却するなど,隠密裏に資産の換金処分を進めていた。また関係先の東亜証券商品信託の醜状が暴露された時,蔵内次郎作[41]は「自己の巨万の財産全部を甥に当る…

蔵内保房氏の名義に書き換へ自分は無財産」(T9.11.11大毎⑪) を装って財産隠匿をはかったものと報じられたように,「蔵内ノ私財ハ其家族名義ニ書換ヘラレタルモノ多ク」(顛末, p265), 権利関係が錯綜していた。大正9年7月の亜細亜炭砿『株式申込証』では蔵内商鉱代表取締役の蔵内熊槌（帝T11職, p343）の名義で175,000株となっている。このため亜細亜炭砿側としては肝心の「蔵内の鉱区は他に担保に入って居り, 夫れ以外の鉱区も名義が変って居たりして正式の手続が出来ず」(T10.5.27東日), 蔵内鉱業の資金難の悪影響を受けて創立が停滞した。「既に炭砿業に対する世人の投機心が甚だしく下火になった折柄とて, 之れ亦株式公募の結果が…不良」(T9.10日本一) であった。創立委員の田中猪作（第5章参照）は8年11月自己の影響力の強い佐賀貯蓄銀行（第5章参照）に5万円の定期預金[42]をしたが, 上記の亜細亜炭砿の内実からみて他行からの金策目的で同行幹部と共謀した架空預金であった可能性が高い。現金出資がなく現物出資のみによる設立の通弊として会社「設立登記申請を為すに要する登記料にも窮」(事件, p8) するほど極度の金欠状態であった。そこで創立委員の磯部らは「創立費並に登記料を融通」(T10.5.28佐賀) すべく画策した。

2．津下精一から設立費借入れ

このように「金融難と鉱区名義書換等にて実行遅延し, 発起人側は再び困惑の状態に陥りたる折柄, 某氏の紹介に依り…津下精一氏より設立費として十万円を有価証券にて融通を受け」(T10.11.10内報①) た。大毎号外では津下を紹介したのは「昨年十月知人の天王寺安部野高橋興三の紹介で…亜細亜炭砿株式会社（既報, 内部の紛乱で創立中消滅したもの）の創立費に十万円を投資する事となった」(T10.6.5大毎号外) とするが,「高橋興三」は前出の創立委員・高橋賢造（大阪天下茶屋）を指すものと思われる。「前記の西沢四郎と高橋賢造の両名は戸水寛人氏等の手で作り上げやうとした亜細亜炭砿会社の一件を更に津下に持込み」(T10.8.6大毎),「前代議士小林勝民氏に説かれて出京した津下は京橋の某料亭で同社創立委員長戸水寛人氏外重役と会見」

(T10.6.5大朝),磯部,西沢の奔走により津下から,「有価証券で十万円を出させる事に話を纏め」(T10.5.27東日)たという。上京の際に津下が常宿とした東京駅前のステーション・ホテルには「何時も山師風の男が三五人は必ず泊り込む有様」(大毎号外)であったというから,西沢・高橋らもこうした津下の取り巻きではないかと思われる。

9年10月5日津下は戸水,戸島喜右衛門ら同社首謀者と会見したが,会見内容に関しては津下は「戸水寛人氏より重役にすると勧誘され,二十円払込株一万株を引受け出資(或は二十万円出資と云ふ)(尚戸水寛人氏振出為替手形にて十万円貸出せりと)」(T10.6.5大朝号外)という説,また「戸水寛人氏が津下に同会社二十万株一万円を(二十万円)引受けなば重役たらしむとの勧誘に依り二十万円を出資した」(T10.6.5河北)と諸説が混在して報道され,「百円の有価物件で十万円を戸水博士に渡した」(T10.5.27東日)ともいう。9年8月資本金1,000万円で津下が「社長又は副社長に,其他の重役も内定して創立事務を進」(T10.5.27東日)めたとの社長内定説まである。いずれにせよこうして津下は「幽霊株を発行して問題を惹起した亜細亜炭砿株式会社にも表面発起人の名目中に加はって資金を投じ」(T10.6.5福日),大いに影響力を発揮したのであった。

9年10月7日付で締結した契約書の内容は『津下事件の裏面に伏在せる薩派及政友会一味の醜怪事実』(第7章参照)の巻頭グラビアに写真と文章で掲載されているが,その骨子は「収入印紙を以て登記料十万円の支出を求め,之が代償として亜細亜炭砿より大なる利益を提供する事を約し」(事件,p8)たものである。津下が獲得する亜細亜炭砿の利権とは「是に依りて〈戸水〉寛人は大正九年十一月三十日迄に完全に会社の登記を了し,株券発行の上,二百万円を担保に差入れ,五百万円を一年間精一に托すべき義務を負ひ,且つ別に同株券六十万円を〈津下〉精一に贈与するの約」(事件,p8)であった。また大朝によれば,「一,同社創立開業の上は関西方面に於ける同社発掘の石炭その他鉱産品の特約代理店たること。一,同社株券二十万株(一株百円)の権利を承認する。但し権利株一株に対し金一円の口銭を支払ふこと」(T10.6.5大朝)

などであったとされ、「会社設立後株券を市場に出せば相当のプレミアムが附くと巧に持掛けられたので、津下は一株一円の口銭の手付金として、その半額十万円を支払った」(T10.6.5大朝)とされる。戸水自身の事件発覚後の談話によると「津下を知ったのは昨〈9〉年十月で亜細亜炭砿計画中、関西へ旅行して花房[43]といふ人の紹介で借り受ける事に。当時津下は収入印紙で融通し様と申入れたが、亜細亜炭砿では登記料にも五万円以上を要し、又将来増資して三千万円位にする考があったから、至極結構だと思った。名義は将来の為亜細亜炭砿にしないで自分個人のものとした。当時津下及び其の仲介人は亜細亜炭砿の株式募集の為め上海辺での運動だと称して三万円を天引にし正味自分の手元に入ったのは七万円しかなかった。更に其の中二万円は創立費用の為に使用して、残り五万円は創立委員の磯部謙〈検の誤記〉三氏と相談の上第一銀行に保管方を依頼して置いた」(T10.6.5東日)と証言した。

3．亜細亜炭砿創立決議

津下が百円の収入印紙で戸水博士に渡した10万円は「登記料となり、会社はヤット成立」(T10.6.5大朝)したとの会社成立説もある。『日本鉱業新聞』によれば、9年11月15日鉱山採掘を目的として資本金3,000万円で亜細亜炭砿が創立されたと報じた(T9.12.1鉱業)。亜細亜炭砿の役員は社長戸水寛人(創立委員長)、取締役津下精一、磯部検三、松村鶴雄、西沢四郎(創立委員)、山田忠一、西原馬太郎、田中猪作(創立委員)、三宅健寿、長田愛三、橋上保(福岡県嘉穂郡山田町)、監査役桂二郎[44]、上坂嘉蔵、川辺篤三郎、伊東清次郎(吹田町、浪速瓦斯監査役)、阿部定緒とされた(T9.12.1鉱業)。一部に三菱合資芳谷炭坑副長、多久鉱業を経て、奔別炭砿炭坑長(人T7や、p41)となった山田忠一や、橋上鉱業代表取締役(名鑑S10、p30)の橋上保、海府鉱業取締役(要T9役下、p133)の三宅健寿(水戸市上東楓小路)などの鉱業家も含まれるが、桂二郎を除き、当時の『日本鉱業名鑑』をはじめ、紳士録、会社録等にも掲載されぬ三流以下の資本家と考えられる。

上記の創立報道に対して、帝国興信所ではそうではなく、「大正九年十一月

十五日に至り，発起人総会を開き，兎に角会社設立の決議を為し，同時に役員を選定して戸水氏社長に内定した」(T10.11.10内報①) と報じた。しかし「〈戸水〉寛人は何等登記の手続を為さざるのみならず，十万円のうち五万円は任意消費」(事件，p9)，「戸水氏は此金策の成功を喜び，該金の内約二万円を関係者に分配した。…磯部謙三氏は創立費を分配する事の不都合を詰り，戸水氏の使者が持参した収入印紙五千円を火鉢の中へ抛り込まんとした」(T10.6.5東日) との報道もある。別の報道では蔵内の同社からの撤退が障害となったとする。すなわち9年12月7日「戸水寛人氏の自己設立計画に係る資本金三千万円の亜細亜炭砿の登記料三十万円を戸水に融通すべく，前記西沢，高橋等と共に津下に交渉し，条件として会社設立後は六十万円を無償にて呈与し，尚五百万円の株を一ケ年間津下に貸与へプレミアムの利を与へる事としたが，途中会社関係者代議士蔵内次郎作氏が手を引いたので，一千万円に減資する」(T10.6.5東日) ことになったとされた。

各紙の報道は区々で真相は未詳ながら，不正印紙を貸与した津下側は同社創立事務の停滞に不満を抱き，印紙換金による不正行為の露呈に相当神経質になっていたようである。特に換金目的での「戸水等の印紙売歩きに恐れを抱き…之れが取戻しにかかり」(T10.8.7佐賀)，「残余の五万円は磯部検三の手に依り，精一の請求に依り之を返還」(事件，p9) させるべく，10年1月津下は「顧問弁護士北村政敬氏を磯部方へ差向けて一時五万円を受取った」(T10.5.27東日) とされる。換金に走りがちな亜細亜炭砿への不信を強めた津下側はさらに，「融通金額中の五万円返還を迫り，後日改めて十五万円融通の条件にて遂に右五万円を持去」(T10.11.10内報①) った。この点に関して戸水は「本〈10〉年一月津下は自分の顧問弁護士の北村氏と磯部氏とが相談の上，金を返して呉れというて借主の私には何の相談もなく返してしまった。私は後で磯部氏に其の不当を詰ったら『津下は金も大分あるし，会社を三千万円に増資する際には更に十万円位は投資するといってゐるから』と弁明するので，自分も不問にふしてゐた」(T10.6.5東日) としている。

4．亜細亜炭砿の末路

その後同社の肝煎役であった戸島という札付きの旧悪が発覚し，「同人は目下会社の募集株金六千円を携帯して行方不明」（T10.5.28佐賀）となったほか，戸水らは「殆んど無価値同様の株券を提供し，精一を欺罔して全然登記の手続をすら着手せず，剰へ此騙取したる収入印紙を現金に代ふるが為東京市に於て之を割引販売せしめつつありし事実あり．此事実を警察官憲に於て検知したるこそ，実に津下事件暴露の発端」（事件，p9）とされる。すなわちかねて津下側が懸念していた通り，この高額の「収入印紙こそ実に当局が怪しいと睨んだ最初」（T10.6.5大毎号外）で，戸水らが高額「印紙を…東京市中で売り歩いたので，警視庁が嗅ぎつけて印紙横領の発覚の発端となった」（T10.8.7佐賀）のであった。この印紙横領発覚という「突然津下氏の身辺に不祥事惹起したるを以て，殆んど寝耳に水の発起人側は此突発的出来事に対し唖然として為す所を知らず…一頓挫を来し」（T10.11.10内報①）た。

10年5月「再び総会を開き神戸市の水沢五十馬[45]氏（日本耐火煉瓦専務）を出資者並に発起人として新たに資本金一千万円程度の計画を樹て，此方針を以て本年九月頃迄に会社設立を見るべく決議」（T10.11.10内報①）した。帝国興信所の予想した通り，亜細亜炭砿は10年5月25日神田区北塗物町3の創立事務所で創立委員・発起人総会を開催し解散を決議（T10.5.27東日），結局「内部の紛乱で創立中消滅」（T10.6.5東日）した。かねて同社計画の熱心な支援者の一人であった水沢五十馬も亜細亜炭砿救済のため，「私財を抛って関係者一同の面目維持に努力したるも，到底根本的救済の不可能なるを覚」（T11.2.22内報）ったとされる。水沢はその後も亜細亜炭砿と同様な炭砿トラスト結成を夢想し，「三千万乃至五千万円程度の炭砿会社創立を企画し，右合同に依て亜細亜炭砿の最後をも美化せん」（T11.2.22内報）としたため，「右会社は…亜細亜炭砿と姉妹関係あるかの如く揣摩し…炭界一部に伝へられ」（T11.2.22内報）た。

11年12月21日亜細亜炭砿株主の小林平吉外2名から「〈戸水寛人〉博士が社

長格で会社設立の為株式募集をやった処が，一向其の後成立しないので，株主は…払込金の返還を求めたのに，会社は応じない」(T11.12.22読売)として戸水社長を背任罪で告訴した(T11.12.22読売)。また「名古屋の富豪」(T12.1.25法律)木村平蔵，梶川勝平，平林政一も亜細亜炭砿は株主に「株券を送付しないのみか，創立当初から詐欺を目的とし，他人名義の鉱区を自己の所有の如く，或は全然ないものをある如く装ひ，全く詐欺横領された」(T12.1.25法律)と訴えた。これらの訴訟はごく一部に過ぎず「本事件は既に他の人からも十二回程告訴あり，問題は益々紛糾」(T12.1.25法律)した。なぜなら亜細亜炭砿は「極めて誇大なる印刷物」(T8.9.20内報)を配布，大掛かりにも「日，支，英，米，仏，露の各国人を株主とすべく世界的公募」(T8.9.20内報)を標榜し，創立委員の津下も「亜細亜炭砿の株式募集の為め上海辺での運動」(T10.6.5東日)経費と称して融資額から3万円を天引したほどであった。訴えによれば被害者は「海外にまで波及し，その一例に逓信省貯金局図書課井沢某を仲介とし，横浜のさる外人の手を経てハワイ近辺のアメリカ人は勿論，邦人の出稼人の汗の結晶まで詐取した」(T12.1.25法律)とされたので，この「世界的公募」の点だけはまんざら誇大広告ではなかったようだ。

1) 池島民理『株式会社の裏面』精禾堂，大正8年，p118。
2) 日露戦争の際に当時の日本の軍事力の限界もわきまえず，「是非露国を貝加爾湖まで追撃しなければならぬ…東部西比利亜を制服することが出来る」(M38.5.26読売)としてバイカル湖以東の東部シベリア占領を主張した「主戦論七博士」の代表格として，「戸水さんの如きは，バイカル博士の別名さえ頂戴した」(長谷川光太郎『兜町盛衰記』第一巻，日本証券新聞社，昭和33年，p231)と広く証券界にまで彼の勇名は轟いていた。「如何にも硬骨漢らしく見せ掛け…豪傑振った」(明治43年1月15日『大阪滑稽新聞』，湯本豪一編『図説　明治人物事典』日外アソシエーツ，平成12年，p345所収)戸水寛人代議士に対して野党は「バイカル湖の土左衛門」(T12.2.25大朝)などと盛んに野次った。また近年立花隆氏も「私の東大論」の中で戸水を「誇大妄想狂」「夢想家」(立花隆「戸水寛人教授の『日露戦争継続論』」『文芸春秋』平成11年9月，p361，372)と批判する。

3) 戸水寛人は熱海宝塚土地事件では「松島氏の為めに名義を貸したまでの事で，全く内情は知らなかった」(T13.11.11読売) と釈明した (戸水寛人の経歴は拙著『「虚業家」による泡沫会社乱造・自己破綻と株主リスク——大正期"会社魔"松島肇の事例を中心に——』滋賀大学経済学部研究叢書第42号，平成18年，p153〜5参照)。
4) 行本邦彦 (麹町区一番町) は「経済タイムスと云ふ雑誌を経営して居る」(T8.11.21D) 人物で，森田小六郎らと「大に尽力し創立の速成を期し」(T8.8.21内報) た大北炭砿の首謀者。大正7年12月設立の日本耐酸塗料専務②800株主 (要T9, p48)，日本金線製綱代表取締役，日本耐酸塗料社長②800株主 (要T9役下，p127)，8年11月中外証券信託取締役 (T8.12.5内報③)，大正12年森田小六郎，平出喜三郎らと北京競馬の華日興行発起人 (T12.4.18法律)。
5) 桂正夫 (本郷区真砂町) は大北炭砿賛成人，日本耐酸塗料，日本金線製綱，愛知耐火煉瓦，北陸銑鉄各取締役 (要T9役下, p214)，第一福善㈱代表，日本金線製綱取締役，横浜桟橋倉庫監査役 (紳T11上, p198)。
6) 平渡信 (芝区新堀町) は仙台の平渡源左衛門の長男に生れ，明治38年7月東京帝国大学英法科卒，38年8月内務省属官，38年11月文官高等試験合格，39年8月朝鮮総督府警視・平壌警務所長，41年9月韓国内務書記官，43年10月朝鮮総督府書記官兼任，退官後東京で弁護士を開業，元田肇法律事務所に勤務するも「刑事問題に触れ…以来弁護士をやめ，会社に関係し，硝子製造会社，興業会社等に重役」(S2.7.23法律) となった。
7) 小平鑑七郎 (四谷区北伊賀町) は日本金線製綱，中央屑物市場，日米護謨工業各取締役，日本耐酸塗料監査役 (要T9役下, p37)。
8)9) 弁護士播磨龍城「政客心理と金貸気質」(T15.6.15法律)。
10) 昭和2年7月13日公判での平渡信供述 (S2.7.23法律)。
11) 坂田実 (麻布区永坂町) は安政4年4月10日備中国に生れ，男爵阪谷芳郎博士の従兄，明治10年慶応義塾卒業後，母校で経済学の講師となり，16年岡山師範教頭，明治20年時事新報記者となり業務監督，慶応幼稚舎監督を経て，32年日本銀行に入り，出納局勤務，副支配役，出納局長心得，33年4月支配役に昇任，名古屋支店長，本店国庫局長，計算局長で退任 (実辞サ, p3) し，三田の先輩で頭取となった浜口吉右衛門の要請で41年11月「元と浅草銀行，三田銀行等を打って一丸となし…新設された」(重, p170) 豊国銀行創立に参画し同行専務となった (実辞サ, p3)。「目下同行並に其他二三会社の社長及取締役たり」(T8.3.1実業)，大正7年12月古賀春一らと日之出鋼業を創立し，社長に就任 (T8.3.1実業)。
12) 日本緬羊毛織は前掲拙著『「虚業家」による泡沫会社乱造・自己破綻と株主リスク』第7章，p103以下参照。

13) 山田浅雄（四谷区南寺町）は坂田実の仲間ないし「其〈坂田実の〉配下」（T10.2.20内報②）と目される人物。東京大倉畜産取締役支配人（要T9役中，p183），大北炭砿監査役，日本林業，東海醤油各監査役（紳T11中，p107），北海採炭監査役（T8.7.6内報①，紳T11中，p107）。

14) 大塚専一（小石川区竹早町）は理学博士（T7.11.16内報①），明治40年「過般辞任の上，日本石油株式会社に入りしが，不日渡米して同地石油の取調を為す由」（M40.5.25『北海道鉱業新報』③），日本石油技師，所得税103円（紳M41, p170），各地の地質調査報告書を刊行した。日本石油の鉱山部顧問（名鑑，p23，要T9役上，p148），大正7年岩手鉱業の技術顧問（T7.11.16内報①）。

15) 金子元三郎（小樽区色内町）は明治2年4月8日新潟県三島郡寺泊の内山勝平の弟・勝次郎として生れ，11年8月福山町の富豪・金子セイの養嗣子となり，小樽に移転，22年5月家督相続により金子元三郎と改名の上，家業の漁業・海運・海陸物産販売業を継承。

16) 宇佐川一正（千駄ヶ谷穏田）は嘉永2年11月10日旧山口藩士藤村太郎右兵衛の四男に生れ，旧山口藩士宇佐川久平の養子となり，軍籍に入り（衆ウ，p2），陸軍軍務局長兼軍事参議院幹事長，陸軍中将（紳M41, p414），日露戦争の功により男爵，元軍人（帝信T14, p201），東洋拓殖初代総裁（実辞ウ，p1），万寿生命監査役（業史，p227），帝国シャンパン相談役（大正，p1179）なおシャンパン会社の後身の日本葡萄酒は大正10年5月左右田貯蓄銀行から25万円手形割引を受け，訴訟となった（T13.3.18法律）。

17) 金子圭介（山口県長府）は嘉永5年6月1日長州金子丈六の弟に生れ，明治10年9月分家，山口県選出政友会代議士，『財界人物選集』昭和4年か，p41），大正9年では赤坂区青山北町5-2，朝鮮皮革社長，台湾商工銀行取締役，台湾土地建物監査役（要T9役上，p217），大北炭砿，大日本蚕糸紡織各社長，台湾商工銀行取締役，朝鮮皮革監査役，台湾土地建物相談役（要T11役上，p214）。

18) 平出喜三郎（函館市船見町）は明治9年3月15日生れ，海運業，奥尻鉱山取締役（名鑑，p2），函館区選出中正会代議士，大正6年11月設立の宝永銅山取締役（株T8, p628），函館果実野菜市場代表取締役，函館銀行，東亜拓殖製粉，大北火災保険，北海魚網船具各監査役，函館貿易，函館陶器，東京屑物市場各取締役（要T11役下，p211），若松炭砿取締役（T8.4.25内報①），大正12年北京競馬の華日興行発起人（T12.4.18法律）。

19) 浦辺襄夫（豊多摩郡）は明治4年6月23日千葉県夷隅郡に生れ，30年早大卒，桜組入社，副支配人を経て40年業務執行社員，43年明治製革社長，浦辺商事社長，ボルネオ護謨代表取締役，郡山紡績副社長，共同生命専務，土地興行，敷島醸造，房総煉乳，東京地下鉄道取締役，両毛紡織，日本建築紙工，東神火災各取締役，東

京動産火災保険，戦友共済生命，日本セルロイド各監査役。
20) 『札幌鉱務署管内　鉱区一覧』大正9年7月1日現在，p123。
21) 『大北炭砿株式会社砿区図』大北炭砿，大正8年ころ。舌辛と大楽毛を結ぶ輸送路に関しては，寺島敏治「財閥の釧路炭田への進出と展開・序論」『鉄道史学』第19号，平成13年11月，p55〜6参照。
22) 大谷正春『尺別鉄道　50年の軌跡』昭和59年，p4以下。
23) 代議士，鉱業関係者などのほか，「日本重役肩書数番付」(T12.1.15『実業之日本』p80)に登場する著名な財界人が十数名も含まれ，「相当の顔触れ」となっている。
24) 家村五郎『投資之研究』投資研究社，昭和5年，p53。
25) 熊取谷七松（日本橋区箱崎町）は明治13年1月17日熊取谷利平の長男に生れ，砂糖貿易商，国際活映，東京興業信託，東神土地建物，東神海運各取締役，秋田木材工業監査役（要T9役下，p171)，大北炭砿発起人，船橋の塩田買収（『船橋市史前編』，p393)，熊取谷七松商店は大正9年ころ整理（T10.2.2内報③），株式会社に改組し社長（要T10役下，p254)，スマトラ農林社長，尾道軽便鉄道，硫黄島拓殖製糖，尾道船渠造船所，東京砂糖貿易各取締役（要T11役下，p171)。
26) 三浦覚一（大分市大分荷揚町）は明治3年5月28日生れ，大分県郡部選出政友会代議士，宮崎県の富高金山主（名鑑，p176)，夕張郡試掘4344号鉱業権者（鉱区一覧T11，p30)，東洋繊維工業（第7章参照）発起人，日本酢酸塗料代表取締役，大分電気工業監査役，博多トロール，中外証券信託，東北水産各取締役（要T11役下，p154)，大正製瓶合資代表社員，千代田製氷代表取締役（紳T11下，p84)。
27) 樋渡彦九郎（京橋区鎗屋町）は明治3年5月17日鹿児島県頴娃村の樋渡五助の次男に生れ，父が「砿山業を営み，一大蹉跌を来して，家産蕩尽し頗る落魄を極む」（実辞ヒ，p21）状態に陥り，中途退学，「北海道に航し，単身赤手を以て翌二十四年より砂金採取を開始」（実辞ヒ，p21）し，福島県桂田鉱山，岩手県気仙郡世田米村の田ノ上鉱山等を経営，明治42年旭砿業合資会社代表社員に就任，貿易商・共和商会を設立，日米合弁で日本トーマス・W・シモンズ商会を設立（大鑑，ひp1)，国際商事取締役，東京住宅建築代表取締役（要T9役下，p171)，帝国工業取締役，今宮黒鉛工業監査役（紳T11下，p125)。「樋渡彦九郎氏と知り合ひとなりたる以来同氏を援助すべく約手等を貸与」（T10.3.25内報②）した小布施順次郎（株式仲買小布施新三郎の三女ナヲ子の夫で日本金鉱㈱取締役）は不渡りを出した。
28) 荻野芳蔵（日本橋区呉服町）は福井県出身，明治30年代には明治紡績支配人，伏見紡績，西陣製織，日本細糸紡績各取締役，伏見紡績紛糾の元凶と目され，「紡績界の怪物」と評された。明治40年代議士として日糖事件に連座，矢野鉱業取締役，大阪製錬，九州林業各監査役。

29) 石田庄七（大阪市南区安堂寺橋）は大北炭砿非発起人，明治元年紀州田辺の酒造家・原秀次郎の三男隆造として生れ，奉公した砂糖商・石田庄兵衛の婿養子となり，大阪砂糖取引所取締役，大阪銀行取締役，大株仲買人。

30) 高橋小十郎は豊橋財界の巨頭，尾三農工銀行副頭取，尾三商業銀行頭取，尾三貯蓄銀行副頭取，日本商事相互代表取締役，日本国債信託取締役ほか多数。尾三銀行休業により「商業会議所会頭…ほとんどすべての会社役員を辞任して，財界の第一線から完全に引退することを余儀なくさせられ…失意の晩年をおくらねばならなかった」（大森修『豊橋財界史』昭和48年，p118）。

31) 三井徳宝（札幌市南七条西一丁目）は明治8年10月山梨県三井泉林の長男に生れ，北海道で金物商・拓殖事業・栃木県那須野開拓に従事「趣味開墾事業」（衆，ミ p2）。

32) 中村愛作（渋谷町広尾）は明治17年11月生れ，38年慶応卒，41年三井銀行に入り大正5年辞任（衆ナ，p56），機械商・三栄商会，富士護謨各社長（大鑑な，p8），日本鉄工各社長，富士薬品工業，東洋紡機各取締役（紳T11中，p27）。

33) 『北海道鉱業誌』北海道石炭鉱業会，大正13年，p299。

34) 『釧路炭田採炭史』北海道産炭地域振興センター釧路産炭地域総合発展機構，平成15年，p10。

35) 磯部検三（神田区淡路町）は明治5年10月13日山口県の医師重枝化甫の三男に生れ，磯部禎太郎の養子となり，医師となり日本医学校を創設，明治45年日本医学専門学校専任理事兼学監となった。日本病院監事，雑誌日本医学を主宰（名家イ，p72），亜細亜炭砿解散の翌日創立委員長・整理委員長（T10.5.27東日）として戸水とともども東京地裁に喚問された（T10.5.28佐賀）。

36) 山瀬俊賢（本所区向島小梅町→本所区柳島押上町）は日本相互勧業代表取締役，松山瓦斯取締役（重，p73），大成商事取締役（要T10中，p265），芝区今入町15，大成商事，中外物産各取締役（帝T11職，p373），常武電気鉄道常務（丸S6，p660）。

37) 蔵内熊槌（福岡県企救郡足立村赤坂／築上郡下城井村）は蔵内一族か未詳，東筑耐火煉瓦代表取締役，日満炭砿取締役（要T10中，p216），蔵内商鉱代表取締役（帝T11職，p343），大正8年4月蔵内系統の若松炭砿が九州採炭を合併した際に，中山佐市，宇都宮寛とともに若松炭砿新重役に就任するも「其後新たに加はりし三名及松本良七氏退社」（T9.4.1鉱業）した。

38) 秋好善太郎（豊多摩郡淀橋町柏木）は小学教員を経て明治36年ころ印刷出版業・東光園を創業，歴史写真帳を刊行（大正，p1148），大正紙器取締役（要T10下，p116），会社員（商T15，p530）。

39) 川崎静雄（大阪府泉南郡麻生郷村）は千歳鉱業合資会社業務担当社員（名鑑T7，

p112),日光社,日本紡機工業各取締役（要T11役上,p198）。

40) 蔵内保房（福岡県築上郡下城井村）は蔵内鉱業社長（名鑑T7,p166）,田川銀行,田川貯蓄銀行各頭取,小倉鉄道ほか取締役。蔵内次郎作の甥だが,明治12年3月伯父次郎作の家督を相続し（人T7く,p49）,「令息」と位置付けられ,次郎作が「代議士として政海に乗りだした後らは事業上の一切は令息保房氏の手に依り経営され」（岩崎高蔵編『余影』大正13年,p66）た。大正10年8月21日死亡。

41) 蔵内次郎作は弘化元年1月9日豊前国築上郡下城井村の蔵内新六の三男に生れ,明治16年田川郡で石炭採掘に着手,35年蔵内鉱業所設立,41年福岡県郡部選出政友会代議士,蔵内鉱業代表取締役,炭礦商事社長,田川銀行,東京金線,日本格魯謨,築上製紙,博済生命各取締役,小倉鉄道,日田鉄道,東京浴場炭礦各相談役。有名な「チャクタン」電報は俗説。

42) 大正14年（オ）118号事件第三民事部判決,事実,『大審院民事判例集』第4巻,p205。

43) 花房留治郎（豊多摩郡戸塚町下戸塚）は「津下と昵懇」（T10.6.5東日）で横田稔,戸水寛人に「紹介」（T10.6.5東日）した人物。10月7日付亜細亜炭砿契約書の立会人（事件,巻頭）,帝国土地開拓発起人（T10.6.14内報①）,日本水力電気取締役（要T9役上,p67）。

44) 桂二郎（芝区西久保桜川町）は桂太郎の「実弟で箸にも棒にもかからぬヤクザもの」（白柳秀湖『続財界太平記』日本評論社,昭和5年,p273）と評され,日本活動写真,永同金鉱,太陽生命各社長（実辞ヲ,p33）,若松炭砿取締役,亜細亜炭礦,東華生命,台湾銀行,日本麦酒,天草炭砿,日本練炭各監査役を兼ねた（帝T5役,p92）。

45) 水沢五十馬（神戸市栄町通→兵庫県武庫郡須磨町）は兵庫県の小学校長を経て,機器器具雑貨耐火煉瓦販売の水沢商会を起し,大正元年11月打田喜代太郎とともにオゾン発生器具販売の清気合資会社業務執行社員となり（諸T2上,p746）,大正5年12月日本耐火煉瓦を同志と創立し専務,日本製鉄を発起し取締役,水沢商会を拡張して直輸出入業の合資会社岸本組を創立（人T7み,p53）,日本耐火煉瓦取締役（重,p230）,岸本信太郎が社長の日本耐火煉瓦専務（株T8,p528）,日本製鉄常務,水沢商会代表,特許電柱製作所長,所得税120円,営業税850円（紳T14,p179）,片上鉄道監査役（要T11役下,p162）。

第3章　外地での証券・金融・開拓ビジネスの幻影

　本章では大物政治家の係累，参謀本部付の現職少将，米国での銀行経営者など一見華々しい経歴を誇る一流の人物かと誤解しそうな輩が発起・創立した植民地・外地での証券・金融・開拓ビジネスを取り上げたい。いずれも企画段階では投資家を誘引，納得させるための相応の舞台装置が周到に用意されていて，それぞれのビジネス・モデルには尤もらしさ，国策性，政府筋の支援，比類なき高収益などがあたかも約束されているかのような幻影を抱かせる一面もあった。しかしながら，いずれも一皮剥いてみると内実は企業実態の乏しい，いわば砂漠の楼閣のように砂嵐とともにいずことなく消え去る幻影・虚構にすぎなかったことが判明する。まるで蜃気楼の如き虚構ビジネスのいずれにも惚れ込み，肩入れし，最大級の投融資を敢行してしまった各社共通の投資家が，第7章で取り上げる異色のベンチャー投資家・津下精一なる三等郵便局長であった。東京で有力証券会社を発起する傍ら，台湾・香港等外地の証券取引所を傘下に収めようという津下の夢想した証券ビジネス・モデルは，大株理事長・島徳蔵[1]が既に上海，天津，漢口，大連等の外地取引所で数多く実践していた。津下の夢想した小型"島徳"モデルは島徳一派のその後の衰退を暗していたといえよう。

I．台湾証券交換所

　大正9年の初夏，津下精一は既貸先である日比谷華族会館内の整理番号（178ページ参照。以下同様）㉘宇佐穏来彦の紹介により前田利定（第5章参照）子爵の後援の下で香港英国政庁等に対して香港株式取引所を出願し，多額

の運動費を費消したとされた。また津下は国内でも東京での有力証券会社設立を計画中で、9年10月その相談会を兵庫県宝塚の旅館分銅屋で開催した。津下の主宰の下で、「九鬼子及び後藤新平男の親戚に当る元台北庁長村上斉氏（ママ）も列席、協議の上、証券売買を目的とし、資本金百万円で会社を起す事にした…話は纏って創立する事となり、その準備のため某氏が東上に決した時、『第一回の払込金だけ用意して行かぬと心細い』と云はれ…即座に大鞄の中から百円印紙（約五万円）を取り出して手渡した」（T10.6.5大朝）とされる。9年10月東株仲買人・⑨吉川正夫仲買店[2]へ大口資金を供与し東株仲買人免許権を実質的に津下側で譲受しようと試みたのも、この証券会社創立準備のための第一段階の行動と想像される。記事中の「村上斉」は後述する村上先と思われ、台湾証券交換所と国内証券会社の双方とも同人による勧誘と考えられる。

1．主唱者・村上先

村上先（四谷区霞岳町）（写真-4）は文久2年1月8日仙台藩士の伊藤武左衛門の次男に生れ（名家，ム p9），岩手県の村上大蔵の養子となった。村上自身は伊藤家のほか「予を撫養せられたる村上家の養父母，予が半生の身路を保護せられたる佐藤家の岳父」（経国，巻頭）として仙台藩士佐藤龍三郎[3]にも著書で謝意を表している。「後藤新平男の親戚に当る元台北庁長村上斉」と同一とすれば後藤新平の遠戚の可能性もあるが，彼の書簡や『人事興信録』記載の限りでは後藤との交流の存在しか確認できない。

18歳で岩手県気仙郡書記となったが半年で退官，明治15年ころ「岩手県令たる島惟精氏の擢挙を受けて官吏」[4]となり，

写真-4　村上先
(村上先『予の帝国議会に於ける四年間』仁王閣、明治45年，口絵)

20年鳥取県に転任し学務課長，庶務課長，東伯郡長を歴任，31年2月7日東伯郡長から一転して北海道に転じて北海道庁支庁長となった[5]。しかし憲政党内閣成立で非職，31年10月4日付の辞表を提出し，10月20日依願免本官[6]，「明治三十二年以来本島ニ在職シ，勤労尠ナカラス」[7]，台湾総督府淡水弁務署長，同土地調査局事務官（二四む，p8），台湾淡水庁長，32年台湾塩水港庁長となり，「元台湾台中庁長」（T10.8.6大毎⑦）等を歴任後，41年12月台南庁長を最後に退官した[8]。岩手県出身で台湾各地で官吏をした経歴は「後藤新平男の親戚に当る」（T10.6.5大朝）との報道ともある程度符合する。41年「予が少年の官吏として此の県に多少の名声あり」[9]とする郷里の岩手県から代議士当選，政友会に入党した。しかし破格の厚遇を期待した自信満々の村上にとって，「政友会之待遇ハ事々予期ト違フモノノミ…今ガ今マテ小生ノ心中ニハ無量ノ不平ヲ抱キ居タル次第」[10]との不平をかねて面識のあった原敬宛に43年2月10日書き送り，与えられていた政友会・衆議院での役職一切を辞した。

　こうした政界での不満からか，その後実業界に転じて塩水港製糖監査役（実辞，ム p2），「岩手県前代議士，正六位勲五等…帝国公債株式会社社長，日本製糖株式会社取締役等の肩書を有せる男」（T2.7.4萬），大正活動写真取締役（重，p61）③604株主（帝 T4，p150），7年ころ「方今通信社長」（人む，p21）とあり，端山喜三郎が後に社長となる中外通信社，中外写真通信社（紳 T14，p69）との関係がある可能性があろう。また兎角の評ある中山春洋（T9.10.10法律）らと設立した日鮮鉱業監査役となった。その後台湾証券交換所，石炭鉱物採掘販売の帝国殖産興業（京橋区南槙町2，大正8年2月設立，資本金100万円），東京美術興業，日鮮鉱業，大正活映の各社の社長，日本物産証券顧問，8年9月設立予定の大日本製パン相談役（二四む，p8）等を兼ねた。こうした経歴からみて村上は泡沫会社の発起を専門にする職業的な発起業者の疑いを否定しにくく，彼の言動には兎角の評が立てられることが少なくない。たとえば浅草の貸席に事務所を置いて株主150余名を募集して大正元年11月3日資本金13万円で浅草区諏訪町22に設立し，社長となった大正活動写真は2年2月の株主総会で「江戸銀行，金山銀行，日進銀行の三ケ所に四万六千円

の預金あり，外に地所家屋買収費として三万円を支出」(T2.7.4萬) と報告していたが，「募集した十三万円の資本金は何時しか私消」(T2.7.4萬) した嫌疑で当局の取調べを受けた。また「昨〈大正元〉年中帝国公債株式会社を組織したる際，桂太郎，渋沢栄一，福沢桃介，桂二郎などの知名の士を株主として印刷したる虚偽の募集趣意書を作成，多数の募集員を派して地方人を欺き約二十万円の株金を募集」(T2.7.4萬) したため株主から告訴されたと報じられた。

2．台湾における取引所設置問題

台湾取引所設置問題は明治40年代からの懸案事項で，台湾総督府が技師山田申吾に内地取引所を調査させたのが最初とされる。その後も取引所の調査を継続，その結果大正4年には取引所令を評定し，「目下勅裁手続中なれば，台湾取引所設立のことは最早や已定の事実」(経国, p28) と期待されていた。内閣作成『諸雑公文書』の中には「目下勅裁手続中」の当該取引所令との関係がありそうな台湾総督府関係者の作成と考えられる「台湾取引所設立ノ必要」[11]という未定稿が編綴されている。その冒頭には「再調ノ為内務省ヨリ台湾総督府へ返送後未提出…更ニ提出モナシニ付夫迄預リ…」[12]等とする5年10月11日付の編綴者による経緯メモが添えられているので，取引所令を評定した4年ころの作成と見られる。その内容は村上著『経国の片影』の記載と大同小異である。当該文書の作成段階で「当時の当路者たりし」村上も何らかの関与をしたか，村上が後に当該文書を単に利用したのかは不詳である。しかし未定稿では「内地人に奪去られた」とする箇所を「当時の当路者たりし」(経国, p30) 村上としては取引所がないために，台湾土地調査の結果として発行した大租権買収公債500万円がみすみす「七十円前後の棄相場にて内地の奸商に買収せられ…悲惨の最後を遂げた」(経国, p30) としてより詳細かつ具体的に述べることから，村上が単なる引用者でなく，少なくとも執筆に関わった人物の一人ではないかと考えられる。

取引所設置案に対しては「之れが為めに米穀買占の一大弊害起らん」(経国, p30) として取引所設置に反対する者も少なくなかった。推進派の村上は「現に

台湾人にして東京大阪等の取引所を経て，株式の売買を為す者は頗る多いが，弥々台湾に取引所が設立せられたならば，台湾の対岸として，日夕の交通頻繁な支那の福建地方よりも，其の取引を注文する者多く，乃ち福建の富力を台湾に吸収する莫大の利益があらう」(経国，p28) として台湾取引所の営業種目となる米，砂糖などの農産物を発達せしむると主張した。

　8年は内地と同様に台湾島でも好景気の絶頂にあり，「いろんな事業が計画される，日月潭の工事も初まる…高砂ビール会社も目論まれる，内地の株券は盛んに入って来る。猫も杓子も浮調子」[13]というバブルの様相を呈していた。9年2月の台湾銀行調査でも「近来本島人ノ株式熱旺盛ニシテ，二三土人有力者カ適々之ニヨリ巨万ノ富ヲ得タルヲ伝聞キ，羨望措ク能ハス，彼等亦之ニ倣ウテ一攫千金ヲ夢ミントスルモノ」[14]と危惧している。たとえば新興の大正信託（8年3月台北に設立）は株式売買業務で「昨〈8〉年下半季中株式熱旺盛ノ機ニ乗シ，大ニ活動シ相当利益ヲ挙ケタ」[15]とされた。こうした台湾島内の株式熱を背景として，「台湾に於ける取引所設置問題は…数年以前より財界の各方面に提唱せられ，屡々願書を提出したる者あるも未だ其認可を見るに至らざれども…目下台湾取引所条例の制定に関し詮議中」(T9.4.10内報) とされ，出願者としては村上以外にも「松谷天一坊が案出した証券交換所を大阪に移植」(T11.11.30大毎) した大阪証券交換所取締役の高倉為三と仲間の上田弥兵衛らが台湾取引所設立の準備を行ったと報じられた（増田4巻33号）。8年3月村上は石原正太郎代議士の紹介で衆議院に「台湾取引所速成ノ請願」を提出した。その要旨は「商界ニ於ケル物品公定相場ノ成定及物価調節ノ唯一機関トシテ取引所ノ必要ナルコトハ言ヲ俟タサル所ナリ。台湾総督府ハ既ニ十八九年前ヨリ取引所設立ニ関スル調査ニ着手シ，大正三年同府ノ律令審議会ニ於テ該取引所令ヲ可決シタルノ事実ニ徴スルモ亦台湾取引所ノ設立如何ハ最早ヤ可否ノ問題ニ非スシテ其ノ実行遅速ノ問題ナリト謂ハサルヘカラス。依テ台湾物産ノ取引ノ為速ニ台湾取引所ヲ設立セラレタシ」[16]であって，地元紙に請願通過と大々的に報道された。投資家を信用させるための舞台装置として村上が用意したと考えると納得がいこう。

こうした取引所類似機関の証券交換所ブームの中で津下は、「台湾証券交換所一万五千円を同所専務取締役村上先氏に勧められ」（T10.6.5河北）、9年台湾証券交換所専務の村上に1.2万円出資（T10.6.5福日、大毎、東日）あるいは台湾証券交換所創立費として9年1.5万円出資（T10.6.5河北）したと報じられた。村上は「李門と号し詩文に長し」（人む、p21）、自らも「予少時より、好みて時文を作り、年歯十七八歳にして、当時の新聞、雑誌の為めに執筆したるもの鮮少ならざりし」（経国、例言、p1）と数多くの著作物を誇示するが、明治45年議会解散に望み代議士時代の4年間を回顧した『予の帝国議会に於ける四年間』[17]を刊行したり、9年4月には過去の評論、演説等を集大成した『経国の片影』を私家版で刊行するなど、さも大物政治家らしく虚飾する自己宣伝が巧みな人物かと想像される。村上のかねての持論によれば、「取引所を設立せば営業保証金、仲買人身元保証金、諸税金等にて、二百万円以上の金員は台湾の金庫若しくは台湾銀行に増加すべき筈」（経国、p30）と取引所の波及効果を重視していた。取引所制度に詳しい村上は台湾証券交換所創立でも同様な効用を津下に巧みに説いたのであろう。おそらく津下に手渡された村上の自著『経国の片影』などとともに津下をすっかり信用させたものと思われる。

3．台湾証券交換所の設立

　台湾証券交換所は東京の証券交換所取締役の鈴木宗言[18]、戸水寛人（第2章参照）、村上先、桂二郎（第2章参照）、杉山義雄[19]らの主唱により、「近く之が実現を見るに至るべき…〈台湾〉取引所設立の前駆として…新たに台湾総督府の発布したる法令に何等の抵触する所なく円満に営業を為し得るは…物議を醸したる東京証券交換所等と趣を異にする」（T9.4.10内報）点を売り物としていた。村上先と戸水寛人は同一政党に所属する代議士仲間として旧知の間柄で、たとえば明治末期に村上の提出した「東北振興ニ関スル質問主意書」に戸水寛人は星一、日向輝武、小山田信蔵、高橋嘉太郎ら同志と賛成者となっている[20]。

　「台湾証券交換所営業細則」第一条は「本所ニ於ケル売買ハ総テ組合員ト当

会社ノ間ニ於テ取引スルモノトス。右売買ハ組合員ヨリ本所ニ差出タル売買表ニ依リテ成立シ，其成立書ハ本所ヨリ相手方ニ交付スベシ」と規定していた。東京の証券交換所は取引所法に抵触しないように商法の交互計算に基づき，案出者の松谷元三郎の説明によれば，「個々の相手と相対売買をしている」（盛衰，p250）体裁をとっていたが，東京の例に倣い，証券交換所を名乗った福岡（T9.2.26内報①），札幌（T9.10.7内報①）での計画と同様に台湾でも同様の証券交換所システムを採用しようとしたと考えられる。9年5月資本金2,000万円，払込500万円，4万株，1株12.5円払込で京橋区南槇町2に所在する村上先が社長の帝国殖産興業本社内（帝T11, p297）に設立された（要T10, p170）。資本金500万円，12.5円払込，役員は社長村上先，常務端山喜三郎[21]，取締役桂二郎，塩田奥遠[22]，九鬼隆治（第7章参照），権執印幸雄（第7章参照），北村政敬（第7章参照），監査役戸水寛人（第2章参照），佐々木文一（第4章参照），経理部長佐藤藹三郎，調査部長代理鈴木繁太郎であった（要T10, p170）。このうち津下と特に関係の深い役員は津下の代理を務めた北村弁護士，津下が自分の親戚であると称して援助した九鬼子爵，津下の参謀，教唆者とされた権執印代議士の3名である（第7章参照）。

4．台湾証券交換所のその後

　村上がかって台湾取引所を設立すれば「台湾の対岸…支那の福建地方よりも，其の取引を注文する」（経国，p28）ものと期待したのと同様に，台湾証券交換所も「会社成立の上は台湾，東京，大阪に本支店を置くの外，台湾の対岸南支那の有望地に多数の支店を設け大に財界に活躍する方針」（T9.4.10内報）として，年12％配当を実行するとした。現物商の川崎株式店，萬屋・八百豊吉商店は台湾証券交換所を「台湾に於て有価証券の融通及信託業を営業」する「内地一般株式取引所なるものと其機能に於て何等渝りなき…台湾唯一の株式信託業機関」（T9.3.5大毎）などと大々的に推奨して，12.5円払込を36円で2,000株特別提供すると広告した。

　しかし反動恐慌による島内財界の打撃は「有価証券を持ってゐたもの，事業

に関係したもの,すべて大打撃を蒙った」[23]が,前記の大正信託の有価証券売買業務も8「年末ニ入リテハ反テ失敗ヲ招キタルモノノ如キ」[24]有様であった。台湾証券交換所も創立早々の株価大暴落のため,11年「十二月ニ於ケル定時株主総会ヲ開カサリシ…本会社ハ…危険ヲ避ケ,純ラ其準備調査ニ留意シ,以テ近ク到来スヘキ健全ナル業礎ヲ造ルコトニ努メツツアリ」[25]と実質的に休眠状態に陥っていたものと思われる。11年5月期の総収入は僅か58円,総支出5,255円,当期損失5,197円,前期までの欠損繰越金9,138円を加えた繰越欠損金は14,334円であった（帝T11,p202）。12年5月時点で台湾証券交換所は資本金200万円,払込50万円で,創立直後の10年6月期との増減は投資科目間の振替によって信託預金が107,375円減少し,有価証券が93,125円増加した程度で,交換所の建築準備金186,250円には変化がなく,本事の進捗が全く見られないことを示している。当期欠損金が9,138円から8,908円へと縮小したのは「本会社ハ現下務メテ事務費ノ節約ヲ旨トセリ…損金ノ大部分ハ必要ナル業況ノ調査費ニ属スルモノ」[26]であった。

　12年5月期の台湾証券交換所営業報告書に記載された役員は社長村上先,取締役長谷川孝一（大阪市南区糸屋町）,北垣武弌（大阪市南区天王寺小宮町）,高城源七（大阪府西成郡今宮町）,全亘楢文（大阪市南区天王寺北山町）,監査役戸水寛人,佐々木文一,経理部長佐藤藹三郎であった。当初の役員には相当の大物も含まれていたが,事件発覚で失脚した津下一派ともどもほとんど姿を消して,両監査役と日本枕木取締役（帝T11職,p512）を兼ねる北垣を除けば,大阪南部のほとんど無名の得体の知れぬ人物群によって占められている。それだけ同社の魅力が消え失せ,かつ信用力が大幅に低下したことを重役陣の矮小化が如実に物語っていよう。12年7月には「台湾商品取引所がドーやら近く認可されソーだが…併し台湾水電の前例もあれば権利株は早く売抜けるに限る」（T12.7.15東経）と報じられた。12年5月期には台湾証券交換所としても台湾取引所とは「本会社ノ営業ト輔車唇歯ノ関係ヲ有シ,而カモ多年ノ宿題タル台湾取引所ノ出現モ一歩一歩ト進度ヲ早メ,既ニ之ガ前駆トシテ台湾正米取引所ヲ設置セラルルノ機運ニ到達シタ」[27]と期待を繋いでいた。そして定時総

会すら開催せず，期待外れの株主の不満を意識してか，「株主各位ニ対シ本会社ノ持満的蘊蓄ヲ一時ニ発揚スルノ福音ヲ伝フルノ時機モ亦近キニ在リト信ス。各位ノ持重ヲ望ム」[28]との弁解に終始している。

14年の『日本紳士録』では村上は台湾証券交換所，帝国殖産興業，東洋美術興業（村上自宅内）各社長，旭製炭顧問，所得税57円（紳T14，p379）であった。14年3月発行の『帝国信用録』では村上は台湾証券交換所社長外会社役員，開業…，対物信用未詳，対人信用薄，年商3千円以下，盛衰は衰（帝信T14，p197）と信用度の低落傾向は否めず，15年5月発行の『商工信用録』では収録されず，さらに昭和2年6月時点の『帝国銀行会社要録』には台湾証券交換所や彼の兼務先企業はいずれも収録されていない。おそらく休眠状態にあった台湾証券交換所等の収束を意味するものと思われる。このころ台湾本島での解散（破産を含む）株式会社数は大正12年22，13年17，14年15，昭和元年26社であり，毎年の新設会社数40社前後の約半分に相当していた[29]。

一方台湾本島の社債・株式売渡金額は10年352.4万円，11年392.4万円，12年612.0万円，台湾本島の株式買戻金額は10年82.3万円，11年428.9万円，12年337.9万円の規模[30]で，台湾本島の無尽会社の有価証券投資額は13年で僅か1千円[31]，保険会社の島内での有価証券担保貸付額は昭和元年で20万円のみ[32]という不活発な状態であった。台湾の「信用組合や貯蓄銀行はその余剰金の利用に苦しんでゐるものが多い…公私団体の積立金や富豪の遊資や皆適当な放資口のない為に貴重な資本が危険にさらされてゐるのが多い」[33]ためとされる。したがって仮に台湾証券交換所が開業したとしても活発な証券取引の基盤そのものが台湾本島では未だ確立されていなかったのではないかと考えられる[34]。

II．坂西少将の主宰する中国関連事業

1．坂西少将

以下の数件の中国関連案件に共通して背後に黒幕的人物として登場するのが

陸軍少将・坂西利八郎である。坂西は明治3年12月16日紀州藩士坂西良一の長男に生れ、25年陸軍砲兵少尉、野戦砲兵第六連隊中隊長、参謀本部々員、野戦砲兵第一連隊付野砲兵第九連隊長等を歴任、「明治三十七年清国直隷総督袁世凱に招聘せられ、主として北京に駐在し、有数の支那通」(人T7は、p10) となり、「参謀本部付として枢機に参す」(人T7は、p10) る軍人であった。大正6年8月陸軍少将となり、10年7月陸軍中将の身分のまま、北京駐在の支那軍事顧問として、第十三、十四、十五師団から組織された辺防軍を指揮する「いわば"謎の人物"」[35]であった。したがって坂西の立案になる投資案件も津下が信じ込まされた通り、真に国家的な対中国プロジェクトの一環であったのか、それとも関係者個人の単なる私利を計るだけのサイド・ビジネスにすぎなかったのかは一切謎のままである。ただし裕華銀行などは当時の外務省公文書にも堂々と登場する公的存在であったことを考えると、当時津下が国策的な事業なりと信じ込むのも無理からぬ、尤もらしい舞台装置が周到に用意されていたことは確かであろう。

2．中日合弁・裕華銀行

坂西が中国で画策した経済工作の一例として、「中日合弁裕華銀行の創立を企画」[36]したことが外務省公文書で確認できる。裕華銀行創立の「日本側は坂西少将の御尽力により天津商工銀行を中心とし」[37]て組織されたが、同行発起人・小山貞知もその正体は「坂西少将使用人」[38]であった。『裕華銀行章程草案』末尾の「本銀行発起人之姓名」には小山とともに、永田十郎、井上昭（後述）、平林儀左衛門[39]、野崎誠近、秋田貞吉[40]、川島範古[41]など「坂西少将ニ使用サレ居ル者及天津銀行重役」[42]らの日本側発起人の名が記されている。小幡特命全権公使の外相宛文書には、「本件銀行ハ元ト辺防軍ノ機関タル目的トシテ其設立ヲ計画シタルモノニシテ…坂西少将ノ談ニ依レハ本件銀行ハ初メ辺防軍ノ便利ヲ考ヘ、同少将ヨリ其設立方靳総理ニ勧誘シタル処、同総理モ賛成ナリシヲ以テ、計画ヲ相当ノ向ニ移シ協議進行シタルモノニシテ、其後辺防軍ノ失敗等アリ事情余程変化シタ」[43]とある。靳総理とは大正10年5月直隷派優

勢下で内閣を改造した靳雲鵬であり，「事情余程変化」の内容とは，中国側では，①安徽系の完敗で辺防「軍ハ先般ノ政変ニ際シ解散セラレ」[44)]ため，②辺防軍の機関たる裕華「銀行ノ設立当初ノ目的ハ消滅」[45)]したほか，日本側でも9年3月以降，③「本邦金融界ノ恐慌ニ遭ヒ本邦側発起人ハ資金融通ノ能力ヲ失ヒ」[46)]，④「天津ノ日本側発起人出資ヲ渋リ居ル」[47)]ため「日人側は迚も払込付かず現在僅かに一万株の引受を可能とするの有様」[48)]のため，⑤中国側発起人は「中心周旋者として大に困し」[49)]，首謀者の坂西少将が「他ニ出資者ヲ周旋スル」[50)]ことを期待していた事情が外務省公文書から判明する。

　こうした裕華銀行にとっての緊急事態が起る少し以前に，坂西少将らの前に自ら大資本家を気取って颯爽と登場したのが前述の津下精一であった。「上海に乗り込んだ際の如き，日本の大資本家が来た」（大毎号外）ものと津下を買い被った中国人が欲に目が眩んで，「矢鱈に附纏うたが，津下は例の円滑な社交振を発揮して巧に彼等を遇するので，これ等支那人間に於ける津下の人気は一時三井，大倉を凌ぐ程」（大毎号外）とオーバーに報じられた。まさか情報力に秀でた参謀本部付の坂西少将が一般の中国人と同様に津下を信用し切ったとは思えない。しかし坂西側には前述の通り「他ニ出資者ヲ周旋スル」切羽つまった資金事情があり，津下の正体をよく確かめないままに，恰好なカモがネギを背負って来たものと都合よく理解した可能性もありえようか。この結果，坂西一派と「津下が上海大連を往復した際に懇意になって共に事業を画策しつつあった」（T10.6.5河北）とされ，「津下と坂西少将との悪縁の絡まり」（T10.6.5又新）と，両者の関係は「悪縁」とまで表現される癒着段階に達した。坂西一派を背景とした中国大陸関係の津下の投資案件は以下の4件と大東銀行（北京）設立計画（第6章に記載）である。

3．支那大陸公司（北京）

「津下は当時支那の大陸内に目星をつけ，或る種の事業を目論むべく往来して居た」（T10.6.5大朝）が，大正8年10月中旬，「坂西少将と大連の旗亭に於て前代議士小林勝民氏等の紹介で会見し，十万円を出資して支那大陸公司なる

ものを設立する事になり，坂西少将の手許に金五万円を提出した。これが津下と坂西少将との悪縁の絡まり初め」(T10.6.5又新)とされる。津下自身も公判で，「盛んに事業を遣って見ようと考へ，当時支那浪人であった東京下渋谷宮崎勝正より支那政府の用達会社たる大陸公司の営業を引継うと云ふ話がありました」(T10.6.17九州)ので，「支那大陸公司に投資した」(T10.9.10法律)と供述した。これは「北京政府に機械類枕木其他を売込む為，資金十万円を出し，大陸公司と称する御用商店を経営」(T10.6.5東日)したとされ，共栄貯金銀行小出熊吉頭取らとの共同事業(第6章参照)として，「津下が秋田県で製造してゐる枕木は，この大陸公司を通じて支那政府へ納めてゐる」(大毎号外)と報じられた。大朝号外では「大正七年八月支那大陸公司に出資(前記赤沢晋と共同に非ざるか)」(大朝号外)と推測している。

4．大連払下品事業

大正8年10月津下は赤沢晋の大連払下品事業にも1万円を出資した。大朝では「赤沢晋に勧誘され，大連払下品事業のために出資(支那大学公司に貸出したとも云ふ)」(大朝号外)として前項の支那大陸公司と混同したような報道をしている。赤沢晋(東京市松阪町)は「赤沢等の策士団」(T10.8.6大毎⑦)という尋常ではない言葉で評される人物である。「元樺太庁長官平岡定太郎[51]氏と相談の上だと称」(T10.8.6大毎⑦)するなど，原敬直系の内務官僚だった平岡の乾児格かと推測され，「東京日支貿易商・赤沢晋　事　樺太民政長官平岡定太郎」(T10.8.7佐賀)との一体報道まである。「支那大東銀行設立を認可すると云ふ虚構の説」(T10.8.7佐賀)の黒幕と見られる赤沢はまた別に「天津領事館の許可なきより遂に幽霊会社と化け」(T10.10.27東日)，「大阪を中心として内地の知名実業家より巨額の募集をなしつつあること大阪府警察本部が探知し，早くも泡沫会社と睨み」(T10.10.27東日)捜査した天津競馬場会社[52]のプロモーターの一人ともされるなど，数々の虚構に関与した謎の人物と思われる。津下が長男名義で発起人の一人となった12年出願の満洲競馬倶楽部(T12.4.10法律)を含め，こうした「一時は流行を極めた支那に於ける競

馬事業…の如き…中国勧業，広東競馬の諸会社の如き今日では或は解散し或は殆んど其存在すら世間から疑はれて居る」53)泡沫会社の一つと見られる。

5．東方貯蓄銀公司（上海）

ほぼ同じ 8 年10月ころ坂西少将と懇意な「支那浪人井上昭が銀公司設立の権利を得てゐた」（大毎号外）ため，坂西「一派から上海仏租界に仏国法の規定に従ひ銀行業を開始すれば莫大なる利益を得ると説かれ，一月初旬銀貨二十万円，邦貨に換算すると…約三十万円の金を横浜正金銀行に供託し…正式に銀行業許可の願書を提出」（T10.6.5又新）したのであった。「大正八年十月頃十万弗（当時の邦貨二十五万円）を出して上海に仏蘭西の法規に依って東方儲蓄銀公司（地方では法華儲蓄銀司とも称す）と云ふ富籤的の貯蓄銀行を経営」（T10.6.5東日）した。この東方儲蓄銀公司は貯蓄銀行というより「寧ろ富籤の蔵元又は頼母子講的のもので，投機心を煽って支那人から零砕な金を集めてゐる」（大毎号外）が，その経緯はかなり複雑であった。同じく坂西一派が設立した裕華銀行の場合でも「普通の商業銀行に候へども，内に貯蓄部を設け，貯蓄債券発行の許可を獲得致居候。兌換券も成立後二三百万元の借款に応すれば発行を許可すとの了解を得申候間，其有望なるは申す迄も無之候」54)と，「中心周旋者」岩永裕吉は外務省岡部書記官に中国側発起人の書翰を送付している。仏領事から「供託金は会社の資本金なりや，津下個人の所有なりや…該金を銀行財産に登録せよ」（T10.6.5大朝）と命じられた。こうして Compagnie Orientale de Capitalisation 華名東方儲蓄銀公司（総公司　上海愛多亜路）の社名で，「一月末日登記を了し蓄銀公司を創立し，本店を上海仏租界エドワード七街に置き一株百弗とし千株，邦貨資本金二十万円を募集したが，一向に応募者なく幾日経ても埒が明かない為，津下も辛抱し切れず帰国せんとて，該供託金の下附方を申請」（T10.6.5又新）したが，供託金は銀行財産として「既に登録が済み，権利が移転されて居るため採用されず，遂に津下は例の放漫主義から一気に該株中七百四十四株を自己名義とし，残株を各関係者に分って株式会社の体型を備へ，それと同時に仏人ボウン氏を専務取締役として置いて帰国

した。今尚此の銀行は事業を継続」（T10.6.5大朝）中という。「津下は当時同銀行公司の総裁となり，交際する人々にも大ビラを切って自家広告をして居た」（大朝号外）といわれたように，自己宣伝用の肩書きとしての「上海東方貯蓄銀行公司の総裁云々は津下を知る人の総てが耳にした事」（大朝号外）で，たとえば不正印紙事件共犯の被告は公判でも「津下が仏国人と共同し上海に於て貯蓄銀行を起すのに融通しました」（T10.9.10法律）と供述している。「金五十万円を上海の東方貯蓄銀行公司へ大正八年と九年中に出資したるもので，津下は当銀行の重役である。此の名刺を持参して大本教へ二百万円を貸そうと云ひ出したもので，〈出口〉王仁三郎の信を置いたのも尤もの事である」（T10.6.5読売）といわれる。これは津下が一時期，第7章で取り上げる「九鬼子を祀り上げ，大本教乗取りの大目論見を立て，二百万円を投ずる計画だった」（T10.6.5又新）のが計画変更されたという。

6．福華公司

　津下は「中華民国段政府時代」（T10.6.5大毎）に井上昭に福華公司の事業資金5万円を融資したが，坂西少将自身は津下事件発覚後に記者の取材に対して，「北京に居た頃，宅の書生をして居た井上…といふ男が北京で有望な事業があるからやって見度い。資金は津下といふ資本家が出して呉れる内相談が出来て居るといふから，それならやって見ろと云ったので…私は津下に対する直接の債務者ではない」（T10.6.5又新）と弁明した。少なくとも坂西側は「資金は津下といふ資本家が出して呉れる」との受け身の理解であった。この一連の記事に関し，「元来…坂西閣下の書生」（T10.6.9東日）で「多年親子も只ならざる恩人に迄迷惑を懸け」（T10.6.9東日）たとする当の井上昭自身が訂正広告を掲載した。すなわち津下に対し「北京に於て小生が経営せる福華公司の事業資本として金二十五万円の出資を求めたる処…諸般の費用並に維持費として不取敢五万円」（T10.6.9東日）を便宜上坂西の名義で送金を受けたものと弁明した。しかし津下は坂西が10年3月下旬から6月上旬まで日本に帰国した際に，すでに自己の身辺に危険が迫りつつあることを認識しつつも当時大阪を

訪問中の坂西との面会まで実現させている。「津下と坂西少将との悪縁の絡まり」（T10.6.5又新）とまで表現されたような両者間の度重なる交流実績からみて，井上昭のいうような単なる名義一時借用だけの軽い関係とはとても考えられない。

Ⅲ．メキシコ土地開拓事業

大正 7 〜10年 1 月津下は日墨産業社長の竹川峰太郎に「墨西哥の土地開墾と日墨貿易に出資を勧められ七万円出資」（T10.6.5河北　他紙では5.8万円）した。日墨産業は一口五百円×五百口＝25万円の出資を予定していたから，津下の出資 7 万円は全体の28％（5.8万円なら23.2％）に相当し，おそらく最大出資者であったと考えられる。竹川峰太郎（麹町区飯田町）は山梨県出身で，「永年米国ロスアンゼルス市に居住」（T9.8.21内報②）し，国内では津下が深く関与した帝国炭礦林業（第 4 章参照）監査役を兼務（帝 T11職，p253）するなど，津下との浅からぬ交流があったと見られる。しかし残念ながら津下が竹川と接触して最大出資者になっていく経緯については不明な部分が多い。台湾証券交換所で村上先の大風呂敷にウカウカと乗った津下が，同様な傾向の顕著な竹川の口車に乗せられたものと想像される。

竹川が社長の日墨産業は米国法に準拠して資本金30万弗（ 1 株 1 弗）で大正元年設立され，北米羅府に本店を有し，芝区琴平町二番地に事務所を有するが（T10.6.15大朝⑪），「元ホームビルダーと称し，曩に破綻せる日米銀行の姉妹会社にして，土地及家屋の売買を目的とする会社」（T9.8.21内報②）であった。この日米銀行というのはサンフランシスコのサター街1763番地に本店を置く資本金20万ドルの銀行で，明治40年10月26日付で横浜市山下町179番館に支店設置を認可され，市川好廉を在日代表者とした（M40.11.B）。41年時点では横浜市本町 4 丁目56番地に支店を置き，頭取植田憲三，副頭取神川理一であった[55]。しかし「日米銀行横浜支店は曩に為替受取人よりの申請に依り横浜地方裁判所にて破産宣告を受け，其後控訴中の所，今回愈々原判決通り破産確定

したるに因り，〈明治44年〉九月九日銀行認可書を其筋に返納」(M44.9B)した。日米銀行は名前こそ日米両国を股に掛けた気宇壮大な一大金融プロジェクトを想起させるももものが，登場人物の市川好廉，植田憲三，神川理らは当時の紳士録等で未詳であり，決して一流の財界人とは思えなかった。彼らの手下格の竹川峰太郎も正体は不明ながら同類の輩とみるべきであろう。

　日米銀行系列のホームビルダー社は折からの加州での邦人土地所有権禁止令により存立できず，加州より転じて，1910年「墨西哥に於て事業を経営すべく，同国政府より前記の土地払下を受けたるが，該所有地は第一，第二の二個所に分れ，両所とも付近に河川流れ，耕作地としては相当有望の如なるも，土壌乾燥せるため会社にては第二農場の一部に用水溝を開鑿し以て灌漑に供し居る」(T9.8.21内報②)と称していた。

　同様のリスキーな海外投資不動産の強引な勧誘を展開中の岡本米蔵にも厳しい態度で報道してきた大朝の記事によれば以下の通りである。「日墨産業株式会社は大正元年竹川氏社長となり，北米羅府に設立し，墨西哥ミナロアに八万五千エーカーの土地を手に入れ，之を小さく区画して日本人に年賦販売の方法を以て売出したのであるが，該土地は水利全くなく殆ど不毛の土地にて，而も事実上会社も其所有権がないものであるのを所有権を得たるが如く装ひて，在米同胞又は内地に在る日本人に投資購買を広告して，此の手段に罹った邦人数百人に達して居る。過日其の罪を天下に曝け出した元宝塚郵便局長津下も矢張其の一人で，七万余円を出資して居る…台湾製糖の重役代議士山本悌二郎[56]氏も〈北米羅府〉大山領事の紹介で去大正八年日墨会社の墨西哥ミナロ州フロリダに土地開墾をなすべく一万八千円を同領事の手を経て竹川社長に渡した所，竹川社長等は単に該土地を視察しただけで其の侭に打やって仕舞った」(T10.6.15大朝⑪)

　『帝国興信所内報』によれば日墨産業は神田区鎌倉河岸七号地に事務所を設置し，「失業者及資本家を歓迎するといふ意味にて南亜米利加，墨西哥に於ける土地開墾及耕作の為め，一口五百円の出資者には二十英加の土地所有権を与ふてふ鳴物入りにて株主を募集」(T9.8.21内報②)したが，「会社より頒布す

る目論見書には巧に好餌を羅列」（T9.8.21内報②）し，たとえば「株主は会社より提供を受けたる二十英加の土地を四ケ年間に開墾して始めて其所有権を得るものにして，而かも其間に収穫した耕作物は会社と折半し，八ケ年を経過せざれば完全に自己の収得とならざる規定あり…提供地を開墾するには莫大なる努力と費用とを犠牲とせざるべからざれば渡航者は相当の資金を用意する必要あり」（T9.8.21内報②）と「応募者は相当注意すべき点少なからず」（T9.8.21内報②）と警告を発した。「甘言に乗ぜられ其の毒牙に罹る人がまだ多いので黙視するに忍びず」（T9.8.21内報②）として，「所有権なき荒地を日本人に売り，墨国から合衆国に密入国せしむ」（T9.8.21内報②）る際に，「一人に付き五百弗乃至八百弗の手数料を徴」（T10.6.17福日②）する竹川社長を東京地裁検事局に告発した原田績（本郷区駒込肴町）の談話によれば，大山領事が「該土地の所有権が会社にある事は保証するから安心して投資せよと云はれたので，大正四年に六十二エーカーの土地を年賦購買法で買入れ…前後二千余円を支払ひ其の後残金支払と同時に右所有権移転を竹川社長に迫った所，言を左右にして契約を履行せず，其の外会社に対して牧牛を買って貰ふため大正五年一月百弗，同六月に九百五十弗を委託したけれども，其の内四百弗だけ牛を買入れて呉れただけで残金を費消して仕舞った」（T10.6.15大朝⑪）と，「内地人に対しては売買契約渡墨の認可を与へつつある」「大山領事にも関係あり」（T10.6.17福日②）と糾弾している。

1) 島徳蔵は山田充郎「取引所理事長と『乗取屋』——島徳蔵の二つの顔——」『企業家研究』第4号，平成19年6月，参照。
2) 吉川正夫は拙稿「"虚業家"による外地取引所・証券会社構想の瓦解——津下精一の台湾証券交換所経営と吉川正夫仲買店買収を中心として——」『彦根論叢』第367号，平成19年7月，参照。
3) 佐藤龍三郎長女の望子（大正活動写真①1,250株主　帝T5, p150）と結婚。佐藤藟三郎（岩手県水沢町）は村上先の義弟，村上先が取締役の帝国殖産興業取締役のみ（帝T11職, p481），台湾証券交換所経理部長，『経国の片影』の校査も担当（経国，例言, p2）するなど，村上の片腕。

4)8)9) 村上先『予の帝国議会に於ける四年間』明治45年，村上先（私家版），p4～9。台湾の各庁長としての村上先の名前は『台湾総督府文書目録』の在任期間に対応する各巻に頻繁に登場する。

5) 『明治三十一年任免三』国立公文書館，任B166。学務課勤務の成果として『現行学制大全』（東京出版舎，明治28年）の著作，さらに道庁時代の業績として『北海道区制正解全』（広目屋，明治32年）の編著が存在する。

6) 『明治三十一年任免二十四』#33，国立公文書館。

7) 台湾総督佐久間左馬太「村上先賞与ノ件」，明治40年11月5日『公文雑纂　賞与巻七』#135，国立公文書館。

10) 明治43年2月10日付原敬宛村上先封書，『原敬関係文書　第三巻　書翰篇三』日本放送出版協会，昭和60年，p363所収。なお村上夫人の実家佐藤龍三郎家旧蔵の金屏風を原敬に見せようとした書翰も収録（後藤新平文書にも村上の書翰2通あり）。

11)12) 「台湾取引所設立ノ必要」雑2783，3A-43-雑7189，コマ0056～0061，国立公文書館。「二葉町川崎製」なる私用便箋を使用。

13)23)33) 高北四郎『台湾の金融』昭和2年，p62，64，292。

14)15)24) 志摩源三『台湾ニ於ケル信託会社』台湾銀行調査課，大正9年5月，p116，93。

16) 村上先「台湾取引所速成ノ請願」大正8年3月，『請願建議関係文書　議院回付請願書類原議(七)』国立公文書館。取引所令可決の部分は前述の未定稿の「昨年ニ至リ該律令案ヲ評定シ，上奏ノ手続ヲ為シタ」と符合する。

17) 村上先『予の帝国議会に於ける四年間』明治45年，村上先（私家版），p4～9。

18) 鈴木宗言（小石川区雑司が谷）は文久3年2月6日生れ，中村是公の実兄，帝国大学法科大学卒，判事補となり（人す，p39），大審院主席検事を経て，証券交換所，家形林業各取締役，旭薬品工業社長（要T9役下，p211）。

19) 杉山義雄（本郷区駒込曙町）は秀英舎専務，日本耐火工業取締役，東台銀行監査役（人す，p24），日本エッチビー特許製版取締役，武田割引銀行，日本開墾各監査役（紳T14，p733）。

20) 明治45年2月6日村上先提出「東北振興ニ関スル質問主意書」国立公文書館。

21) 端山喜三郎（京橋区材木町）は日昇銀行，東京化学製品各取締役（要T9役上，p81），日本綿紡，東京化学製品各取締役（要T10役上，p98），中外通信社，中外写真通信社各社長，所得税110円（紳T14，p69），大正3年開業の通信，対物信用1～2万円，対人信用普通，年商2～3万円，盛衰は常態（帝信T14，p36）。

22) 塩田奥造（小石川区茗荷谷町）は嘉永3年10月下野国吹上郷塩田嘉門の長男に生れ，区長，二十八銀行取締役（大正，p422），元自由党代議士，帝国公債信託社長，玉川電気鉄道，明治石油，台湾証券交換所，東京生肥各取締役（紳T11下，

第3章　外地での証券・金融・開拓ビジネスの幻影　89

p106），大正8年9月大北炭砿発起人，9年3月帝国土地開墾発起人（T9.3.25大毎）。
25)26)27)28)　台湾証券交換所『第三回営業報告書』大正12年5月。
29)30)31)32)　『台湾株式年鑑』台湾経済研究会，昭和7年，p330，323～4，312。
34)　台湾本島では公社債株式応募引受，仲介売買等を兼営する台湾興業信託（台北，資本金100万円，大正元年9月設立），大東信託（台中，資本金250万円，昭和元年12月設立）などの信託業者を別にすれば，専業証券業者は台湾証券（台中，資本金50万円，大正8年8月設立，要T11，p14），高砂証券（台中，資本金2万円，昭和3年2月設立），万年証券（台南，資本金1万円，昭和6年3月設立）など，極めて少数・零細であった（前掲『台湾株式年鑑』p14～16，26）。
35)　山本四郎編・解題『坂西利八郎書簡・報告集』刀水書房，平成元年，p280。同書人名索引に津下は登場しない。
36)38)42)43)46)47)50)　大正9年10月15日外相宛小幡特命全権公使文書，外交資料館所蔵。
37)48)49)54)　大正9年9月中国側沈発起人の書翰訳文，外交資料館所蔵。
39)　平林儀左衛門（天津租界）は天津銀行代表取締役，天津商工銀行，天津土地建物各取締役，青島製粉，天津倉庫各監査役（要T11役下，p206）。
40)　秋田貞吉（天津曙街第三号地）は天津倉庫専務300株主（帝T5職，p280），天津商業会議所評議員（要T9役下，p80），新田木材，秋田商会木材各監査役（要T11役下，p93）。
41)　川島範古（天津租界）は天津銀行代表取締役，国際起業取締役，天津土地建物監査役（要T11役上，p199）。
44)45)　大正9年10月28日岩永裕吉宛外務省岡部事務官書簡，外交資料館所蔵。
51)　平岡定太郎（麹町区富士見町）は播磨出身，明治25年帝国大学法科大学卒，内務官僚となり，39年7月福島県知事，41年6月内相の原敬に抜擢され初代の樺太庁長官に昇任，「原敬氏の乾児として…手腕家として地方官中に…声名を博した」（大正，p1159）が，大正4年3月横領罪で起訴，5年5月無罪判決（秦郁彦『戦前期日本官僚制の制度・組織・人事』東京大学出版会，1981年，p193），6年11月創立の南洋拓殖製糖の社長となった（T6.11.29読売）。なお彼の孫は三島由起夫。
52)　天津競馬場会社は資本金200万円，創立委員長藤波子爵，赤沢晋，大慈弥栄ら「天津在留邦人有力者が発起人」（T10.10.27東日）。
53)　家村五郎『投資之研究』投資研究社，昭和5年，p41。
55)　鈴木庸之助編『日韓商工人名録』実業興信所，明治41年，神奈川p6。
56)　山本悌二郎は明治3年1月10日佐渡郡新町に生れ，ドイツ留学，第二高等学校教授をへて，日本勧業銀行鑑定課長，新潟県第十三区選出政友会所属代議士当選7

回（衆議, p141），台湾製糖専務，台湾倉庫代表取締役（重, p73），東印度起業社長，南国産業専務，立山電力，内外製糖，大正海上火災各取締役，台湾電力，中国煙草各監査役（帝 T11職, p371）。山本は審査のプロのはずだが，投機的銘柄に多く関係するなどリスク管理には甘さが感じられる。

第4章　庶民の証券貯蓄を収奪した債券業者

　有価証券割賦販売業者を含む少額債券業者に関する先行研究としては，飛田紀男氏が編纂した『東和証券史』（平成元年）がある。また二上季代司氏も『日本の証券会社経営』の中で，戦前型証券業界の構造の一つとして「少額債券業者の業態」を分析している。こうした先行研究によれば少額債券業者の業態は一般的な公社債業者とはかなり異質な存在であり，取扱う商品は低利・少額の債券で抽選償還時に割増金が付加されたため，顧客は金利ではなく，多額の割増金のみに関心を持つ射幸心をもった不特定大衆であったとされる[1]。

　当該業者は割増金付復興債券等の公債・勧業債券類を「済崩（なしくずし）販売」[2]と呼ばれた月賦販売契約に基づいて，広く全国的に支店，代理店を設置し，会員の募集活動を行い，月賦掛金を徴収して一定期間（3年間）満了後に会員に証券引渡を行うものであった。「此種営業会社の嚆矢」（T7.11.7内報①）とされる帝国公債信託がまず明治43年6月設立され，つづいて東京国債（43年7月），大日本勧業（43年12月），日本国債，日本公債（大正元年9月），明治公債（2年6月）などの後続業者が明治末期から大正初期にかけて相次いで設立された。業者の一部は大正4年関西で債券懇話会，6年東京で東京債券同志会を組織して債券類の集団的な交換を行った[3]。

　しかし信用薄弱な小規模業者の乱立の結果，「済崩販売」で裏付けとなる現物の債券類を保有せずに，カラ番号を売約するような不正業者も多数発生したため，7年4月1日有価証券割賦販売業法（法律第二十九号）が公布され，同年9月1日施行された。同法制定により，業者は大蔵大臣の免許を必要とするとともに，債券の所有権も分割払込後に移転するように変更されたため，従前の「済崩」販売も衰退していったとされる[4]。多数乱立していた既存業者の中

から帝国公債，明治公債など二十数社が免許を得て同法に基づく営業を開始した。しかし既存有力業者の日本公債でさえ「有価証券割賦販売法に遭ひ，該業の前途見込なきを認め，該業を廃止」（大鑑，p17）するなど転廃業を余儀なくされた例や，依然無免許のままで営業を続ける不正業者も多かった。各府県が大蔵省令に依拠して有価証券割賦販売業者を取締ったが，業者の中には世間的な信用を有する有名人を名目的な社長等に据えて信用補完をはかるものもあり，「地方人士は社長の名に眩惑せられ争ふて其勧誘に応じ債券割賦の契約を締結」（特報）したとされ，「其中には如何はしいものがあって，主に地方の人を相手とし，愈よ代金の払込みが済んで現物を渡す段になると，予て作ってある曖昧な規則を楯に彼れ是れと口実を設けて中々渡さない」（T9.6.15法律），「満期に至って約束の債券を交付せざる」（T10.7.20法律），「月賦懸金の完納してあるに拘らず，会社が債券の引渡しをせぬ」（T9.12.7東朝⑤）といった苦情が絶えなかった。9年「近来，其弊害が益す甚だしくなったので，警視庁でも別に取締規則を設け，悪営業者を一掃する」（T9.6.15法律）こととした。警視庁保安課への被害者からの投書が山積みされ，同課員も「彼等の手段は頗る巧妙で，法の不備に乗じて奸策を廻らし，或は信用ある会社に類似した名称を作って良民を欺いてゐる」（T9.6.15法律）として取締を強化した[5]。しかも厳選したはずの免許業者からも営業停止ないし廃業に追い込まれた例が相次ぐ始末であった。

　有力業者は本店所在地以外でも幅広く全国的募集活動を行い，満期までの間は契約会員からの掛金が業者の手元に累増蓄積される結果，かなりの資金を擁して相当規模の有価証券投資・貸付等を行った。当該業者は有価証券を取り扱う点では証券業者の一種であるが，不特定多数の一般大衆から掛金を徴収して，一定期間プールする点では生保会社，貯蓄銀行，無尽業者などと業態上の類似性を有する庶民金融機関としての側面も有していた。たとえば日本公債は全国に支社3，支部13，出張所23，代理店823カ所を有していた（大鑑，p17）。また東京国債は5年5月期で貸付金224,050円，有価証券104,420円，預け金及現金178,950円等の運用資産を保有し（帝T5, p102），担保貸付・信託業等を有

価証券売買業と並ぶ営業目的に掲げていた。こうした一見積極的とも見えるファンド運用の結果，投融資先との緊密な連携関係を生じ，関係会社同然の癒着を招くような不健全な事例も少なくなかった。なかには不振銀行を買収して自社の本店内に移転し，新行名に自社名を冠する姉妹銀行としたり，姉妹信託会社を設立し，各種事業に対する投資，金融，仲介，各種証券の発行引受応募，仲介売買，財産の管理，処分運用等の事業を経営しようと，公然と金融の多角化を志向した業者も存在した。

本章ではこうした観点から相当規模のファンドの運用を行った日本公債，日本国債，東京国債ならびに津下精一（第7章参照）の買収した明治公債の4社の資金運用に着目し，特異なノンバンクである当該業者のビジネス・モデルの虚構性と，有価証券割賦販売業法制定前のリスク管理上の致命的欠陥を明らかにしたい。

Ⅰ．日本公債と資金運用先

1．日本公債

日本公債は大正元年10月21日社長松木章彦[6]，専務吉岡又三郎[7]，取締役佐藤隼吉（浅草区南松山町），取締役兼仙台支店長武田常吉，監査役佐藤源吉らの企画（大鑑，p17）により，京橋区に資本金5万円で設立された。広く「市町村債の貸付，不動産抵当貸付及信用貸付，有価証券の現物売買及貸借管理，諸官庁に対する請負契約保証及有価証券の貸付」[8]を営業目的に掲げた。

次頁の5年の広告（写真-5）では社長肝付兼行[9]，専務吉岡又三郎，取締役武田常吉，佐藤朝負（静岡県富士郡吉水村，岩舘炭坑各取締役），本庄厳水（門司市清滝町，大正黒鉛代表取締役），監査役吉田豹次郎（広島市大手町），顧問磯部四郎[10]（諸T5上，p91），関西支社長祖父江捨造であった（帝T5，大阪 p26）。

日本公債は「創業以来，有価証券の割賦販売を営み，業務を漸次拡張し，全

国に支社三ケ所，支部十三ケ所，出張所二十三ケ所，代理店八百二十三ケ所を有するに至れり。社運愈々隆盛ならんとする大正七年九月一日有価証券割賦販売法に遭ひ，該業の前途見込なきを認め，該業を廃止し，目下は石炭鉱区を所有して其販売を営みつつあり」（大鑑，p17）とされ，「大蔵省令を以て債券の月賦販売を禁止されてより以来打撃を受け」（T10.4.12内報①），8年の目的は既に「石炭採掘」に変更され，資本金20万円，払込5万円，積立金20,056円，利益6,399円，配当率3.4％であった（通覧，p8）。

写真-5　日本公債株式会社　広告
（『帝国銀行会社要録　第五版』帝国興信所，大正5年，群馬p26）

　日本公債は本社を銀座1の6から，牛込区築土八幡町（T9.12.7東朝⑤）に移し，8年ころまでは大阪，仙台，小倉に支社，札幌，水沢，金沢，福井，京都，福岡，宇島，鹿児島，京城，台北等全国各地に支部を配置，「地方人を勧誘」（T10.4.12内報①）したが，有価証券割賦販売からの撤退に伴って「各支部は廃止」（要T11, p45）された。9年では社長西本綱（四谷区愛住町），取締役吉岡又三郎，武田常吉，佐藤靭負，本庄厳水，監査役吉田豹次郎であった（要T9, p147）。

　日本公債は「予て石川県下に亘る公債勧業債券等の月賦販売を為し来ったが…月賦懸金の完納してあるに拘らず，会社が債券の引渡しをせぬ」（T9.12.7東朝⑤）として粟津村小田吉三郎外123名が共同訴訟を起こすなど「満期とな

りたるも規定の公債を交付せず…新設泡沫会社の株券を代用品として交付するとか…殆んど愚弄的の折衝」(T10.4.12内報①) に終始したため, 加入者集団の告訴が相次ぎ, 「問題百出殆んど底止する処を知らざる有様」(T10.4.12内報①) であった。おそらく次項の日本採炭の株券など投資先の泡沫株券を交付してお茶を濁そうとしたものと思われる。帝国興信所が「恐らく刑事問題の発生を見る遠きにあらざるべし」(T10.4.12内報①) と予測した通り, 「数年前から大々広告をして, 公債の月賦販売を行ひ, 之に由って百数十万円の詐欺を働いた」(T11.9.30法律) との疑いで, 11年9月警視庁石田検事は日本公債「店員の訊問を行って」(T11.9.30法律) 東京地裁に告発した。

2．日本採炭

日本公債の資金運用中, 判明する大口銘柄は日本採炭の①69,711株(総株数87,500株の80％) であった。日本採炭は日本公債の債券月賦販売禁止後の大正9年9月東京に設立され, 資本金1,175万円, 社長秋本喜七[11], 常務染谷要作, 取締役磯部四郎 (日本公債顧問), 槇武 (日本国際石油代表取締役), 監査役大石正次, 支配人堀内三太郎, 福島県石城郡赤井村大倉炭砿々業所・技師保崎連一, 福岡県嘉穂郡二瀬村相田の上高雄炭砿々業所・主事宝珠山峻であった。大株主は①日本公債69,711, ②帝国鉱業[12]4,800, ③染谷要作 (常務) 3,100株であった (要T11, p48)。日本公債が廃業直前に日本採炭を設立した意図は投資して失敗した常磐や筑豊の処分困難な石炭鉱区を共有関係などにあったと思われる帝国鉱業ともども, 大倉, 上高雄などの鉱区を現物出資して日本採炭株券に転換した上で, 交付すべき公債の代用品として加入者に押しつけようと謀ったものと推定される。

II. 日本国債と資金運用先

1. 日本国債

　日本国債㈱は大正元年9月資本金10万円で京橋区に設立された。割増金付復興債券等の公債割賦販売を行い,「各地の政党方面の有力者を引き入れて地盤拡張を図り」(S2.10.4東日), 全国各地に大阪支店, 高松支部, 徳島支部, 中央支部（名古屋）（要T15, p40）など, 支店・支部30, 代理店4千を配置して全国の契約者約18万人より約3千万円も集めたとされる。7年8月割賦販売業法による申請を行って免許を受けた。8年では資本金10万円, 払込7.5万円, 積立金705円, 利益3,921円, 配当率1.6%であった（通覧, p123）。10年には創立10周年記念大募集を行って,「割賦販売業者中最も古きものの一」(T10.2.19内報①)を謳い,「雲と散じては霧と消へる所謂消長常無き斯界に於て創業既に十数年…群同業会社を凌駕し帝国財界に重きを為す」(T12.10.15徳毎)と自賛し, 12年竹村欽次郎[13]が社長に就任し,「其蘊蓄を傾けて経営す。社業益々隆盛に趣く。又故ありと云ふべし」（二四た, p56）と評されたが, 現実は全く相違していた。日本国債の役員は「まきあげた金は重役連の作った日本商事相互株式会社, 台湾炭坑株式会社外二会社につぎ込んだ」(S2.10.4東日)とされる。こうした日本国債の大口投資先の一つが第2章で取り上げた北海道釧路の「二足三文の炭山」(T9.12.1国民)が露呈した大北炭砿であり, 上記の台湾炭坑㈱[14]も, 大北と台北とを混同した結果の大北炭砿の誤記ではないかと思われる。支店長を兼務するある役員は4年8月大阪支店長に就任「以来, 留保金を銀行預金として仮払する場合, 支店長の個人名義とすることになってゐるのを奇貨とし, 大正十四年六月までの間に百十一万円余を横領した外, 契約者に対し不正貸出しを為し, 無契約者に至るまでも一万円余を貸出して手数料として多額の着服」(S2.4.5法律)を行うなど, 不正貸出や着服が常態化していた。また竹村は日本国債の道内関係先である大北炭砿専

務，北海中央電鉄取締役，友成は大北の取締役兼支配人，北海中央電鉄取締役などを兼ねていた。こうした放漫・不真面目な資金運用の結果11年3月300万円もの巨額の欠損を大蔵省検査で発見された。「昨〈15〉年初め頃より満期となったに拘らず，約束の額面百円の国庫債券を交付せず」(S2.5.6北国)，「契約ニ基ク証券引渡…能ハサル」[15]状態に陥ったため，15年6月13日大蔵省より営業停止命令を受けた。日本国債は「整理案を出して…一時取調べの猶予を乞ふたが，その後依然として整理が付かない」(S2.5.6北国)状態が継続していた。昭和2年5月社長竹村欽次郎，役員内田民部[16]，友成四郎[17]，前田一郎[18]，小野沢軌一（日華燃料取締役），島田庄吉，八田一精[19]，支配人佐竹宣潔らが「一千万円不正事件」の詐欺背任横領罪で取り調べを受け，書類を「目下，〈日本国債〉会社ノ主タル重役等ニ対スル刑事被疑事件ニ付，目下東京地方裁判所検事局ニ押収」[20]され，「契約ニ基ク証券引渡ノ債務…ニ付テモ会社財産ヲ以テ之ヲ完済スルコト能ハサル」[21]状態に陥っていた。『銀行総覧』の「有価証券割賦販売業之部」では日本国債には「営業全部停止」[22]と注記されている。

2．日本商事相互

　資金の運用先として日本国債「重役連の作った日本商事相互」(S2.10.4東日)は大正8年9月4日「一般製紙工業並ニ之ニ付帯関連セル事業ヲ為スコト」[23]を目的として東京市芝区芝浦町に設立された。資本金200万円，第一回払込12.5円，払込50万円，4万株[24]で，「其ノ株主カ本社ノ所在地タル東京市ヨリ遠隔ノ地ニ散在」[25]していた。代表取締役＊高橋小十郎（第2章参照），取締役深野抹吉，金子誠吾，＊川合増太郎（日本国債の徳島地方総監督部長T12.10.15徳毎），＊友成四郎，監査役＊大葉久吉[26]，＊八田一精，印出井栄四郎であり（要T15，p45），＊印の日本国債系統の人物が多く含まれていた。

　日本商事相互は14年7月1日取締役会の決議で第二回払込5円を決議[27]した直後に親会社が営業停止命令を受け，昭和2年3月4日「株主総会ノ決議ニヨリ解散」[28]し，代表取締役の桑原政質が清算人に選任された[29]。

3．日本国債信託

　大正8年4月ころ「阿由葉久吉，田村彰一，宮崎敬介，今泉知三郎，竹村欽次郎，鈴木久次郎等は資本金二百万円を以て，日本国債信託株式会社の創立計画中なるが，同社の目的は各種事業に対する投資，金融，仲介，各種証券の発行引受応募，仲介売買，財産の管理，処分運用等の事業を経営する筈也。因に総株式四万株の内三千株を近く一般公募に付する由」（増田4巻13号）と報じられた。人的関係から見て大日本国債の場合と同様に日本国債の別働隊の様相を呈している[30]。

　8年9月信託業を目的に京橋区三十間堀2-9（日本国債の本店内）に設立され，8年の資本金200万円，払込50万円，4万株，積立金…円，利益…円，配当率…％であった（通覧，p116）。役員は社長阿由葉鎗三郎[31]，常務内田民部，常務阿由葉正一郎[32]，取締役小森七兵衛[33]，高橋小十郎，前田一郎，佐藤秀光（豊多摩郡中野町，日本国債取締役），林千八，古宮新吉，柳田市郎右衛門[34]，監査役山内賢三，大葉久吉，田辺仁一[35]であった（要T9，p56）。

4．大日本国債

　大日本国債は大正11年2月日本国債役員らにより，京橋区八官町8（日華燃料と同一）に資本金300万円，払込75万円で設立され，取締役（要T15，p122）は元木貞吉（徳島県海部郡鞆奥村），辰村米吉（金沢の土木建築請負業者），＊竹村欽次郎，監査役＊八田一精，福田駒蔵（奈良県山辺郡東置村）であった（要S2，p125）。＊印の日本国債役員のほか，全国の契約者の代表という意味合いからか，日本国債の店舗の存在した徳島県（支部が所在）などの地方名士も含まれている。しかし大日本国債は日本国債役員が11年「三百万円の資本で東京京橋数寄屋町に大日本国債株式会社を創立すると称し，七十五万円払込中，第一回払込金十七万円を受領して…大日本国債の重役となり，其間八万六千余円を横領してゐた」（S2.4.5法律）背任の舞台となった幽霊会社（S2.4.5法律）にすぎなかったことが後に司法の場で判明した。

5．東京浴場炭砿

東京浴場炭砿は田村彰一[36)]らにより大正 8 年12月23日資本金300万円で設立された。内田民部，阿由葉正一郎，小森七兵衛ら日本国債関係者が多く発起人に含まれ，日本国債の資金が充当された可能性が高い。他の発起人は松島肇，小風亥真穂，今泉知三郎（いずれもカルチウム鉱泉役員）や鈴木錠蔵，芳川寛治，吉村鉄之助，立川勇次郎ら虚業家と目される人物を中心に合計46名であった。9 年12月23日総会で解散決議，12月25日支払停止，12月25日東京地裁で破産宣告を受け，川村又吉を破産管罪人に任命，10年 6 月25日東京浴場炭砿の設立無効判決が確定した（T11.5.25法律）。結果的にみると東京浴場炭砿は確たるビジネス・モデルもなく，単なる泡沫企業にすぎなかったことになろう。

6．北海中央電鉄

北海中央電鉄（創立事務所札幌区）は大正バブル崩壊直後の大正 9 年 5 月 6 日札幌区中島公園地～小樽市手宮町間27哩40鎖の鉄道免許を受けた。軌間 3 呎 6 吋，動力電気，建設費700万円であった[37)]。主唱者は青柳猶吉（札幌市北四条西三丁目，浜益電気代表取締役）をはじめ，磯野進，薮惣七，寿原重太郎，阪本弥太郎，岡佐平（札幌市南七条西一丁目，北見下駄材社長），田沼太右衛門（横浜市元町，発起人）ほか京浜間の実業家であった（T11.8.9内報①）。免許から 2 年半後の11年12月になってようやく，尻別川の水力発電と札幌小樽間電鉄と沿線での住宅地・遊園地経営を目的として当初の主唱者の一部に日本国債の関係者（＊印）多数が加わり，資本金50万円，株数 1 万株，払込 5 万円で小樽市稲穂町東 7 -25に設立された。役員は取締役田沼太右衛門，青柳猶吉，＊友成四郎，＊竹村欣次郎，＊小森七兵衛，＊高橋小十郎，監査役岡佐平，武藤親弘（四谷区東信濃町）であった（要S2, p5）。しかし当初予定の建設費700万円の1/14にすぎない資本金50万円に減額した理由につき，同社自身が設立願の中で「瓦落不況ヲ来シ金融梗塞ノ状況ニシテ資金ノ調達株式ノ募集容易ナラス」[38)]と認めた通り，既に起業意欲を喪失した形だけの設立と判断されて

いた。

Ⅲ．東京国債と辻川敏三

1．辻川敏三

　辻川敏三（赤坂区表町4丁目）は山口県玖珂郡麻里布村に生れ，「慶応義塾に学び明治三十七年実業界に入って以来，幾多の事業会社を創設し忽ち斯界新進の一人として名声を馳するに至り…独特の怪腕を揮って其経営に尽瘁しつつあり，資性英敏，頭脳緻密の才髦にして毎に鬼才を縦横に発揮し，冴えた手腕を見せて居る」（幹部，p151）と評された。「某官署に在職中」（T12.7.29内報②）問題を起し退官，明治37年玉川電気鉄道に入り，「重役代理として居ること三年」（実辞ツ，p13），明治40年代に「一時隆盛を極めたる競馬の漸く衰運に傾くを深く慨し，茨城県伊讃ケ原に牧馬場を設置し，之が挽回を企図し，また同所に競馬場を設置せんとして苦心すること一年」（実辞ツ，p13），「茨城県伊讃ケ原に競馬場を起し，競馬の振興と馬匹の改良に従事せしも，転じて熊本移民会社に入り」（大鑑つ，p5），独立後，アセチリン瓦斯事業の経営に従事するも業績挙らず，明治42年頃より債券売買業を開始し（特報），明治43年7月「東京債券株式会社の前身たる東京債券合資会社を買収し，株式組織に変更すると同時に選ばれて専務取締役」（実辞ツ，p13）となり，園田安賢を社長に据えた。日米護謨工業，日本鋲釘，中央屑物市場，西武軌道等数多くの企業に関与して「大いに怪腕を発揮し，次第に私産を築き」（T12.7.29内報②），大正6年時点で東京国債常務，東京国債銀行専務，美祢炭砿，ジョホール護謨，西武軌道，大東鉱業，常盤興業各取締役（大鑑つ，p5，幹部，p151），7年2月調査では赤坂区田町，会社員，開業…正味身代未詳，収入未詳，信用の程度5段階の中位Ca，所得税40円であった（商工T7，p298）。最盛期には東京国債銀行専務，東京国債，西武軌道，大東鉱業，常盤興業，日米護謨工業，美祢炭砿各取締役，東京国債が③627株主の日本鋲釘取締役④500株主（要T9， p67），中央屑物市場監査役を兼ねた（要T9役中，p85）。なお東京国債の破産宣告後，辻川は「一両年鳴かず飛ばずの状態にありしが…局面展開の一策」（T12.7.29内報②）として，南茅場町に株式現物商・錦屋商店を開業した。

2．東京国債

　明治43年7月辻川敏三，志水美英[39]らが日本橋区本材木河岸69に東京国債を「有価証券売買担保貸付信託業を目的とし資本金十万円を以て創立し，園田安賢[40]男社長となり，社業順調の発達を為しつつありしが，大正三年九月日東国債と合併して資本を六十万円とし，阿部浩[41]氏社長となりて以来社運隆々として進み，公債月賦販売契約高は忽ちにして一千万円を突破するの盛況となり，爾来名実共に斯界第一流の会社として内外に噴名を馳せ以て今日に至る」（幹部，p151）と宣伝している。

　3年9月別に日東国債（資本金50万円）を創設して，4年3月7日本体の東京国債を吸収合併し，新たに東京国債（資本金60万円）と改称した（T4/5＃2営，p5）。5年5月期では資本金60万円，払込15万円，諸準備金45.7万円で，出張所代理店勘定74,242円，出張所代理店設置費21,086円，建物及什器19,448円等のほかは貸付金224,050円，有価証券104,420円，預け金及現金178,950円等に運用していた。公表では5年5月期の総収入848,199円，総支出825,885円，当期純益24,885円，配当7,500円，配当率年10％（前期10％）であった（帝T5，p102）。社長阿部浩，常務志水美英，辻川敏三，取締役徳光大次郎，原田雄門[42]，佐々木文一[43]，石川栄三，監査役小森玄一郎[44]，白須金三郎[45]，顧問園田安賢，株主数299名，5年5月期には東京国債銀行が4,032株（33.6％）の筆頭株主で，②秋田清400，③志水美英（常務）360，④300阿部浩（社長），⑤十河権三郎（香川，高松土地建物取締役）250株を大きく引き離していた（T5/5＃4営，p12）。

　園田安賢を社長に迎え，小森玄一郎を専務に据え，辻川敏三は常任監査役となった。しかし「園田氏の如きは単に空位を占むるに過ぎざりしも，地方人士は社長の名に眩惑せられ争ふて其勧誘に応じ債券割賦の契約を締結する者多数

に上りたるより，茲に異常の発展を来し」（特報）たとされる。8年時点で日本橋区本木材河岸，資本金60万円，払込26.93万円，常務志水美英，辻川敏三，取締役原田雄門，三好虎雄，取締役兼支配人中山民生（⑬100株主），監査役佐々木文一，白須金三郎（要T9, p118），支部を札幌，台北，大阪，米子に4年4月に開設した（要T9, p118）。東京国債は「内地は勿論遠くは支那朝鮮に亙り，会員数千名を募集し，満期の際は契約に基き勧業債券を交付すべき条件にて，数百万円を得た」（T10.7.20法律）とされる。

　辻川は2年「〈東京〉国債銀行の前身たる共正銀行の設立せらるるや，入りて専務取締役に推され，経営の任に当り…更に東京国債株式会社の前身たる東京債券株式会社の設立せらるるや，其常務取締役に選任せられ，拮据奮励して之が経営に当り，同社の基礎を堅実にし，社運を開拓し全国枢要の地に代理店若くは出張所を置き，同社をして今日あるに至らしめたり」（大鑑，つp6）と評された。おそらく東京国債銀行に下方型の持株会社機能を発揮させることで東京国債の実権を完全に掌握した辻川は4年12月監査役から取締役に転じ，「専務の椅子に倚り，爾来大正八年十月に至る迄縦横無尽に其怪腕を揮ひて自個の資産を築上」（特報）げたと報じられた。すなわち業務の拡大にともなって，契約者の掛金が蓄積されると辻川は東京国債および東京国債銀行の資金を自己の「関係せる日本鋲釘，常盤興業，西武軌道等諸会社の融通に利用し，其他〈辻川〉氏等個人経営に属する北海道，九州の炭鉱及び漁業等にも〈東京国債〉銀行を利用」（特報）した。投融資先として「辻川氏の関係せるものは京橋区丸屋町四番地に前記〈東京国債〉銀行の外，日本鋲釘，西武軌道及び辻川商行を一屋内に集め，一味徒党を要所に配置し，辻川氏自ら采配を取り居れる」（特報）と表現されている。

　しかし島根県都茂村の石油鉱区，浜田港沖のトロール漁業など「〈辻川〉氏関係の各社共業況一つとして満足なるものなき有様」（T12.7.29内報②）で関係事業は「概ね事業失敗に了りたるより，今や同銀行は殆んど瀕死の状態に陥りつつあり」（特報），「会社をして漸次悲境に陥らしめ，竟に奈落に沈淪せしむるに至れり」（特報）とされた。このため東京国債は「公債月賦販売を停止」

(T8/5＃10営，p2) した8年1月以来「満期解約非常ニ輻輳シ…其ノ請求頻繁ニシテ，其ノ状恰モ連日ニ亘ル取付ケニ遭ヒタルカ如キ観ヲ呈シタ」(T8/5＃10営，p2) と自認せざるをえないほど同社経営の実態は「全く営業休止の状態にて支店出張所の如きも京城，台湾を除くの外は全部閉鎖し，本亦何等の営業をも執り居らざる」(特報) 状態に陥っていた。このため8年5月末日東京国債は突然117,118円の当期損金を発表した。同時に専務を辞任した「辻川氏は勿論重役原田雄門氏の如きも会社に出務せず」(特報)，8年10月前期末には株主でもなかった三好虎雄 (⑫100株主) が新たに専務に就任し，整理を担当したが，8年10月「突如司法官憲の発動する所となり，会社備付の帳簿書類一切を押収」(特報) した。辻川らは東京区裁判所桜田検事の取り調べに対して「私財を抛っても契約者に迷惑を懸けず」(特報) と誓約した。かくして「最早総会提出の決算に虚偽の報告を許さざる為」(特報) 8年12月末日569,600万円の欠損を一挙に計上した。東京国債の末期の状況は以下の通り。

「地方貯蓄会員が三年目の満期に際して，其契約債券を受領せんとするの時は何ぞ図らむ，会社は殆んど破産状態に陥り居たりしなり。而も会社側の弁疏は支払不能の一点張り…三好虎雄氏ありて，昨年十月以来新たに専務に就任し，整理を標榜して加盟会員との交渉に衝り居れも，古き関係の不明を口実として更に要領ある答弁を斎らさず，且つ辻川氏等前重役は整理委員・後東吉雄氏に一切を委ね在りと称して風馬牛相関せざるものの如く平然として責任を転嫁し居れるが，会社の窮状を伝え聞きたる北海道，東北，四国，中国，九州方面の各加盟会員及び債権者は其後蜂起して上京し，日々会社に押寄せ，其解決を要求する所ありたるも，今以て何等の要領を得ず」(特報)，「満期に至って約束の債券を交付せざる」(T10.7.20法律) ため，9年岐阜県の林利一，秋田県の吉田儀十郎ほか40余名の加盟会員は東京国債を相手取り，詐欺の告訴，破産申請を行った (特報)。審理の結果，8年9月12日支払停止したものと認められ，10年2月12日芝崎判事から破産宣告を受け，弁護士中川孝太郎を管財人に選任した (T10.2.13内報②)。辻川の赤坂表町自宅，丸屋町事務所，鎌倉等の別荘等の個人資産は競売に付され (T12.7.29内報②)，前東京国債社長の阿部浩

（前東京府知事）に対しても10年7月13日東京地裁に破産の申立がなされた（T10.7.20法律）。

3．東京国債銀行

東京商事銀行は明治30年7月24日関西銀行として京都に設立された。京都から大阪，奈良へ本店を次々に移転した後，36年11月24日「辻川氏の郷里山口県」（特報）に本店を移転した（変遷，p176）。

大正2年3月28日山口県から東京に本店移転し，共正銀行と改称したとする『本邦銀行変遷史』と若干の相違があるが，辻川ら東京国債の一派が「元辻川氏の郷里山口県に於て…資本金三万円，四分の一払込の一銀行に過ぎざりし」（特報）ものを買収して，「山口県玖珂郡麻里布村千五十五番屋敷ヨリ東京市日本橋区木材河岸六十九番地」（T2.4.1官報199号付録，p1）の東京国債内に移転，「〈東京〉国債銀行の前身たる共正銀行の設立せらるるや，入りて専務取締役に推され」（大鑑つ，p6）たとされる。資本金3万円，取締役は辻川のほか，高橋亀助（麻里布村），新井百蔵（麻里布村），園田安賢（東京国債社長），監査役久富正助（麻里布村）であった（T2.4.1官報199号付録，p1）。

5年2月1日には親会社の名を冠して共正銀行を東京国債銀行と商号変更[46]，資本金を50万円に増資し，新株9,400株中の7,660株を東京国債が引受け，＊印の同社役員を派遣した（特報）。この間東京国債の有価証券勘定は4年5月の43,848円から5年5月の104,420円へと6万円増加している。

本店を東京国債内に，支店を千住（2年9月開設），浅草（2年11月），京都市（2年11月），山口県玖珂郡麻里布村1043番屋敷（辻川の郷里，3年12月），熊本県天草郡富岡町（3年12月），青森県西津軽郡森田村大館（3年12月）に置き，さらに改称後には親会社との連携下で出店ピッチを早め，徳島県板野郡（小森玄一郎の地元）堀江村姫田（5年2月），米子町（5年2月），土浦町（5年2月），秋田市（5年3月），高知市（5年4月），高松市（5年4月）の全国各地に出店した（帝T5，各県銀行欄）。5年6月期では専務＊辻川敏三，取締役＊佐々木文一，高橋亀助（辻川の郷里・麻里布村），＊阿部浩，＊志水

美英，監査役鋤柄三郎（大東鉱業常務），小泉丑治[47]，＊小森玄一郎，支配人＊原田雄門であった（帝T5，p8）。辻川が5年2月には取締役1,010株主となっていた大東鉱業[48]役員2名も監査役に加わっていた。

5年6月期では東京国債銀行は資本金50万円，払込147,500円，諸預り金287,445円，借入金及再割引手形68,465円で，貸付金及当座貸越221,564円，121,478円，有価証券72,648円，預け金及現金64,584円，営業用地所建物及什器26,112円等に運用していた（帝T5，p8）。有価証券の内訳で判明するのは親会社である東京国債の5年5月期①4,032株33.6％の筆頭株主（帝T5，p102）で，親子間で株式の相互持合いを行っていた。貸付先は北海道，九州の炭鉱・漁業等の辻川個人事業や日本鋲釘，常盤興業（仲間の小泉が主導の浅草の興行会社），西武軌道（後述）等ハイリスク分野主体と見られる。8年ころでも東京国債銀行の大株主は①東京国債7,661株，②山内正候500株，③辻川敏三265株であったが（要T9，p9），8年1月以来，親会社の東京国債が全く営業休止の状態となり信用を失墜すると，東京国債との関係を隠蔽するため8年4月東京商事銀行と改称した（変遷p535）。東京商事銀行は8年12月現在では資本金50万円，払込26.5万円，積立金9,430円，利益▲9,594円，配当率…％，社債…（通覧，p110）と赤字に転落しており，13年8月新規取引停止を命じられ（T13.8.12官報，T13.12.6T），昭和3年7月27日営業免許取消となった（変遷，p536）。

4．西武軌道

明治30年12月8日堀之内自動鉄道が淀橋～田無間を特許された[49]。その後堀之内軌道はようやく明治40年10月31日淀橋町に資本金30万円で設立され，43年7月14日西武軌道に改称した。「米国の発明に係る最新式軽便機関車」（M40.3.9R）である蒸気動車を用い，路線の一部分は「軌条ノ布設ヲ了スル迄ニ工事進捗ヲナシタリト雖モ撤去スルノ止ムナキ非境ニ陥リ」[50]長らく工事施工線の状態のまま放置された。大正5年時点では大正3年10月28日電気事業法上の事業許可された9哩37鎖の電気軌道を保有する未開業軌道で，東京電灯

より150キロの電力を受電の予定であった[51]。大正5年時点の役員は取締役南条新六郎[52]，志村保一[53]，辻川敏三，監査役佐々木文一，八木恒三[54]であった（帝T5, p272）。志村と八木は池上電気鉄道設立にも揃って関与した仲間で，おそらく東京国債の貸付の焦付等を機に辻川らと再建に乗り出したものと推測される。その後も経営難の連続で森泰樹氏によれば「資金不足で工事が遅れ，大正七年八月にようやく淀橋，荻窪間六キロが完成し，試運転をしましたが，車両代金が支払えず」[55]，「その間幾多の株主及び経営者が変った」[56]とされる。大正9年時点の役員は社長南条新六郎，専務辻川敏三，取締役志村保一，永松達吾[57]，監査役佐々木文一，土肥竹次郎[58]であった（要T9, p249）。永松，土肥ら日本鉄機製作所（豊多摩郡淀橋町角筈282，資本金30万円，払込7.5万円）という車両メーカー代表の役員就任は当面の車両購入資金等にも事欠く弱さを露呈したものと考えられる。西武軌道専務に大正7年就任した辻川は「京橋区丸屋町四番地に前記〈東京国債〉銀行の外…西武軌道及び辻川商行を一屋内に集め，一味徒党を要所に配置し，辻川氏自ら采配を取り」（特報），東京国債および東京国債銀行の資金を自己の「関係せる…西武軌道等諸会社の融通に利用」（特報）したとされる。このころ岩田鑅三[59]の経営する弘益商会も西武軌道に大口融資を約束した。辻川の失脚後の大正10年8月26日西武軌道はようやく淀橋～荻窪間約6kmを新規開業した。開業と同時に大正10年西武軌道は武蔵水電に合併された[60]。大正12年12月1日新宿～淀橋間を開業した。しかし「単線電車のため交換がうまくいかず，通過時間が当てにならないので，地元では"エンダラ電車"と呼んでいた」[61]ほど，経営難，トラブル続きの難物路線であり，詳細は判明しないが東京国債クラスの資金量では常盤興業と同じくハイリスクで荷が重すぎた先と考えられる。

IV. 明治公債

明治公債創立の中心人物で，有価証券割賦販売の開発者の水品藤一郎は明治元年5月22日新潟県に生れ，名古屋市の養牛会で牧畜に従事，北海道庁で小吏

となり，鉱山に従事した（名家ミ，p29）。その後，水品は「月々低額なる掛金を徴収して之に公債を付与するの方法を案出」（名家ミ，p29）し，業界にさきがけて帝国公債会社設立を発起したが，父の急病で半年間帰郷中に同社が水品抜きで設立された。このとき台南庁長を退官した村上先（第3章の台湾証券交換所社長）らが「帝国公債株式会社を組織したる際，桂太郎，渋沢栄一，福沢桃介，桂二郎などの知名の士を株主として印刷したる虚偽の募集趣意書を作成，多数の募集員を派して地方人を欺き約二十万円の株金を募集」（T2.7.4萬）したとされ（帝国公債はその後「櫛笥何とかいふ子爵様を社長にして，女中に指環をやったり，種々な方法で資金を集め，然も資本金の十倍にも達する欠損を示すといふ不良振り」[62]と卑劣なペテン商法ぶりが批判され，結局営業停止を命じられた。）。村上先らの抜け駆けに怒った水品は医師の福木近平[63]らとともに帝国公債とは別に明治公債を発起し，大正2年6月資本金20万円（払込5万円，4,000株）で設立した。本店を麹町区有楽町1-4，朝鮮京城府に支部を置き，取締役は福木近平，水品藤一郎，駒林広運[64]，永田峰吉，監査役江崎陸三郎（北豊島郡高田，会社員兼鉱業）であった（帝T5，p249）。8年の積立金8,126円，利益2,528円，配当率…％であった（通覧，p122）。その後取締役は市瀬浩次（巣鴨町，国際印刷監査役），駒林広運ら（重，p87），支配人羽白新，大阪支所長岸田権五郎，名古屋支部（名古屋市西区西外堀町）主任尾畑鑑之丞，社員伊東吉太郎[65]らであった（T10.4.8福日②）。10年時点で資本金20万円，払込5万円，本店麹町区有楽町，支店大連市三河町，大阪市北区安治川通ほか全国に百数十カ所，取締役福木追平，駒林広運，平能伊左衛門[66]，藤田久信[67]，監査役高瀬友吉（尼崎市，大東紡織，東洋シール各取締役），鈴木新兵衛（北豊島郡西巣鴨町字向原，大久保炭砿取締役，豊国電球監査役），西崎幸吉（北海道余市町），羽白新（支配人）であった（要T10，p255）。

　同業者の鉱山投資に倣って明治公債の市瀬浩次も9年10月「北海道に資本金七十五万円の帝国林業炭砿（ママ）株式会社を興したが，之に関する投資も明治公債の社金から流用」（T10.4.8福日②）された。帝国炭礦林業は9年9月工学博士

細木松之介[68]，法学博士戸水寛人，田村範文（帝国毛織紡績取締役），山田槙蔵ら数十名の発起で，資本金600万円で目論見中で，山田槙蔵の所有する北海道天塩の苫前鉱区を75万円で買収するとともに，御料林の払下げを受けて林業を兼営する計画（T9.9.10鉱業）で9年10月資本金75万円，総株数3万株で麹町区内幸町1-6に設立された（T10.4.8福日②）。

　ここで帝国炭礦林業への出資者として津下精一（第7章参照）が登場する。津下は同社創立に際し前代議士の「小林勝民から勧誘を受け二十五円株一万株引受け…長男…を同社の社長とした」（T10.6.5福日）ほか，10年4月6日取締役には津下のお抱え弁護士・北村政敬[69]，津下の出資先の⑫竹川峰太郎（第3章参照）ら，監査役には同姓の竹川昌信がそれぞれ就任した（T10.6.17内報）。多数の津下派役員の就任から考え，帝国炭礦林業と明治公債とはセットで「津下精一が買収を企てたもの」（T10.8.23大毎②）と解される。

　小林勝民（牛込区市谷八幡町／台北）は元治元年4月5日生，朝野新聞，静岡民友，国民新聞，台湾民報等の記者を経て「其後台湾に渡航し弁護士となり，傍ら…台湾日報を経営す。弁論に長じ演説は其最も得意とする処」[70]とされた明治45年以来千葉県郡部選出憲政会代議士，台湾物産取締役，帝国炭砿林業（要T10役下，p38）で津下とは密接な交流があった。津下の投資先中，小林の関与が判明したのは明治公債＝帝国炭砿林業のセット買収のほかに，①小林自身が経営する㊺対州金鉱（7年3月～10年1月7千円を数回に出資），②同じく㊼福島県橋川水電権力獲得のため9年8月～10年1月6千円出資，③「小林の勧誘にて㋹長崎県壱岐郡若宮炭砿事業に二千五百円…投資」（大朝），④小林自身に1.5千円貸金，⑤「小林の勧誘にて…㊆台湾悟樓港[71]土地払下に一千円を投資」（大朝号外）など少なくとも数件もあった。

　9年12月津下は資金難の仙台の㊸沢来太郎[72]前代議士経営の印刷事業にも1万円を投資したが，行き付けの洋食店「宇治川軒」経営者の村上一郎から「予て懇意なる沢代議士を津下に紹介」（事件，p10）されたためであった。沢と津下との間で「一，〈津下〉精一の関係事業に何事か事変が生れたる時は運動すべし。二，〈沢〉来太郎は国有財産整理委員長たるが故に，其所管にして整

理を行ふべきものにつきては精一より願書を出せば直に許可の取計を為すべし」(事件, p10)との密約が交わされたという。当局は既に不正印紙事件を内偵中であり，身辺に危機が迫りつつあることを察知した津下は沢との密約を「犯罪揉消運動」(事件, p12)の一環と考えていたものと思われる。

津下は「東京方面では千葉県選出代議士小林勝民…諸氏の手を介して…明治公債株式会社其他に大金を出資」(T10.6.5東日), 9, 10年2月の2回に1.4万円を出資し明治公債の全面買収を企てた。しかし小林と対立する羽白支配人の巻き返しなのか，9年に一旦は明治公債取締役に就任していた津下東洋らが9年12月9日には監査役の小林勝民ともども退任 (T10.5.27官報付録, p4) する一幕もあり，明治公債内部での暗闘は熾烈を極めたようだ。このように明治公債「監査役…小林勝民と支配人羽白新…との暗闘の結果，不正事件を暴露」(T10.4.8福日②)し，「重役の内訌が因を為して」(T10.3.6内報③)，津下と沢代議士との約束の直後の10年1月20日大蔵省から有価証券割賦販売業法第16条1項の規定により，賦払金の収受ならびに新規割賦販売契約締結の停止を命じられた (T10.2.20B)。

その直後10年1月31日「津下の長男東洋が社長の椅子を占て」(T10.8.23大毎②), 小林勝民か明治公債副社長に就任, 伊藤喜代重[73], 水野渉 (福島県白河町) が明治公債取締役となった (T10.4.6内報③)。対立する「支配人羽白新ヲ大正十年二月三日解任」(T10.6.11官報付録, p5), 新たに社員の伊東吉太郎を支配人に昇格し, 2月10日津下東洋が代表取締役, 2月17日監査役に鈴木新兵衛, 西崎幸吉がそれぞれ就任した (T10.4.28内報③)。

1月20日付の営業停止後の社長就任ではあるが，いかに津下がうかつとはいえ，よりによって営業停止企業と知って高値で買収し社長を送り込んだとも思われず，醜い同社の内実は津下側には伏せられていたものと思われる。同社停止命令の直後に沢代議士は上京中の津下をステーションホテルに訪ねたが，留守であえず, 2月4日以下の明治公債を指す「貴下御令息社長の会社」に関する以下の書簡を親展で津下に送った。「干時貴下御令息社長の会社の件に付, 北村氏より御申入れ有之候のみならず，同情の至りに不堪。不取敢一昨日は警

視庁に直頭，刑事課長と面談，更に昨日は警視総監とも面談仕候。其内容は書面にては申上兼候。何日頃御上京に候哉，委細御面晤可申上度候」（事件，巻頭所収）。

あまりに酷いため沢が「書面にては申上兼」ねた内容とは明治公債の役職員が「社金を流用したもので，其金額は警視庁の調査に依れば八十万円と称し，大蔵省では五十五万円と算定」（T10.4.8福日②）したほど惨澹たる有様で，津下が完全に騙されたわけであった。10年4月23日記者から質問を受けた大蔵省黒田銀行局長は「去一月の二十日と記憶するが，明治公債株式会社と云ふ勧債月賦販売会社に対しては当局から新規の受入一切を禁じたが，矢張り其通りの事〈臨検〉をするのである。尚ほ臨検する以外に，より以上徹底した或方法で調査をしようと其の方法も実は今自分の腹に畳んでいる」（T10.4.24中外）と回答した。警視庁の捜査が進むにつれて，「明治公債の社金から流用され」（T10.4.8福日②），姉妹関係にある帝国「林業炭砿会社にも驚くべき不正行為が潜在し，重役や社員は勿論給仕に至る迄犯行があると称せられ」（T10.4.8福日②），明治公債の傷を一層深くした。この関係からか明治公債の市瀬浩次らの経営していた国際印刷（神田区三崎町）も津下逮捕直後の10年5月10日支払停止，11年5月27日破産宣告された（T11.5.28内報②）。

その後黒田局長の語っていた通り10年7月18日から数日間大蔵省が明治公債の営業状態を検査したところ，欠損額が拡大，350〜360万円の欠損が露呈，営業停止を命じられた（T10.8.28法律）。明治公債では「資本金を百万円に増し何とか回復策を講ずべく内々協議」（T10.8.23大毎②）したが，大株主の津下も不正事件発覚で身動きのとれない状態に陥り，結局明治公債は大正末期に解散に追い込まれ，山田芳軌が清算人に就任した（T15.2.13法律）。

1)2)3)4)　飛田紀男編『東和証券史』平成元年，p61以下，二上季代司『日本の証券会社経営』東洋経済新報社，1990年，p18〜21。
5)　大蔵省は大正14年6月無免許の金融業者名を30余社公表したのをはじめとして，大正14年6月から11月までに前後4回，127件の不正金融業者に業務廃止命令を発

した（東京朝日新聞編『経営百態』大正15年，p80）。たとえば日本勧業債券部ほか33社の有価証券割賦販売業者などである。

6) 松木章彦（千駄ヶ谷町）は第一公債取締役，東海市場監査役（要T9役中，p225），日本金庫製造社長，東洋合金取締役（帝T11職，p3891）。
7) 吉岡又三郎（麻布区笄町）は日本公債専務のみ（帝T5職，p102），日東炭砿取締役500株主，日本公債社長990株主（要T9，p147），日東炭砿，杉浦メリヤス，東都染料製造各取締役（紳T11上，p220）。
8) 金子郡平・金子信尚編『北海道銀行会社大商店辞書』大正5年，p9。
9) 肝付兼行は嘉永6年3月16日鹿児島藩士肝付兼武の長男に生れ，海軍少将，中将，明治40年男爵，大阪市長，貴族院議員，日本公債社長，日本軽銀製造取締役，大正5年1月秋田石油鉱業創立委員長，大正5年4月13日秋田石油鉱業相談役，8年5月糸崎船渠創立委員長・社長，8年11月勝浦炭礦賛成人，8年11月大野炭礦発起人，大正11年死亡。
10) 磯部四郎は嘉永4年7月富山県林英尚の三男に生れ，磯部家の養子となり，司法省法律学校に学び，司法省官吏，明治25年退官して弁護士，23年代議士当選，40年法学博士，貴族院議員，大正8年9月証券交換所社長，北海道証券交換所相談役，9年9月帝国炭砿創立委員長，日本採炭取締役。大正12年9月1日死亡，享年73。
11) 秋本喜七（四谷区舟町）は政友会代議士，日本採炭社長，東京府農工銀行，田無銀行，東京薬化学工業，南洋製糖各取締役，玉川水道監査役（紳T11，下p29）。
12) 帝国鉱業は森平助，武田徳次郎，井上武八らの発起により福島県石城郡の勿来付近の採掘中の半無煙炭の鉱区を買収する目的で設立され，資本金100万円，欠損金14,995円（T9.9.15法律），福島県石城郡川部に16.3万坪，11年石炭鉱産額8,281トン，役員には破綻した渡辺商事重役の細野温，八田熙（T10.6.8内報②）が含まれ，東京渡辺銀行の融資先整理の色彩が濃厚である。
13) 竹村欽次郎（本郷区駒込）は文久3年1月12日生れ，山形県出身，東京帝国大学法科大学卒・法学士，元大蔵省理財局国庫課長，日本鉄道幹事・課長（『帝国鉄道要鑑　第三版』職，p38），日本興業銀行で波佐見金山会計監督，山形県郡部選出立憲同志会代議士，富士身延鉄道専務，日本国債社長，大日本国債，大北炭砿各取締役，東日本炭砿監査役。
14) 台湾炭坑㈱は大正6年7月設立，代表取締役芳川寛治，取締役中山佐市ら。また類似の台北炭砿は大正7年7月藤田組により設立され，賀田・木村一派の台陽鉱業に譲渡された（T9.8.8内報①）。
15)21)　二審判決の事実『大審院民事部判例集』第9巻，p458。
16) 内田民部（下谷区花園町）は日本国債信託常務，大北炭砿監査役，東京浴場炭砿理事。

17) 友成四郎（北豊島郡日暮里町）は大正9年11月30日大北炭砿取締役に就任（T9.12.20鉱業）、大北炭砿取締役支配人、帝国化学製麻、帝国土地開墾各取締役、大日本蚕糸紡織監査役（要T11役上、p118）、9年12月27日東日本炭砿監査役辞任（T10.3.1鉱業）。

18) 前田一郎（大阪市北浜）は日本国債信託取締役、帝国紡績、帝国織布各監査役（要T9役中、p209）、松阪紡績、日華燃料各取締役（要15役下 p65、要S2役下、p32）、大正4年8月日本国債大阪支店長に就任、11年9月大日本国債重役。

19) 八田一精（豊多摩郡西久保）は弁護士（T14.1.30法律）、明治40年京都の日本産業銀行清算人。日本国債信託監査役（要T11役上、p61）、大日本国債支配人・監査役、日本商事相互、日華燃料各監査役（要T15役上、p51、要S2役上、p50）。

20) 昭和5年5月8日大審院第一民事部判決、『大審院民事判例集』第9巻、p454。

22) 『第三十四回　銀行総覧』昭和2年現在、p603。

23) 二審判決ノ事実、昭和5年7月9日大審院第三民事部判決、『大審院民事部判例集』第9巻、p697。

24)25)27)28)29)　一審判決ノ事実、上記大審院判決、p695〜7。

26) 大葉久吉（東京）は8年時点で海府鉱業社長、別府土地信託取締役、北海道炭砿鉄道、常磐採炭各監査役、日本緬羊毛織取締役（T9.12.17北海）、日本弘業代表取締役、別府観海寺土地取締役、日本国債取締役、日本国債信託監査役、日本無軌条電車取締役、北海道炭砿鉄道監査役、荏原土地取締役（要T11役上、p135）、日本商事相互監査役（要T15、p45）。

30) 「日本国債信託成立」大正8年9月30日『信託』p23。

31) 阿由葉鎗三郎（栃木県足利郡）は慶応元年1月10日生れ、日本国債の常務阿由葉正一郎の父、栃木県郡部選出中正会代議士、日本国債信託、日本水電、中外水産、日本精麦各社長、帝国倉庫専務、太平自働車、八十一銀行各取締役（要T9役下、p59）、大北炭砿発起人。

32) 阿由葉正一郎（牛込区神楽町）は阿由葉鎗三郎の長男、明治45年早大政経卒、東京浴場炭砿発起人（T11.5.25法律）、日本国債信託、東京パン製造取締役、帝国化学製麻、東亜洋行各監査役（要T9役下、p59）、大日本亜炭工業社長。

33) 小森七兵衛（京橋区木挽町）は東京浴場炭砿発起人・理事（T8.12.17内報①）、日本国債信託、東亜洋行各取締役（要T9役下、p38）、日東土地建物専務（帝T11職、p433）、甲州電力取締役（要S2役下、p90）。

34) 柳田市郎左衛門（栃木県足利郡足利町）は更級炭砿、日本国債信託各取締役（要T9役中、p177）、日本国債、千代田土地興業、浅草運輸相互各取締役（要S2役下、p6）。

35) 田辺仁一（大阪市西区四貫島町）は亀能鉄道（京畿鉄道と改称）取締役（要S2

役上，p208)。

36) 田村彰一（麻布区笄町）は田村洋行社長，大島拓殖，南洋木材貿易各取締役（紳T11上，p242)，1年で破綻した東京浴場炭砿専務（増田4巻36号)，大正8年4月日本国債信託発起人（増田4巻13号)，破綻（T9.9.7内報)。

37) 大正9年度『鉄道統計資料』監督編，p2，大正11年度『鉄道統計資料』監督編，p17。

38) 北海中央電鉄「会社設立願ノ件」大正12年7月15日，『鉄道省文書』国立公文書館所蔵。

39) 志水美英（京橋区月島通→神奈川県橘樹郡大綱村）は文久3年2月1日信濃国木曾福島の友次郎の長男に生れ（大正，p426)，大学予備門を経て明治18年海軍主計として官界に入り，3回欧米視察，海軍主計大監を経て予備役。明治43年7月「園田安賢，江川敏之氏等と共に東京国債会社を創設し，傍ら国債銀行の取締役となり」（大正，p426)，常務③360株主，「資性謹直，人に接するに寛容，頗る果断の人」（幹部，p151)，東京プレス工業合資会社員，T7/11東京国債⑤200株主。

40) 園田安賢（赤坂区台町）は嘉永3年9月1日薩摩藩士の長男に生れ，警察官僚，明治24年4月～29年6月警視総監，退官・男爵，30年7月～44年7月貴族院議員，31年1月～7月警視総監，31年11月～39年12月北海道庁長官（秦郁彦『戦前期日本官僚制の制度・組織・人事』東京大学出版会，1981年，p137)，東京国債社長，北海パルプ工業取締役。東京国債社長として「園田氏の如きは単に空位を占むるに過ぎざりし」（特報）と評された。

41) 阿部浩（荏原郡大井村）は前東京府知事，大正5年5月期で東京国債の社長④300株主（帝T5，p102)，大東鉱業，秋田石油鉱業各取締役，日本電話工業監査役（重，p90)。東京市疑獄事件でも検事局に召喚され，10年7月13日破産申立（T10.7.20法律)。

42) 原田雄門（赤坂区表町）は東京国債銀行専務（特報)，東京国債取締役④201株主（T7/11)，高利貸・蛯原萬吉が関与する仙北鉱業監査役（重，p12)。「〈辻川〉氏が赤坂表町に於ける邸宅の如きは青山御所に面し，同穴の貉・原田雄門氏と相並んで輪奐の美を尽し，王侯貴族をして後に瞠若たらしむるの贅を極め居れり」（特報)，山東製油，日本鋲釘，美禰炭砿各取締役，仙北鉱業監査役（要T9役上，p71)。

43) 佐々木文一（京橋区八官町／麻布区我善坊）は明治元年12月15日美濃国可児郡伏見村に生れ，日本大学卒，政友会代議士，勲四等，弁護士，特許弁理士，神中鉄道，東北起業各取締役，日本大学理事，衆議院当選4回（衆議，p188)。東京国債⑬100株主（T7/11)，日本水力電気，東北起業各社長，内外装飾監査役（紳T11下，p40)，東京国債，西武軌道，東京国債銀行，東北石炭，山形炭砿各取締役，東海ラ

ミー紡織, 消防器具製作所各監査役, 大日本時計硝子製造取締役 (要 T9役下, p92), 東洋信託保証取引所役員 (T9.4.21東朝), 東洋繊維工業 (第7章参照) 監査役 (株 T10, p215), 台湾証券交換所監査役 (要 T10, p170)。

44) 小森玄一郎 (徳島県板野郡大山村／麹町区上六番町) は東京国債専務 (特報), 東京国債銀行, 大東鉱業, 西鉛電解鉱業各監査役 (重, p373), 上沖之山炭砿発起人 (T8.12.2内報①), 美襴炭砿取締役 (要 T9役下, p38)。

45) 白須金三郎 (芝区下高輪町) は金融ブローカー, 東京国債, 千代田貿易各監査役 (重, p108), 会社員 (商工 T7, p593), 東京国債⑤200株主 (T7/11), 日本鋲釘取締役, 東日本国債監査役 (要 T9役下, p160)。

46) 大正5年2月『日本銀行調査月報』(『日本金融史資料 明治大正編』第21巻, p565所収), 変遷p202。

47) 小泉丑治は浅草の興業師 (商 T3, p385), 常盤座主, 大東鉱業取締役, 共正銀行監査役 (帝 T5職, p207), 天草鉱業代表取締役, 常盤興業取締役, 多摩川砂利木材鉄道監査役 (要 T9役下, p23), 東京国債150株主 (T6/5#6営, p14)。

48) 天草で無煙炭鉱区を所有する大東鉱業は鉱業家の山本久顕が大正元年11月社長に就任,「創立の当初に於て山本久顕氏が鉱区を頗る高値に売付けたるが, 当社の固定の資産を割高ならしめ…重役は当社の前途に対しては絶望したるにや, 此際重役諸氏は自己の持株を売り放ち」, 辻川敏三が「最も猛烈に売り放つて其所有数を五分の一に減じ…辛うじて重役としての総株数を保つに過ぎず」(前掲『戦後の事業界と会社の内容』p218～9) とされた。

49) 『明治四十四年度大正元年度鉄道院年報』軌道之部, p21。

50) 「村山軽便鉄道敷設免許状下付申請書」大正2年12月14日, 東京府文書『土木・鉄道軌道』327-D4-13, 東京都公文書館。なお『新修杉並区史 中巻』昭和57年, p1415では一部営業開始説をとるなど詳細は不明な点が少なくない。

51) 『大正5年度鉄道院年報』軌道之部, p119, 『電気大観』日本産業調査会, 大正5年, p579。

52) 南条新六郎 (小石川区原町／群馬県館林町) は日本蚕具, 山東製油各監査役, 西武軌道取締役 (要 T9役中, p122)。

53) 志村保一 (赤坂区青山南町→牛込区弁天町) は寿栄銀行, 中外貯金銀行, 西武軌道各取締役 (重, p106), 池上電気鉄道監査役 (11年12月6日辞任), 戦友共済生命, 東京輸出メリヤス, 東亜貿易, 中外貯金銀行, 日本農産工業, 鮫湾商会各監査役 (帝 T11, p540), 勢和電気軌道発起人。

54) 八木恒三 (本郷区曙町) は江東護謨取締役, 西武軌道監査役 (重, p68)／類似の八木恒蔵 (新潟市大川前通十二番町) は池上電気鉄道発起人 (T5.5.18読売), 会社員,「信用程度不明, 資産約二万円ヲ有スル由」(大正2年12月25日「発起人身

元調書」東京府, 「鉄道免許 東京横浜電鉄〈元池上電気鉄道〉巻一」『鉄道省文書』大正 3～15年), 設立時に常務, 大正 6 年11月専務, 11年12月 6 日辞任, 東洋繊維工業（第 7 章参照）発起人。

55) 森泰樹『杉並風土記 中巻』昭和62年, p112。
56) 『杉並区史』昭和30年, p1541。
57) 永松達吾（芝区芝公園）は西武軌道, 電気製作各取締役（要 T9役中, p116)。
58) 土肥竹次郎（麻布区龍土町）は帝国農光園, 日本鉄機製作所各取締役, 西武軌道監査役（要 T9役上, p113)。
59) 岩田鐐三は明治35年成田鉄道整理事務を担当, 片岡辰次郎商店に入り, 大正 5 年 1 月独立して弘益商会を創立した（二四い, p33)。
60) 『鉄道百年略史』p135～6, 『杉並区史』昭和30年, p1541。
61) 前掲『杉並風土記 上巻』昭和52年, p50。
62) 東京朝日新聞編『経営百態』大正15年, p88。櫛笥隆督（荏原郡蒲田村御園）は明治 8 年 8 月25日生れ, 四条家の庶流の公家出身の子爵, 貴族院議員, お飾りの帝国公債社長（紳T14, p422)のほか天一坊に担がれた証券交換所監査役（要 T9役中, p220)、三十二銀行, 尼崎炭砿, 森電話工業各取締役。
63) 福木近平（本郷区駒込追分町）は明治 8 年 1 月15日広島県豊田郡大崎中野村に生れ, 広島で医師開業, 大正 2 年「業務を医員に委して単身上京して明治公債株式会社を創設し, 之が経営の任に当る…氏豪放にして磊落仁侠にして細事に拘泥せず, 好んで客を引き能く語り, 能く談ず」(名家フ, p33), 東洋シール監査役（要 T10役下, p25)。
64) 駒林広運は山形選出の代議士, 酒田鉄道取締役, 関東鉄道発起人, 仙台移民合資会社, 北海道砂金を発起, 「岡部派」の一員として大阪生命東京出張所長, 37年真宗信徒生命監査役, 38年大阪生命, 磐城炭山各取締役。
65) 伊東吉太郎（牛込区市谷谷町）は鉱業（商 T7, p13), 大正10年 2 月 3 日明治公債支配人に選任（T10.6.11官報付録, p5), 10年 4 月 6 日帝国炭砿林業取締役辞任（T10.6.17内報)。
66) 平能伊左衛門（高岡市上川原町）は先代開業の肥料塩魚兼漁業（商 T7, p61), 共立物産, 東洋絹織物, 高岡醤油, 高岡製氷各取締役（要 T10役下, p266)。
67) 藤田久信（富山県西砺波郡西五位村）は農兼会社員（商 T7, p45), 石動電気社長, 山城製針取締役（要 T9役下, p7)。
68) 細木松之介（京都市上京区下鴨松原町）は明治42年京大教授を辞し実業界に入り, 宝来温泉土地建物取締役（『財界人物選集』昭和 4 年ほ, p13), 岡山組（大阪市西区, 土木建築請負）社長, 日本陶料（京都）各取締役（要 T10役上, p128), 工学博士（T9.9.10鉱業)。

69) 北村政敬（本郷区駒込林町），彼の「代人タル」（質問，p15），「同郷の顧問弁護士」（大毎号外）で訳あり女性を預けた「東京の知合」（T10.6.5福日），大正肥料取締役（帝 T5職，p253），台湾証券交換所取締役（要 T10役下，p178）。
70) 『房総人名辞書』千葉毎日新聞社，明治42年，p400。北村拓氏の研究では村山軽便鉄道免許の過程で小林勝民が大正3年ごろ鉄道院を複数回訪問し種々陳情した事実が判明する（平成20年12月20日鉄道史学会例会報告）。
71) 台湾悟棲港は台湾中部の海岸線清水〜龍井間の海岸寄りに位置する大甲郡悟棲街の港湾開発。
72) 沢来太郎（仙台市北一番丁）は慶応元年10月15日生れ，雑誌新東北，仙台新聞等を経営，政友会代議士，明治43年には有価証券売買業・共益舎の蛯原兼吉らから代議士の議員歳費を差押えられている（『原敬関係文書　第二巻　書翰篇二』日本放送出版協会，昭和59年，p601）。借入先の蛯原の養弟萬吉は子爵松平武親に融資して旧居城の石見浜田城を抵当にとり，差押え自己競落して「松平家を食物にした悪者」（T12.6.17読売）と報じられた貸金業者であり，絶えず資金繰に窮していた沢の事情が推測される。なお沢はかねてより国有財産払下げを持論として「五十億の新財源」（T6.6.23R）を発見したと主張していた。
73) 伊藤喜代重（福島県伊達郡湯野村）は飯坂銀行，岩代興業各取締役（要 T11上，p14）。

第5章　庶民の預金を投機に賭けた「虚業家」

　本章では貯蓄銀行や生命保険などの正規の庶民金融機関がハイリスク選好者との緊密な接点を持ったことを契機として本来あるべき公益的性格が大幅に変容を余儀なくされ，庶民から運用を負託された預金・保険料等の資金が癒着関係の故に妄りに流用され，彼らの投機対象に投じられる事例を取り上げる。具体的には地方財閥「佐賀財閥」の共同経営銀行たる佐賀貯蓄銀行と，東京に本店を置く中央生命保険という相互会社形態の零細な生保の2社の事例である。本拠地も業態も系統も全く異にする2社に共通するのは田中猪作という「佐賀財閥」のアウトサイダーともいうべき"虚業家"の存在であり，本書の主役ともいうべき津下精一（第7章参照）も田中のパートナーとして登場する。後者の生保の場合は執行役員の機転で危うく田中の虎口を逃れたが，田中に収奪され尽くした貯蓄銀行の方は"虚業家"との共謀による架空預金事件の露呈を契機に遂には取付けを受け破綻の道を歩む。

　本章の中心人物である田中は貯蓄銀行，生保ともに自己の影響力の行使できる機関金融機関化を志向して種々画策するが，単純な株式取得による敵対的買収を敢行したわけではない。とりわけ株式会社でない中央生命にはそもそも買占めるべき株式が存在しないのだが，相互会社においても株式会社と同様に経営権がいかがわしい人物の間で金銭の対価を伴って転々譲渡を繰り返した事実を明らかにしたい。

Ⅰ．田中猪作

　田中猪作は佐賀県佐賀郡神野村に明治16年ころ生れ，「前県会議員で憲政会

に属し，議員中の雄弁硬骨漢として認められて居たが，大正八年農学校移転問題に際して自党の態度に慊ず中立となり，前年総選挙には第二区（佐賀県佐賀郡）より立候補の武富時敏氏と競争」（犯，p5）すべく，「大木法相及古賀氏の援助に依り其郷里佐賀県第二区に於て政友会公認候補」（事件，p24）となったが落選した。田中は落選後に上京，「家族を郷里佐賀県に残し，姪の某と麹町平河町六丁目に一戸を構へてゐた」（T10.5.26読売）とされる。

一方企業家としての面では福岡市橋口町に家業の田中猪作商店を営んだ（T7.7.29福日）。大正7年にはこの田中猪作商店内に創立事務所を置き，九州窯業を石村虎吉らと創立して専務に就任（T7.7.29福日）したのをはじめ，肥前煉瓦発起人・相談役300株主，日本電機鉄工初代監査役（T7.11.1実業），唐津興業，西肥窯業各取締役，九州電機鉄工，九州製鉄各監査役（要T9，役中p21），佐賀土地建物，九州農産各取締役，日本電機鉄工，富士硝子，喜和商事，東洋建築材料各監査役（要T10役中，p28），有田製磁監査役（帝T11，p10），亜細亜炭礦創立委員，大株致富信託賛成人（T9.12.18大毎）など九州地区を中心に多数の新設会社の発起に関係した。このほか帝国土地開拓[1]に現物出資する原計画たる有明湾埋立事業，福岡海岸埋築事業，黒崎炭坑（遠賀郡）などを個人事業として経営した。11年でもなお九州窯業，唐津水電興業各取締役，九州製鉄監査役（帝T11職，p220）を兼ねた。

結局「常に鉱山，埋立，相場等不安なる職業に従事」（T10.8.30法律）したとされた田中の本職は政治家としての顔をも巧みに活用する職業的な発起業者であり，福岡の金融街に立地した田中猪作商店は関係各社の創立事務，株式募集等を行う彼の投資業務のための本拠地であったと考えられる。しかし15年2月現在では多数存在した田中の兼務先は唐津水電興業取締役1社（要T15役上，p210）に激減，「其の前から鉱山や窯業会社等の事業に失敗したので選挙費用すらも未払の処多く，此の失敗と共に窮状に陥」（犯，p5）って，「細民の粒々辛苦の貯蓄機関たる佐賀貯蓄銀行を一朝にして踏みつぶし…たる悪党」[2]との非難も受けた田中の本質を日銀は「山師」（顛末，p268）的人物と見做したが，著者も「豪胆放縦の男で…入監中も少しも動ずる色なく平然として

益々肥満した」(犯, p5)田中を典型的な「虚業家」の一人と考える。

Ⅱ．佐賀貯蓄銀行

1．佐賀貯蓄銀行の破綻までの経過

(1)　佐賀貯蓄銀行の概要

　佐賀貯蓄銀行の佐賀県金融史上の意義は神崎実業銀行，古賀銀行の両行に先立ち，県内銀行連鎖的破綻の端緒となり，破産手続を受けた数少ない銀行という点にあろう。同行につき『佐賀銀行百年史』は2頁，『佐賀市史』は僅かに数行程度の記述（市史, p166）にとどまるなど，数少ない先行研究の中で本間靖夫氏は同行を佐賀財閥本流の御三家の共同経営と見做し[3]，神山恒雄氏も同行の取付・経営危機・破産を「佐賀財閥」系銀行の連鎖的崩壊現象の最初に位置付ける[4]。

　同行は日清戦後における貯蓄銀行熱を反映して（市史, p166）中野致明（第百六国立銀行，後述），伊丹弥太郎[5]（栄銀行），深川嘉一郎[6]（深川財閥，地所会社専務），古賀善兵衛[7]（第七十二国立銀行→古賀銀行）ら「佐賀市の重なる銀行関係者主宰の下に市内外の有志を糾合」（実勢, p36）し，伊丹らが明治29年10月30日「佐賀貯蓄銀行を企画創設して佐賀市民に貯蓄を奨励」（人物, p2）すべく資本金5万円（払込2万円）で設立され，29年12月7日佐賀市呉服町11番地で開業した（佐百, p674, 変遷, p292）。

　「昔時より密接の関係を有」（人物, p3）し，「事業界に活躍すること概ね歩調を一に」（人物, p3）した伊丹，深川両家は多くの企業で共同行動するなど地域社会で際立った存在であった（市史, p179）。したがって「佐賀市付近の公私に渉って少し重立った事業は片端から〈伊丹〉弥太郎氏の名を要し，其の記載と否とでは，事業其物の盛衰成否に関する」（将来, p864）ほどの名望家集団であった[8]。42年10月18日同業者の不動貯金銀行が佐賀市に代理店を開設し（佐百, p949），大正3年10月25日共栄貯金銀行（第6章参照）が佐賀市白

山町84に支店を開設（帝 T5, p4）した際にも，「佐賀県は歴史的に保守的なところで，県外から進出しくる金融機関にはすこぶる冷たく」（県経，p154）遇されたのに対して，伊丹，深川両家を背景とする佐賀貯蓄銀行は「佐賀市土着の貯蓄銀行として一般に相当信用を以て迎へられ」（実勢，p36）たのであった。

　日露戦争後に百六，古賀，栄の各行，地所株式会社信用部，佐賀県農工銀行，肥前貯蓄銀行の七行による手形交換組織に参加したが，その世話役は百六銀行が務めた（県経，p157）。佐賀貯蓄銀行は32年11月北方村に出張所を開設，41年時点では中川副村福富，久保田村徳万，北方村，武雄町，轟木村鳥栖に代理店を配置（日韓，p3），大正2年時点では牛津町が加わって代理店は6店となり，その後も「漸次代理店の数を増加して」（実勢，p36）7年6月現在で県内5郡に14店であった。商品面では2年時点では「貯蓄預金利息年六分，取扱金十銭以上」（案内，p33），5年3月に3年・5年満期の定期積金を開始した（実勢，p36）。

(2)　初代頭取中野致明

　佐賀貯蓄銀行の初代頭取になった中野致明（佐賀市赤松町）は旧佐賀藩家老の中野数馬の長男に生れ，明治16年旧藩主が関係する百六銀行支配人，18年同取締役に昇任，40年広滝水力電気社長に就任（県商，p4），「旧藩主及同郷の間に徳望信用を有し」（将来，p1000），伊勢講会のメンバーから30年佐賀商業会議所創立時の発起人・創立委員・定款起草委員となり，31年1月原口良輔（佐賀米穀取引所理事長）に代り2代頭に就任（あゆみ，p488），厚生舎舎主（日韓，p4），佐賀セメント取締役（実勢，p211），久留米電灯監査役（実勢，p195），肥前漁業相談役（帝 T5職，p141）などのほか，34年佐賀馬車鉄道[9]発起人となったのをはじめ県内企業を支援した。たとえば大正初期には「相互利害の関係を共にすべき性質を有するを以て」（T8.8.13佐賀）佐賀馬車鉄道と川上軌道両社の合併をあっせん（県経，p171），佐賀財界首脳として重要な役割を果した。また45年九州電灯鉄道の成立時にも佐賀側の持株を取纏め，

相談役の福沢桃介に働きかけ「本社を福岡とせば佐賀より社長を揚げんと唱へ」(M45.7.2佐賀)、伊丹弥太郎を社長に推す大役を果し、自らも初代取締役・監査役1660株主(実勢、p187)を歴任した。

百六銀行で「日々行務の実際に鞅掌して居」(将来、p920)た吉田久太郎が大正5年実業界を引退した「中野致明氏の後を襲ふて」(T10.2.15実業)、姉妹関係と見られた百六、佐賀貯蓄両行の頭取となり、6年2月佐賀商業会議所3代会頭にもなった。

『佐賀銀行百年史』は佐賀貯蓄銀行の人脈について「特に頭取は佐賀百六銀行から来たものが多く…佐賀百六銀行の姉妹銀行としての色彩を強め」(佐百、p674)たと指摘する。百六系が頭取、専務、支配人と執行部を形成する背景は、県内有力行による共同出資という佐賀貯蓄銀行の微妙な大株主ガバナンスの関係上、旧藩主が大株主であり、「佐賀財閥」各家とは独立し、比較的中立的な位置にある百六系の人物が各行の力学上すわりがよいからであろう。たとえば手形交換組織、佐賀商業会議所、地元鉄道統合等の世話役を百六がしばしば演じたのと同様に、佐賀貯蓄銀行でも古賀財閥の出資比率での優越性とは別に百六系が執行部を多数占め、あたかも百六の姉妹行の外観を呈したものと推測される。

(3) 二代頭取吉田久太郎

頭取の吉田久太郎(佐賀市松原町)は「資性謹直清廉にして識見高邁崇高なる人格は皆人の畏敬する所」(T10.2.15実業)と評された。吉田は慶応3年5月16日佐賀藩士吉田儀平太の長男に生れ、英吉利法律学校中退、明治27年12月家督相続、28年九州生命[10]設立時の取締役(T10.2.15実業)、31年百六銀行取締役兼支配人、43年九州電気監査役、九州電灯鉄道取締役、門司汽船発起人を兼ね、有田製磁を創立した。大正4年吉田は「故中野致明氏の後を襲ふて百六、佐賀貯蓄両銀行の各頭取となり」(T10.2.15実業)、6年2月佐賀商業会議所会頭就任(T10.2.15実業)、6年時点では肥前漁業副社長、佐賀百六銀行、佐賀貯蓄銀行、唐津築港、九州電化工業、深川製磁各取締役、九州電灯鉄道、深

川造船所，九州板紙各監査役（人T7よ，p45），6年5月では伊丹弥太郎と同額の博多株式取引所⑥130株主（九諸，p363），九州電灯鉄道1000株主（九諸，p188），九州窯業顧問（T7.7.29福日），厚生舎代表取締役④500株主（実勢，p110），深川製磁③100株主（実勢，p69），旧佐賀軌道⑤30株主・旧川上軌道⑤50株主（実勢，p76），肥前漁業副社長，佐賀百六銀行，九州電化工業，唐津築港，豊国セメント各取締役，深川造船所，九州電灯鉄道，九州板紙各監査役（要T9役中，p12），佐賀商工，九州農産肥料各相談役（T10.2.15実業）など多数の県内各社の役員・大株主であった。吉田は「一銀行の経営のみに満足せずして…門司汽船会社を起すなど見かけによらざる大活躍を為して，一時たりとも休む事なき有様で…活動的事業家の好模型好標本たるべき人」（将来，p962）と評された。しかし大正バブル崩壊後は全く情況が一変，「胃腸病にて臥床中の処，病勢一向捗々しからざる」（T9.12.21佐賀）吉田は大正10年1月13日闘病生活の末，心身衰弱で死亡した（T10.2.15実業）。

(4) 大正中期の役員と業績

　大正中期の佐賀貯蓄銀行役員は頭取吉田久太郎⑤90株，専務山口練一⑭20株（吉田久太郎の義弟，後述），取締役伊丹弥太郎⑭20株，深川喜次郎⑫30株，古賀善兵衛②120株，監査役大島貞七[11]40株，野中万太郎[12]⑭20株，支配人大中正澄（後述）⑭20株，大株主①古賀銀行307株／2,000株，②山口練一（後述）191株，③古賀善兵衛120株，その他73名1382株，株主人員76名であった（要T9，p3）。

　創立者の一角を占める古賀家は大正3年9月には古賀銀行支配人太田米三郎の活躍で杵島郡山口村の山口銀行（明治23年4月設立）を引受け，佐賀市松原町5に移転し肥前貯蓄銀行と改称した。古賀善兵衛自身が肥前貯蓄銀行頭取に就任し（市史，p166），「古賀銀行の預金吸収機関」（実勢，p48）としたから，直系貯蓄銀行と全面競合する佐賀貯蓄銀行との取引関係はむしろ相対的に希薄化したものと見られる。

　大正5年6月末の預金高49.0万円，貸出高38.6万円に対して，7年6月末の

預金高は82.0万円（5年6月末比33.0万円増），貸出高は64.2万円（同比25.6万円増）であった（実勢，p36）。大正期には毎期配当率10％を維持し，「五万円の資本金を以て能く八十万余円の預金を吸収」（実勢，p37）する点につき，『佐賀市史』は「相対的にはかなり率のいい資金集めをなしている」（市史，p166）と効率性を評価するが，それ以降の同行の動静には言及しない。

8年12月期では資本金5万円，払込金2万円，積立金17,500円，預り金1,157,502円（定期預り金149,418円，当座預り金169,353円，其他諸預り金815,752円），借入金141,750円，貸出金1,024,659円（手形及証書貸付841,856円，割引及荷為替手形179,802円），有価証券255,403円，預け金及現金70,173円，繰越及当期純益金23,924円（前期繰越金10,106円，当期純益金13,818円），諸積立金500円，賞与金556円，配当年一割1,000円，後期繰越金11,761円（要T9, p3，佐百，p675）であり，表面上だけでは「同行の業績は第1次大戦ころまでは順調に推移した」（佐百，p675）かのように一般に理解されていた。

(5) 反動恐慌による取付

『佐賀銀行百年史』によれば同行は「9年の反動恐慌の影響を受けたうえ，同行役員の乱脈貸金が発覚して，9年から10年にかけて預金の大量取付けの憂目にあった」（佐百，p675）とされる（乱脈貸金の内容は後述）。9年春には「財界動揺の影響を受け軽微なる取付に遭遇したるも幸に無事沈静」（T10.2.20B）したものの，9年の「年末より年初に掛けて再び預金の引出増加したる結果，専務取締役山口練一氏は責任を負ふて辞職」（T10.2.20B）した。2年間に預金残高は7割に激減したほどの大量取付けにもかかわらず，この間の地元『佐賀新聞』の同行関係の報道は極めて抑制的であった。おそらく佐賀新聞と同行との近親関係によるものかと推測される。『佐賀新聞』報道に依拠する『佐賀経済のあゆみ』でも，「これまでも佐賀県下の銀行取り付けが何回かありましたが，それは隣県各銀行取り付けのそば杖ていどで，たいした波瀾もなく処理され」（あゆみ，p221）たとし，昭和2年春「神崎実業銀行と古賀銀行の取り付けは佐賀県としてはいまだ経験したことのない重大事」（あ

ゆみ，p220）とするなど，先行した佐賀貯蓄銀行の取付けには言及しない。

取付けに加え，同行の支援団にもこの時期大きな打撃が加わった。すなわち義兄の佐賀貯蓄銀行頭取・吉田久太郎は臥床中で，9年12月20日その実弟・吉田光次郎[13]が病死，山口専務を支えるべき義兄弟はともに活動不能であった。10年1月13日吉田久太郎が死亡し，さらに同年3月10日同行監査役の大島貞七も京都で客死した（T10.3.12佐賀）。

商業登記によれば山口は同行取締役を吉田頭取死亡の直前の10年1月10日辞任，1月22日登記された[14]。したがって取付後に「山口練一を中心に，佐賀百六銀行ほか3行からの派遣を受けて再建に努めた」（佐百，p675）との『佐賀銀行百年史』の記述には疑問が残る。

(6) 支配人永倉義晴，百田郡一らによる整理

10年2月2日『佐賀新聞』に掲載された佐賀貯蓄銀行第49回営業報告では末尾に「尚支配人トシテ永倉義晴就任」と記載する。同行は根本的整理を要することとなり，九州電灯鉄道元久留米支店長の永倉義晴[15]を支配人に迎える一方，佐賀百六銀行ほか三行から行員を派遣して整理に着手した。10年4月末の佐賀貯蓄銀行の預金高は57.3万円（8年末比▲45.7万円），貸出高は156.1万円（同比＋53.6万円）という異常値[16]で，同業態の肥前貯蓄銀行は預金高377.5万円，貸出高153.6万円なのに比し，貸出高がほぼ同額なのに預金高では佐賀貯蓄銀行は肥前貯蓄銀行のわずか15.2％であり，10年1月11日から取付けも沈静化した（T10.2.20B）とはいえ9年末以来の取付けで預金半減した後遺症が残存していることがうかがえる。こうして佐賀百六銀行からの35万円もの資金支援に依存せざるを得ない状態であった。しかし百六自体も多額の不良債権に苦しみ，鍋島家に支援を要請するとともに日銀から小野好郎を常務に迎え入れていた時期でもあり，肥前貯蓄銀行への支援にも限度があったものと思われる[17]。

その後，10年6月ころ「津下の検挙と同時に田中の預金証書が偽造である事が発覚し，田中は間もなく佐賀検事局に召喚の結果，遂に収監」（T10.6.5福日）され，津下事件を契機に同行大口融資先の田中猪作との悪縁（後述）が露

呈した。報道を抑制していた『佐賀新聞』も10年5月28日「有力者田中猪作氏は佐賀貯蓄銀行の二十三万円の預金証書を偽造した事が判って逮捕さる」（T10.5.28佐賀）と田中の事件後の動静を初めて東京発で報道した。この偽造預金23万円は8年12月末の同行預金総額115.7万円の約2割に相当する巨額なものであった。

10年7月「製綿業を家業として…傍ら社会的公共事業に尽瘁」（人物, p121）してきた永倉支配人は僅か半年で,「今般家事の都合により退職する事となり, 其後任として農工銀行前支配人より厚生舎に転じたる同舎専務取締役百田郡一氏就任」（T10.7.7佐賀）した。永倉は同行支配人に就任する直前の9年12月1日『実業之佐賀』誌上に「私は地方の先輩縉紳に向って苦言を呈したいのであります。私は佐賀に生れ佐賀に死にます…縉士紳商として…世間の尊敬を買ひますのは徒らに宏壮の邸宅を構へ贅沢三昧に暮されるが為でありませぬ。社会公衆の為め努力を惜まざる行為あるためでありませう」（T9.12.1実業）として「佐賀軌道を経営せらるる地方縉紳諸君の憤怒に触れん」（T9.12.1実業）ことを覚悟の上で,「佐賀駅頭に立って中世史に見る如き旧式の馬鉄を見るに於て, 誰が羞恥の念に駆られぬ人があるででせうか」（T9.12.1実業）と旧態依然たる馬車鉄道形態に固執する佐賀軌道「会社を鞭撻」（T9.12.1実業）する持論を展開した硬骨漢でもあった。

永倉の同行支配人辞任の真意は不明だが, 彼のこうした佐賀市と佐賀商業会議所の共同提案を出発点とする佐賀軌道経営陣に苦言を呈する反「財閥」的な性格上, 同行整理を遂行する上で, 渋る株主に払込みを要請する必要があったが, 恐らくや大株主の「佐賀財閥」「地方の先輩縉紳」等との折合いがスムーズにはいかなかったのかもしれない。現に永倉の辞任後の10年11月20日を期限として第二回払込を株主に通知, 10年12月末の払込金は従前の2万円より2.2倍の44,885円となった。

後任支配人の百田郡一は明治4年佐賀市の百田儀八の長男に生れ, 佐賀県会計課勤務後, 36年佐賀農工銀行に転じ書記長, 支配人（日韓, p3）の傍ら, 船成金の福田慶四郎の主宰する佐賀水産取締役, 福多商会監査役を兼ねた。大

正8年大島貞七個人経営を転換した㈱厚生舎の創立時に，吉田社長の就任とともに佐賀農工銀行を辞して取締役兼支配人となり，同社の吉田社長・大島専務の没後に社長に就任した（人物，p107）。

百田は「世人より融通の利かぬ規律一徹の無愛想の誹りを受ける」（人物，p107）役人出身者であったが，佐賀貯蓄銀行の整理事務を進め，10年12月期には当期損失56,294円を計上した結果，11年12月末では支店数…，資本金5万円，払込4.5万円，積立金…，預金高は10年4月末の57.3万円から51.9万円払戻して僅かに5.4万円にまで圧縮され，一方貸出金は156.1万円から21.0万円回収して135.1万円となり，有価証券は6.8万円，当期純益金は▲3.5万円であった（佐銀，p40）。この間，同行から田中への貸出金回収に関連して，10年10月30日津下のパートナーである平林甚輔（第6章注19参照）が「田中猪作氏の所有に係る福岡海岸埋築権」（T10.10.31佐賀）の譲受と「福岡県遠賀郡黒崎炭山及び佐賀貯蓄銀行関係等に就いて交渉の為め」（T10.10.31佐賀）佐賀に来ているので，同年7月就任したばかりの百田ら同行側と交渉したものと考えられる。『佐賀新聞』が「人も知る如く平林氏は新進の大事業家なり。此人にして田中氏対貯蓄銀行問題につき誠意を以て臨まんとする以上，両者の為め真に福音と謂ふべし」（T10.10.31佐賀）と大いに期待する背景は，同行が田中から処分の困難な黒崎炭山・海岸埋築権などの難物を担保に徴求し，その整理が難航していたと推定される。13年まで百田は厚生舎社長の「傍ら佐賀貯蓄銀行の整理事務に貢献する所ありしが，最近…共同貯蓄銀行…支店長に就任」（人物，p107）した（2カ月あと佐賀貯蓄銀行は破産宣告を受けた）。

13年9月18日佐賀商業会議所は大蔵省の要請を受けた佐賀県と協議の上，「佐賀県銀行合併期成会」を設け，30余の地元銀行経営者と内々に話し合いをすすめて県内各行の合併を推進した（県経，p243）。したがって百田は西海商業銀行[18]を中心に相互銀行[19]，相知銀行[20]など好況期の放漫融資に起因する不良債権に苦しむ計6行の貯蓄部門の統合組織たる共同貯蓄銀行（本店唐津町，大正10年11月19日設立・開業）が12年9月「念願の県庁都市への進出を果」（佐百，p649）すべく佐賀貯蓄銀行が基盤とする佐賀市にも支店を開設する際

に,「宮島〈徳太郎共同貯蓄銀行〉頭取の切なる懇望を受け,遂に支店長に就任」(人物,p107)したものであり,収束に向かいつつある佐賀貯蓄銀行の顧客基盤の継承を目論んだ共同貯蓄銀行側の意図的な招聘人事と考えられる。

(7) 佐賀貯蓄銀行の終焉

佐賀貯蓄銀行は10年11月20日を期限として株式の第二回払込みを行い,「払込(一株ニ付金十五円)無之ニ於テハ株主タル権利ヲ失ハルベク」(T10.11.3佐賀)と公告した。11年9月日銀は同行解散に伴い救済融資が焦付く古賀,栄両行に特融を実施,13年11月26日佐賀貯蓄銀行は破産宣告[21]をうけた。同行の配当は債権総額992,050円53.1銭に対して,第二回(最終)配当額は8,001円46銭にすぎなかった(S6.10.8法律)。『月刊新聞佐賀評論』は「細民の粒々辛苦の貯蓄機関たる佐賀貯蓄銀行を一朝にして踏みつぶし」[22]た主犯格の田中を批判したが,主要な債権者の佐賀百六銀行の佐賀貯蓄銀行に対する融資35万円も最終的に回収不能となった(佐百,p675)。百六銀行も上記佐賀貯蓄銀行の整理と前後して,「貸金の回収意の如く整はず…之れが為め巷間種々の憶測を放ち,遂に一般取引者の不安を抱くに至」(人物,p45)り,11年役員更迭,減配,行員淘汰など内部整理に追い込まれている。最終的に佐賀貯蓄銀行は昭和6年12月22日解散した(佐百,p957)。

2．佐賀貯蓄銀行執行部と田中猪作の悪縁

以下,最終的に佐賀貯蓄銀行を破綻に導いた同行執行部と田中猪作との悪縁を見てみよう。

(1) 山口練一

山口練一(佐賀市与賀町)は明治元年11月20日「佐賀市に於ける刀圭界の名門にして,厳父故人山口練治氏又斯界の人として声望頗る高かりし」(実勢,p36)佐賀県士族山口練治の長男に生れ,36年家督相続,38年2月新しく佐賀商業会議所議員に当選(あゆみ,p497),佐賀百六銀行,佐賀貯蓄銀行,筑肥

軌道各取締役を兼ねた。吉田久太郎の妹ユキ（明治6年10月生れ）と結婚し，義弟となった（人T7や，p78）。山口は古巣の佐賀百六銀行から佐賀貯蓄銀行に移籍，取締役支配人として「未だ少壮の士で…徒らに語らず，其の語らぬ中に無限の覇気と雄弁とを蔵して居る…貯蓄銀行の事務に従事し，著実に同行の成績を挙げて居る」（将来，p1005）とされ，昇格後の専務取締役として「今や同行の経営は方寸一に山口練一氏の双手に委せられつつあるの状態」（実勢，p37）と評された。山口は7年7月28日田中猪作自身が創立事務を主導し専務に就任した九州窯業の初代取締役（T7.7.29福日）をはじめ，佐賀百六銀行，肥筑軌道，九州麻糸紡績，九州窯業，厚生舎，枝光鉄工所，佐賀商工，唐津興業，西肥窯業各取締役（要T9役中，p190），富士硝子取締役（実勢，p103），田中が監査役の東洋建築材料取締役（T10.3.12佐賀），田中が監査役の佐賀土地建物取締役（T10.3.10佐賀），佐賀軌道取締役（T8.10.1実業），唐津水電興業取締役（帝T11，p7），佐賀土地建物創立時の実行委員（T8.9.1実業），（新）肥筑軽便鉄道発起人（T8.4.1実業），佐賀商工発起人（T8.5.1実業），佐賀商業会議所議員（あゆみ，p507）等を幅広く兼ね，肥筑軌道③100株主（実勢，p122），佐賀米穀取引所②167株主（実勢，p192），九州麻糸紡績⑥500株主（実勢，p361），日本電機鉄工300株主（実勢，p54）などの有力株主でもあった。このうち九州窯業，富士硝子，東洋建築材料，佐賀土地建物では田中と，東洋建築材料，九州麻糸紡績，厚生舎では下村銓之助[23]と，佐賀商工では大中正澄と共通役員関係にあった。しかし厚生舎では10年4月15日藤山常一とともに辞任[24]するなど，ほぼ同時期に財界から身を引き，山口練一の名は大正末期の『帝国信用録』には記載がない（帝信T14，p7）。

(2) 大中正澄

大中正澄（佐賀市松原町）は慶応3年生まれの旧佐賀藩士で，「佐賀百六銀行に勤務する事多年，同行の為めに尽せし処尠なからず。大正四年佐賀貯蓄銀行支配人に任ぜられ，爾来今日に及べり」（実勢，p36）といわれ，山口と同じく百六からの転籍行員であった。「百六銀行は云はば佐賀藩主の銀行である

関係から，其の重臣が重役となって居る」(将来，p920)姿が姉妹銀行にも投影されたものといえる。田中猪作自身が専務に就任した九州窯業の創立総会では検査役に選任され，田中らが実施した創立事務の「審査の報告を為し」(T7.7.29福日)たほか，5年時点では肥前製紙監査役(帝T5, p16), 9年時点では肥前製紙，佐賀水産各取締役，佐賀商工監査役(要T9役上, p148), 佐賀市水ケ江町で「常設活動大勝館を直営せる」(T8.8.5実業)活動写真営業の佐賀フィルム[25]相談役(T8.8.5実業)から監査役(実勢, p130), 佐賀商工発起人(T8.5.1実業)，さかえたび筆頭取締役(要T9, p6)等を兼ね，厚生舎100株主，日本電機鉄工100株主(実勢, p54)であった。大中は「其の社交に至っては実に多方面なるも，而かも一人の敵無く」(実勢, p36)と評されていた。大中は15年2月現在では九州農産肥料取締役に在任(要T15, p7)しているが，大正末期の『帝国信用録』には記載がない。

(3) 田中猪作との共同謀議

予審決定書によれば，山口練一頭取，大中正澄支配人らは佐賀貯蓄「銀行の枢機を握り居たる関係上，自然融通の利く地位にありしより，戦時の好況時代，平素親しき間柄にありし市外神野村田中猪作と相謀り，銀行の金を融通して各種の事業に手を出し以て後日の成功を夢みた」(T10.7.27佐賀)とされる。佐賀県では百六の中野初代頭取に関しても「現に百六銀行の如きは，君敢て大株主と云ふにあらずして，而して能く頭取の任にあり」(県商, p5～6)と評されたような人望ないし藩閥による経営者支配が顕著であった。県内各行の共同出資銀行の専門経営者である山口らは，中野と同様に持株は極めて僅か[26]な上に，非百六側の他行からみればライバル百六出身者としてその利益代表とも見做され勝ちであろうから，その立場は極めて微妙であったものと推測される。地元関係者を多数取材した5年刊行の『九州の現在及将来』は山口を「氏は〈佐賀〉貯蓄銀行の事務に従事し，著実に同行の成績を挙げて居る」(将来, p1005)と高評価するが，大株主［＝非百六のライバル行］の掣肘から離脱し，経営者支配を確立するためには大株主にあれこれ文句を言わせないほどの目覚

ましい業績を挙げねば…といった心理的な圧力が、ともすれば田中と共謀し「銀行の金を融通して各種の事業に手を出し以て後日の成功を夢みた」（T10.7.27佐賀）という過度の積極拡大策に彼らを駆り立てた原動力になったものと想像される。同行は5万円（払込2万円）の「資本金を以て能く八十有余万円の預金を吸収し…利回の良好を贏ち得しむ」（実勢、p37）と評されたように、過少傾向にある払込資本に対する純益率は7年上期に22.3％に達するなど、表面的には「逐年預金の増加と共に業況順調裡に推移」（実勢、p36）すると地元では高く評価されていた。

(4) 大正バブル崩壊による一派の没落

8年末の山口の人物評にも「輓近地方事業界の発展に伴ひ、大に活躍する処あり、今や川上軌道、肥筑軌道、九州麻糸紡績、九州窯業等の諸会社に取締役として推され、当地実業界に大呂の重きをなせり」（実勢、p36）とある。九州窯業の創立を報じた地元紙には「北九州が一大工場地と化し、近く東鉄、日本製鉄等の創設さるるあり、延いては…益々会社の事業は有望にして年五割の配当は決して難事にあらざる可し」（T7.7.29福日）とあり、大戦景気の最中に同社発起人たる田中、山口らが破天荒の「年五割の配当」を対外的に標榜するほど超強気であったことをうかがわせる。7年6月期の佐賀貯蓄銀行の株券担保別貸付金36.8万円は全体の67.4％も占めており（実勢、p36）、同時期の百六銀行の42.4％（実勢、p33）、唐津銀行の56.0％（実勢、p12）等に比し格段に高かった。担保株券の個別銘柄は未詳ながら当時田中、山口らが発起人・役員等として相次いで関与した新設企業株式等を積極的に担保として徴求したことの反映かと考えられる。

一方、「九州各地では一時驚くばかり土地熱が勃興し…土地ブローカーは福岡市のみでも好況時は約千名内外」（T10.9.9福日）と報じられたほど、「九州随一の土地熱」（T10.9.9福日）に沸いた門司・若松・洞海湾を中心に不動産への思惑が劇甚であった。土地熱の波及で「佐賀市一流の資本家…の多くは土地に投資し、家屋に投資するに急にして…碌々として消極的の土地家屋の投資

第5章　庶民の預金を投機に賭けた「虚業家」

に於て，高き利回りの尻拭ひをなす」（将来，p731）と評されたように，山口らも当時佐賀に蔓延した土地熱に煽られる形で，数名の佐賀貯蓄銀行幹部行員ともども，「土地売買其他に手を出し」（T10.7.27佐賀）た。こうして大正バブル期の起業ブーム・土地熱という「好況時代余りに調子に乗り過ぎ」（T10.7.27佐賀），盛んに同行の資金をハイリスク分野に相次いで投じたものの，9年以降の資産価格の大暴落に遭遇して「俄然不景気の打撃を蒙」（T10.7.27佐賀）った。9年12月現在での熊本税務監督局の調査によれば九州全域で「基礎の薄弱なるもの所謂泡沫的のものは相踵で破綻を暴露して解散の止むなきに至れるもの多々あり」（T10.7.27佐賀），破綻に近い会社も109社に達していた。佐賀でもこうした「気息奄々の群小会社が蠢動して居る…彼の戦時成金会社と称するものが…今日の経済的萎微消沈…立ち行く会社も立ち行けなくなり，創立間もなく解散等の悲運に会したものも少くない」（T10.7.1実業）と指摘された。いくつかの佐賀県内の破綻例を挙げると，①西海製紙は9年3月以降に「手持原料の大暴落に逢着し，多大の打撃を蒙り，遂に大正十年八月…一時操業を休止」（人物，p44），②10年佐賀財界共同出資による佐賀土地建物（田中らが取締役）は清算に入り（T10.4.10実業），③百六銀行出身の船成金の福田慶四郎[27]らによる海運業の朝日商会は「欧州戦乱当時には海運界好況の為め相当の利益を獲得」（人物，p12）したが，「大正九年後の財界不況に伴ふ海運界の不振と共に尠からざる打撃を蒙り」（人物，p89）大幅減資に追い込まれ，④橋本汽船部（下関）を創業した貸金業の橋本栄治も金銭貸付業で8年には1,704円の利益を出していたが（通覧，p1195），「大正九年に至り…関係事業の為め全財産を蕩尽し其の地位を失脚」（人物，p106）した。姉妹関係にあった佐賀百六銀行も「大正九年以来の財界変動に依り貸金の回収意の如く整はず，稍もすれば金融の円滑を欠く」（人物，p45）とされた。

　当然ながら佐賀貯蓄銀行でもこうした株式・土地・船舶等の資産価格の暴落による戦時成金らの急激な没落傾向が同行の財務内容に大打撃を与えた。公判で判明した大口貸付先としては田中猪作名義の20万円，山口練一名義の22万円，大中正澄名義の7万円をはじめ，「其他無計算に貸付たる金額の回収困難とな

り，自然銀行資金の欠乏を来したるより，一時の弥縫策として定期預金証書及び為替手形等の偽造を試み，之を他に担保として金員を借用し以て債務に充当せんと計り」(T10.7.27佐賀)，頭取「〈山口〉練一及び重役は田中猪作が常に鉱山，埋立，相場等不安なる職業に従事し，而も当時何等回収の見込みなきに拘らず田中猪作と共謀の上」(T10.8.30法律)，巨額の預金証書を次々に偽造して当面の金策に充てたとされた。その後「田中猪作氏は佐賀貯蓄銀行の二十三万円の預金証書を偽造したことが判って」(T10.5.28法律)，「私文書有価証券偽造行使詐欺等の重罪を冒し其害毒を中央生命に迄及ぼさんとした行為が発覚」(T10.8.30法律)したことは本章後半（Ⅲ．中央生命）で後述の通りである。

　初代頭取の中野致明も「武士的精神を以て活動し，武士の道徳を以て実業界に応用せるの潔士」(県商，p6)との評が定着しており，中野以降の鍋島直系の百六＝佐賀貯蓄人脈は葉隠精神を継承する「藩士族の堂々たるもの」(将来，p920)と世の尊敬を集めていた。「口を開けば…〈藩主〉閑叟公は佐賀藩の財政に快刀乱麻を断つた人」(将来，p1005)などと藩主を礼賛し，「青年の血を湧かす様の事を言ふ」(将来，p1005)山口も「現代実業家中稀に見る清廉の士なり」(実勢，p36)と見られていた。同僚の大中も「謹直誠実なり，居常刀剣を愛し斯道の博識を以て知らる。亦古武士の遺流」(実勢，p36)との評もあった。しかしこうした「何処かに武士気質が閃いて居り，世の所謂士魂商才と云った様な型」(将来，p920)との世間の同行への「堅い士族銀行」との期待感とは内実は大いに相違し，「破綻百出の因を為し，遂に刑事事件を惹起するに至」(T10.7.27佐賀)り，「疑獄事件として世人の注目を惹」(T10.7.27佐賀)き，そろって「佐賀監獄未決監に収監」(T10.8.2佐賀)された最悪の結末を迎えたのであった。

(5)　公判で暴露された一派の爛れた癒着関係

　佐賀貯蓄銀行事件は10年7月予審が終結し，佐賀地裁の公判に付せられ，第一回公判は当初「来る〈8月〉三十日午前八時当地方廷に於て開廷の筈」

(T10.8.2佐賀)であったが,大幅に遅れ11月11日佐賀地裁内藤裁判長係りで開かれた(T10.11.12佐賀)。公判では「内藤判事より山口を初め各被告に対し事実の訊問ありたるが,大体に於いて予審決定同様之を是認し」(T10.11.12佐賀),翌日も事実について7名の被告は「大体に於いて予審決定の事実を是認」(T10.11.13佐賀)した。少なくとも以下の十件余(発生順)が「予審決定理由書」(T10.8.30法律)の中で一派の癒着関係として世間に公表された。

① 8年11月1日佐賀貯蓄銀行「頭取山口練一並に同銀行重役外四名と共謀して…五万円の預金あるかの如く装ひ五万円の預金証書を偽造発行…田中は是れを種に」(T10.8.30法律),長崎市の高利貸東秀保[28]から三万七千五百円余

② 9年1月5万円の同行預金証書を偽造し嘉穂銀行(頭取麻生太吉)から44,379円

③ 9年3月2日2万円為替手形を偽造し久留米市の金貸業中西一[29]から19,702円40銭

④ 9年5月1日同行支払保証ある10万円の為替手形2枚を偽造し大阪市の金貸業木原,千楯両氏に裏書を依頼

⑤ 9年5月25日1万円の手形を偽造し佐世保市の中村芳太郎[30]から9,710円

⑥ 9年6月4万円の同行為替手形2枚,3万円の為替手形1枚,合計11万円を偽造し朝鮮銀行東京支店から99,000円(田中の中央生命入社の運動雑費に充当)

⑦ 9年6月20万円の同行預金証書を偽造し,これを担保に津下精一から15万円(うち3万円は収入印紙で受領)

⑧ 9年10月7日「田中猪作の振出,佐賀貯蓄銀行専務山口練一裏書,返済期限十一月三十日日付の十五万円為替手形で津下の手から現金で十三万円」(T10.8.6大毎)

⑨ 9年11月15日東京常盤商会[31]に8万円の為替手形を振出し42,500円

⑩　9年12月19日妹尾商業銀行[32]から4万円（T10.8.30法律）
⑪　「同行員代居猪吉[33]，同北島富一[34]…西村清治[35]の三名と土地売買其他に手を出したる負債の窮策として定期預金証書の偽造を為し，数回に亘り有ゆる手段を講じて数万円の大金」（T10.7.27佐賀）

　　以上①〜⑪の金額を予審では「騙取」（T10.8.30法律）したと認定
⑫　亜細亜炭礦創立委員の田中が8年11月同行に5万円の定期預金[36]

　これらの諸行為のうち中央生命に関連する⑥，⑦，⑧の背景については次項で詳述する（⑫の亜細亜炭礦は第2章参照）。

III．中央生命

1．中央生命の設立と増田ビルブローカー銀行による買収

　中央生命保険相互会社[37]（以下単に中央生命と略）は明治44年12月池田寅治郎，山崎知遠，小野金六，鈴木梅四郎，馬越恭平，小倉常吉，田岡忠次郎，山岸喜藤太，近藤賢二，桜井三右衛門，樋口登久治郎，小出五郎ほか十数名を発起人として発起認可を出願，大正2年5月26日発起を認可された[38]。2年10月19日ころ中央生命は創立総会を開き（T2.10.20読売），基金50万円の相互会社として，前田利定を代表者として事業免許申請した（T2.11.17東日）。前田利定は「其所志国力増進，民力振暢に在るを以て夙に実業界に志望する所あり，是を以て中央生命…創立せらるるや社長と為りて理想的経営に腐心」（大正，p562）したとされる。

　中央生命は大正2年12月の開業時より財界不況の影響を受けて成績が振わず，5年まで毎年欠損続きであった。その後報徳銀行からの支援を得て支配人の安田寿也が常務に就任，一時業績は好転したかにみえた。8年11月前田社長，黒田清秀取締役以外の役員が全部改選され（T8.11.24読売），安田常務は2年で辞任した。この時増田ビルブローカー銀行（以下単に増田銀行と略す）社長の増田信一[39]らは同行の協力機関として「保険会社ヲ利用セン」（顛末，p268）

との目的で中央生命の基金1,600口（一口50円払込）を出資した。基金証券の名義は表面上「増田信一ナレドモ事実ハ〈増田〉銀行ノ引受クルモノ」（顛末, p268）であった。増田信一は本拠とする投資銀行の増田「銀行経営の側ら，保険会社経営を必要とし中央生命保険相互会社を同氏の系統にて経営すべく画策し，遂に中央生命の社長前田利定[40]氏に金十五万円を贈与し，増田系統より重役四人を出」（T10.6.12内報）そうとした。こうして8年11月専務に矢野寅一[41]が就任したほか，新たに増田信一，菅原通敬[42]，桑山伊作[43]，尾崎庄兵衛[44]が取締役に，矢野荘三郎[45]が監査役に就任，一派で重役陣を固めた（T8.11.24読売）。日銀は「増田信一等一派ノ重役ハ最初ヨリ真面目ニ保険事業ヲ経営スル意志ナク」，「同社ヲ利用セントスル山師」（顛末, p268）と見做している。

　主務省から強く求められている中央生命の欠損填補を行うことが経営権譲受の条件となったため，「増田信一，桑山伊作，矢野荘三郎ニテ中央生命ヲ乗取リ経営スルニ当リ，同社欠損填補ノ目的ヲ以テ増田銀行ヨリ増田及ビ桑山両名ガ手形関係者トナリ信用ヲ以テ二十五万九千円ノ借入金ヲナシ，更ニ矢野振出手形ニ増田銀行東京支店ガ裏書ヲナシ，矢野ハ川崎銀行ニテ右手形ヲ割引シ，都合三十四万七千円ノ資金ヲ調達セリ。右ニ対シ〈中央生命〉会社ハ増田銀行ヘ会社名義ニテ十八万余円ノ通知預金ヲナシ，別ニ桑山，増田等ノ借入金ニ対スル見返ノ意味ニテ国債額面十五万余円ノ保護預ケヲナシ」（顛末, p267〜8）た。表面的に欠損填補したように装うための複雑な貸借関係の解消を巡り，後に増田銀行と中央生命との間で訴訟に発展した。すなわち中央生命が増田銀行に対して預金返還訴訟を起した際に中央生命側では欠損填補のための「相関連スル貸借関係」（顛末, p268）であるはずの「増田信一氏振出し，桑山氏も之れに裏書して，原告銀行に於て之れを割引した」（T10.6.12内報）支払手形には言及せず，単に「中央生命にては同行東京支店に右金額〈33万円〉を預金し居りし」（T10.7.6保険）と預金返還のみを一方的に求めた。しかし桑山の証言によれば，「前記の手形は右の如き事情の下に之れが資金として増田信一氏振出し，桑山氏も之れに裏書して，原告〈増田〉銀行に於て之れを割引した」

（T10.6.12内報）一体関係の不可分の一構成要素であり、増田銀行への預金と増田側からの中央生命への欠損補填は交換条件として関係者間では暗黙の了解の下にいわば「両建て」となっていたと考えられる。

2．増田ビルブローカー銀行の破綻

ハイリスクを選好する、いわば日本版「投資銀行」たる増田銀行は大正初期の大戦景気で「事業熱の旺盛なるを幸ひ、従来各方面に多大の資金を投資し入りたる処、過般来金融引締りの傾向顕著にして、財界反動期に入るや資金の欠乏を訴ふる事甚だしく」（T9.4.8大毎）、大正バブル崩壊直後の大正9年4月7日銀行の手形交換尻決済不能に陥り、バブル崩壊後の倒産銀行第一号となった。増田「銀行は昨〈9〉年の財界変動に際し大なる痛手を負ひ引続き窮境に陥りたるより、整理の意味にて東京支店を閉鎖し、本店は支払停止の状態」（T10.7.6保銀）にあった。増田銀行の増田社長は破綻直後に日銀応接室で、「今日の結果を招いたのは一つは責任者の私が銀行業者に適しない粗笨な頭であった事、二つは業務が或領域を越えて余りに派手であった事、此の二項をつくづく感じました…今日の原因は無論中華企業株の手違ひや、三十四銀行の増資株の不消化にも依りますが、直接の原因は機関商店の速水が私に無断で矢野鉱業の株を一万二三千株も抱いたことにあります」（T9.4.8大毎）と破綻の原因を、機関店（今日の証券子会社）での矢野鉱業など一連の無謀な引受など証券業務兼営にあると告白した。こうして「増田信一等一派ノ重役ハ最初ヨリ真面目ニ保険事業ヲ経営スル意志ナク、単ニ保険会社ヲ利用セントシタルニ過ギザレバ、幾何モナク失敗シ、増田ノ破綻ヲ動機ニ前記重役ハ辞任スルニ至」（顛末、p268）ったと日銀では観察している。

9年時点の中央生命重役は社長前田利定1,000口出資、専務矢野寅一、取締役増田信一、菅原通敬、桑山伊作1,000口出資、黒田清秀、取締役兼支配人尾崎庄兵衛、監査役三觜舜太郎[46]、前田利功、矢野荘三郎、相談役早川千吉郎500口出資、顧問粟津清亮、非役員基金拠出者小倉常吉ほかであった（七回報T8.12, p3）。

形式上だけの欠損補填を受けていることの代償として中央生命は密かに「増田銀行へ会社名義ニテ十八万余円ノ通知預金ヲナシ，別ニ桑山，増田等ノ借入金ニ対スル見返ノ意味ニテ国債額面十五万余円ノ保護預ケヲナシ」（顛末，p267〜8）ていた。しかし増田銀行の破綻で中央生命は「増田ビルブローカー銀行に三十四万円の預金を有し，同銀行の破綻に逢ひ，コレが回収に困ってゐた」（T10.8.7大毎）ため，「茲ニ於テ尾崎〈庄兵衛〉一派ノ残留セル重役ハ前記桑山ノ借入金，矢野ノ裏書手形ト会社ノ通知預金及保護預ケトハ全然無関係ナリト主張シ」（顛末，p268），「同銀行に対し再三預金償還の交渉を重ね」（T10.7.6保銀），「屢々預金ノ払出シ保護預ケノ返戻ヲ強硬ニ迫」（顛末，p268）った。しかし増田側では中央生命への欠損補填と問題の預金・保護預けとは「全ク相関連スル貸借関係ナレバ別個ノ決済ニハ応ジ難シト主張シテ，預金及保護預ケノ返戻シヲ拒絶シ相方睨合」（顛末，p268）になるという全面対立関係に陥った。

　中央生命の8年末の基金拠出者名簿では桑山伊作1,000口，増田信一200口であった（七回報 T8.12，p9）。翌9年末では桑山，増田は該当なく，田中が1,200口，6万円を拠出（八回報 T9.12，p6）しているから，桑山，増田の基金証券1,200口（大正9年中の移動1,799口中の66.7％）を田中が承継したことが判明する。後に増田とも仲間割れした桑山は，「増田氏は中央生命に対する前記権利義務一切を桑山氏等の反対あるにも拘はらず，之を田中某に譲渡して後，田中某は不正手段を以て中央生命乗取りを謀」（T10.6.12内報）ったのであって，反対した桑山としては田中問題では「徳義上何等の恥づる所なし」（T10.6.12内報）と主張した。

3．田中猪作の中央生命乗り込み

　「財界変動の為め…辞職した」（T10.8.30法律）増田一派の後釜を狙う田中のため，9年の総選挙に際して援助した法相の大木遠吉（佐賀藩士の長男）が「佐賀藩の関係で識り合の間柄」（T10.8.7大毎）のため中央生命入社の際にも田中の推薦人となった。大木法相からの，「相当財産もある新進の実業家で人

格も立派な人だとの口添へ」(T10.5.2読売)に，中央生命は重役候補の田中を「スッカリ信じ切って」(T10.5.2読売) 9年5月1日増田とも関係の深い元代議士の「荻野芳蔵ノ仲介ニテ増田銀行対中央生命ノ貸借関係ヲ解決スルニ要スル資金ヲ自ラ出資スルコトノ条件付」(顛末，p268)で，ここに「田中猪作は初めて中央生命に入社，専務の椅子を占めた」(T10.8.30法律)のであった。こうした背後の段取りが完了した後に，増田信一が5月20日取締役を，5月23日矢野荘三郎が監査役をそれぞれ辞任，7月30日桑山伊作が任期満了で取締役を退任した(八回報，p16，T10.4.21官報付録)。7月31日前田社長は「保険関係記者を赤坂三河屋に招き，社業の状況を報告し且つ懇談」(T10.1.1保通)した。10月23日残りの矢野寅一，菅原通敬も取締役を辞任した(八回報，p16，T10.4.21官報付録)。

　増田一派の全員退任を受け，11月9日かねての手筈通り田中猪作を取締役会で専務に互選した(八回報，p16)。当時の業界紙の受け取り方は11月9日「中央生命重役間に大更迭あり。田中猪作氏入って専務に就任す」(T10.1.1保通)といった程度の軽い認識であった。11月20日の『保険銀行通信』は「中央生命にては十一月九日午後三時より本社楼上に於て臨時評議員会を開き，取締役桑山伊作，監査役三觜舜太郎，同前田利功の三氏は任期満了に付き改選を行ひ，次で取締役一名(増田信一)，監査役一名(矢野荘三郎)の補欠選挙を行ふ由なるが，後任は略決定し居る由」(T9.11.20保通)と，なぜか主役のはずの田中の名前抜きで報じた。中央生命側でも正体を完全に把握し切っていない新パトロン・田中の登場をなるべく抑制気味に発表したいという気持ちが働いていた可能性もあろう。9年11月25日の『保険銀行通信』は取締役に本多忠鋒(子爵)[47]，奥平昌國[48]，山口練一，監査役に萩亮を選任したとして，「右の結果中央生命は基礎地を一新せしものにて，今後の活躍振りは大に張目熟視するに足るべし」(T9.11.25保通)と報じた。11月27日の『保険銀行時報』も「時々の重役の更迭に際し一伸一張の状態にある同社は今期重役の更迭と共に最も積極的方針を以て先づ新契約の獲得に全力を傾注し，以て社礎の安全を計るを第一とし，次で内外の刷新を施すべき計画なり」(T9.11.27保銀)と報じ

た。中央生命は新任重役の挨拶と披露を兼ねて11月26日夕刻「赤坂三河屋に保険関係の各雑誌通信社主を招待」(T9.11.25保通) した。こうした業界紙記者の招宴は当時の慣行でもあり、新重役への期待記事は招宴への返礼の決まり文句でもあろう。

4．田中猪作と津下精一の提携

　6月末地元の佐賀貯蓄銀行などから融通を受けていた「不正手形証書の返済期となり，其利子莫大な所から其支払に窮した〈田中〉猪作は，身の危険を慮り，大木法相，古賀前拓殖局長官，前田利定子〈爵〉等の関係を辿って上京し，陶々亭を根城に，中央生命保険相互会社の枢要の地位を占めて会社の金品を佐賀〈貯蓄〉銀行に融通せんとの悪心を起せしが，入社のためには多数の金子入用なるため」(T10.8.30法律)，「中央生命に入社するには株券〈基金証券の誤〉の必要があり，十四五万円を要する」(T10.8.30法律)とされた（〈　〉は引用者)。上記のように無事念願の中央生命入社を約束されたものの田中の資金繰りは相変わらず火の車であった。

　中央生命前田社長と津下は香港取引所創立の件で既知の間柄であったと思われるが，田中を津下に仲介したのは亜細亜炭砿（第2章参照）の創立でも名前が出た高橋賢造，西沢四郎ら (T10.6.5福日，T10.8.7佐賀) 津下に取入る金融ブローカー的な「策士連」(T10.8.6大毎) とされる。この時田中は初対面の津下に向って，「若し自己〈田中〉の希望するが如く前田子爵の経営に係る中央生命保険相互会社に入社することを得ば，同社の資金二百万円を引出し提供すべき」(事件, p24) を約束したとされる。こうして同類としてお互いに意気投合した「津下と田中はカノ有明湾埋立事業を共にせんとするに当り，双方事業経営に就き資金の互助契約を結び」(T10.8.7大毎)，田中は「自分は近く大木法相，古賀拓殖長官の紹介で中央生命保険会社の専務取締役に就任する事になってゐるから，其時は君〈津下〉が香港の株式取引所を設立するに就いて要する資金二百万円を中央生命から立替へる事にすると棚の牡丹餅を匂はせ」(T10.8.6大毎) た。結局田中は「同人所有の九州有明湾埋立権を担保と

して十三万円の借用を申込み,〈津下〉精一が之に応じて現金及収入印紙取交ぜ該金額を交付」(事件, p24) したとされる。9年6月田中は佐賀貯蓄銀行専務で中央生命取締役をも兼ねる山口練一と共謀し, 20万円の同行預金証書を偽造し, これを担保に津下から15万円を騙取, うち3万円は収入印紙で受け取った (T10.8.30法律)。津下から現金と印紙を併せて約15万円を借り出すことに成功した田中はこの資金で「不正手段を以て中央生命乗取りを謀り」(T10.6.12内報), 増田らの名義の基金1,200口, 6万円を肩代りし (八回報, p6), 「大木法相の推薦に依り該保険会社の株券〈基金証券の誤〉を購入すると共に其専務取締役に就任した」(事件, p24) のであった。日銀によれば「昨〈9年〉秋田中猪作ハ荻野芳蔵ノ仲介ニテ増田銀行対中央生命ノ貸借関係ヲ解決スルニ要スル資金ヲ自ラ出資スルコトノ条件付ニテ同社ノ専務ニ就任」(顛末, p268) したのだが,「恰も当時同社は増田ビルブローカー銀行に三十四万円の預金を有し, 同銀行の破綻に逢ひ, コレが回収に困ってゐたので, 田中はソレを肩代りして重役たり得ることになった」(T10.8.7大毎) のが真相であろう。

5. 田中猪作と中央生命との確執

田中は計画通り中央生命専務に就任したものの, 手元不如意のために約束した増田側との貸借関係解決の「金が出来ず, 津下から借らうにも右の十三万円を期限に返してないので津下が信用せぬ」(T10.8.7大毎) という八方塞がりの窮境にあった。10年初の段階では田中専務にはもはや信用力がなく, しかも世評芳しからざる「危険人物である事が判明したので, 同社では辞職を勧告をした。其の時同人は亜細亜炭砿を創設しやうとしてゐた矢先なので, 暫く猶予して呉れと懇願」(T10.5.26読売) したという。10年2月24日中央生命側は取締役支配人の尾崎庄兵衛を常務に, 三觜舜太郎を常任監査役に互選し (九回報 T10.12, p17), 辞職勧告に応じない田中を尻目に,「内外の陣容を一新」(T10.3.13保銀), 着々と事実上のポスト田中体制の構築に乗り出した。

日銀によれば「田中モ増田信一同様同社ヲ利用セントスル山師ニテ, 到底如

斯資金ヲ調達シ得ル実力ナク，遂ニ増田関係ヲ解決シ得ズ，仍チ同社旧重役ハ田中ニ欺カレタコトヲ感知シ，田中ニ向テ速ニ資金ヲ調達シテ増田関係ヲ解決スルカ，若シ調達出来ザレバ専務ヲ辞任スベヒト強硬ナル態度ニ出タレバ，田中モ無拠諸方面ヘ資金調達ニ奔走シタレドモ，結局効果ナク同社モ今日トナリテハ彼レヲ大ニ持テ余シ居レリ」(顛末，p268) とし，中央生命の支配権獲得を巡る醜い実態を以下のように把握している。

「何分増田，矢野等ハ今日無資力ナレドモ，桑山ハ相当ノ資産アリ，増田銀行ヨリ強硬ニ迫ラルル時ハ結局責任ヲ果タサザル可カラズ。仍テ若シ田中ガ解決ヲ付ケザレバ自ラ再ビ中央生命ニ入リテ経営ノ任ニ当リ，責任ヲ以テ増田関係ヲ解決スベシト云ヒ居レリト云フ。最近ノ情報ニヨレバ田中ハ全然望ミナキガ如クナレバ，桑山ニ対シ強硬ニ迫リ，彼レヲシテ解決ノ途ヲ講ゼシムルヲ最善ノ策ト考ヘラレツツアリ。而シテ桑山ガ仮リニ増田関係ヲ引受クルトシテモ，彼レハ矢野手形八万八千円ハ責任ナシト云ヒ居ル模様ナレドモ右手形ニ就キテハ桑山，増田，矢野三者ノ間ニ共同責任ノ契約アル由ナレバ，増田銀行トシテハ之レヲ桑山ニ責任ヲ持タセル予定ナリ。尚又増田銀行ハ増田信一ニ対シ，中央生命基金千六百口（一口五十円払込）ヲ担保トシテ八万円ノ貸付金アリ。右ハ増田信一名義ナレドモ事実ハ〈増田〉銀行ノ引受クルモノナル由ナレバ基金モ多少ノ損失ハ被ルトモ右ノ関係ト一括シテ始末ヲ付ケル予定ナリ」(顛末，p268)。

中央生命では3月1日新任常務の尾崎庄兵衛，新任の常任監査役三觜舜太郎両重役が「新任披露の意味にて」(T10.3.15保通) 社員約50名を生命保険協会に招待し，3月6日には前田社長が保険記者を「赤坂溜池三河屋に招宴」(T10.3.15保通) した。このころ前田社長は当然に田中に辞職を強く勧告していたはずである。少し前から「前田子は刺客に襲はれたるものならんとの風説もあった」(T10.3.4福日) が，10年3月2日夜には至極健在なはずの「前田利定子死亡の通知状が二日夜来子爵の親戚知友間に配布され」(T10.3.4福日) るという奇怪な出来事が起った。子爵の「家人が何うしたものかと捜査した所が，或者が子爵死亡通知を作製して各方面に配付したものと判って，一同安心

はしたものの，過般の暴漢襲来と云ひ，今回の悪戯と云ひ，アマリのことに同邸の人々は気を腐らして居る」（T10.3.4福日）と報じられた。もちろん「或者」が田中という確証はないが，当時前田との間に辞任を巡る激しい確執があったことから，田中系統による前田への一連の暴行，悪戯と考えるとこの間の説明がつきやすい。

　3月6日の時点で前田社長が今回の役員交代劇の真相をどこまで保険記者に語ったのかは不明であるが，『保険銀行時報』は前田社長談話を次のように報じた。「本社は従来他力主義を以って営業し来りたるが，今回は其不可なるを悟り，新たに自力主義を確立して，尾崎三觜両氏の如き中央生命と縁故深き人々を煩はして営業の全般を委任することとせり。特に尾崎氏を経営の衝に，三觜氏を資産運用の衝に当らしめて，万端遺漏なきを期したり」（T10.3.13保銀）

　いかに三觜舜太郎が藤沢の名望家で関東銀行の重役とはいえ，監査役に「資産運用の衝に当らしめ」るのも異常であるが，これは中央生命と縁故なき「他力主義」の象徴たるの田中専務などには資産運用に指一本触れさせないという前田社長からの強い田中排除のメッセージであり，ある程度，田中の退任可能性を記者に仄めかしたものかと推測される。このころ取締役支配人から昇格したばかりの尾崎常務は業界紙記者から昇格の抱負を聞かれ，「感想も抱負もない…常務になったからと云って直ちに斧を振ってあれもこれも改革するわけにゆかないぢゃないか」（T10.3.13保銀）と内心に秘めた田中放逐の決意とは別に極力平静さを装っていた。

　大正10年のはじめころ，田中への15万円の資金提供者でもある津下の扱った不正印紙に関し，亜細亜炭礦設立登記費用のためと称して津下から出させた高額「印紙を…東京市中で売り歩いたので，警視庁が嗅ぎつけ」（T10.8.7佐賀）て，ここに巨額の印紙横領事件が発覚した。2月末津下は名古屋から東京へ逃げたが，上京中に発見され，3月以降の関係者多数の取調べにより，亜細亜炭礦など津下の関係先にも捜査の手が延び，この過程で津下と共謀関係にある「田中の〈佐賀貯蓄銀行〉預金証書が偽造である事が発覚」（T10.6.5福日）し

た。田中も念願の「中央生命の専務に就任し，同会社を引掻き回す悪策を廻らしてゐるうちに佐賀貯蓄を利用した詐欺手段が曝露」（T10.8.6大毎），地元の同行「重役は田中猪作が常に鉱山，埋立，相場等不安なる職業に従事し，而も当時何等回収の見込みなきに拘らず田中猪作と共謀の上」（T10.8.30法律），巨額の預金証書を次々に偽造するなど，「其害毒を中央生命に迄及ぽさんとした行為が発覚」（T10.8.30法律）し，大きな刑事事件に発展した。こうして中央生命からの辞任要求には前田へのいやがらせを含めて激しく抵抗していた強気の田中もこれを機についに辞意を固め，3月23日中央生命取締役を辞任し，3月29日登記完了した（九回報，p17）。

しかし政友会の大物や政府高官にも波及しかねない当該事件の拡大に「これは不可ないと思って…差止めを出した」（T10.6.5神戸）神戸地裁検事局による厳しい報道管制を受けて封印され，約3カ月間も「記事差止めとなってゐた」（T10.6.5福日）ため，中央生命での役員更迭の背景も長く伏せられたままであった。ようやく5月26日の『読売新聞』は「大木法相推薦の新進実業家収監，詐欺横領事件拡大か」（T10.5.26読売）と田中の収監を速報した。田中の地元の『佐賀新聞』も5月28日の東京発で「有力者田中猪作氏は佐賀貯蓄銀行の二十三万円の預金証書を偽造した」（T10.5.28佐賀）と初めて報道した。報道管制下で田中の中央生命専務辞任を報じた業界紙の当初の報道は以下のように極めて限定された内容にとどまっていた。まず3月27日の『保険銀行時報』は「加賀百万石の分家として貴族院の大立者たる前田利定子の威光も保険界を猛射するに足らずと見ゆるが，之れ従来家の子郎党を重用せずして，金力万能の成金輩の懐を勘定したる報いなり」（T10.3.27保銀）と「金力万能の成金輩」田中を皮肉るにとどめた。また4月6日の『保険銀行時報』は「中央生命保険会社専務取締役として昨年末就任し同社の中堅として大に活躍すべかりし田中猪作氏は其端緒にすらつくに至らずして，遂に去る三月二十三日附を以て同社を辞任し，同時に取締役山口練一氏も辞任せり。保険界を素見に来れるが如き同氏等の行動の唾棄すべきは勿論なるも寧ろ其の前に，至らざるを得ざりし窮況は或は同情に値ひせん乎」（T10.4.6保銀）と報じた。4月13日にも

中央生命は「過般来屡々重役の更迭に伴ふ営業方針も其都度多少の変動ありたるは免かれざりし」（T10.4.13保銀）とかなり否定的に報道された。

また4月10日の『保険銀行通信』は「中央生命取締役田中猪作，同山口錬一両氏は兼て予期されしが如く，去る二十三日を以て同社を辞任したり」（T10.4.10保通）と，予想通りと報道した。しかし『保険銀行通信』がこの種の問題生保の重役更迭の裏面に伏在する醜悪な問題点に気付いていなかったわけではない[49]。

「財界不況の今日に於て，而も増田銀行事件の如き，或は田中猪作氏一身に関する問題より，一時世間の誤解を受けた」（T11.3.13保銀）中央生命は，ようやく6月4日になって津下事件の報道が全面解禁され，各紙の報道が相次いだ直後の6月8日社長前田利定名で，当該事件に関連した自社の記事に関し，一切の無関係を装う次のような禀告を掲載した。「当会社元取締役田中猪作が前記津下某より金員を借入れたる旨の記載有之候得共，右は全く田中個人の旧事に属し，会社とは何等関係無之候。同氏は昨年十一月取締役として就任致候も，全然会社の業務には携はらず，間もなく辞表提出，辞任登記も終了済のものにして，爾来同氏と会社とは何等関係無之は勿論，前記田中の借入金亦全く会社の関知せざる処」（T10.6.8読売）

しかし無関係を装った中央生命はその後も田中前専務にも関連する増田銀行との訴訟に追われた。すなわち中央生命は予て増田銀行側と預金返還請求の交渉を重ねて来たが，7月「遂に何等の要領を得ざるより」（T10.7.6保銀），「今回弁護士早川英一氏を代理人として…三十三万円の預金償還請求訴訟を提起し，同時に同行の破産申請を為」（T10.7.6保銀）した。これは中央生命が増田銀行に対して「予て有価証券の保護預け並に預金をなし置」（T10.9.6保銀）いていたものが「右利息を合して三十五万余円」（T10.9.6保銀）に達したものである。中央生命の強行な法的措置が功を奏して，9月「其後に於ける交渉にて遂に中央生命に取りて有利なる条件を得れば該訴訟の撤回を為し」（T10.9.6保銀）た。こうして11年3月中央生命は決算でようやく債権整理損3.5万円を計上した。これは「彼の増田銀行破綻の厄に遭ひ，預入債券三十五

万円取戻しのために受けたる損失」(T11.3.13保銀)と説明され，破綻行への債権整理損を預入債券の総額35万円の約一割に抑えることができたことは「中央生命に取りて有利なる条件」といえるだろう。

結論として，本章前半で見たように「佐賀貯蓄銀行ヲ食込ミタル」26田中に事実上牛耳られた同行は9年12月激しい取付けに遭い，山口練一専務は10年1月10日引責辞任，13年11月26日同行は破産宣告を受けた。

これに対して一旦は田中を専務というトップの座に受入れた中央生命では「其の後変な処から同人の身元を照会して来たり，又その行動に兎角腑に落ちぬ点が多々あるので，それとなく警戒し，社の印などは絶対に渡さず，有名無実の専務取締役として置いた」(T10.5.2読売)とされる。中央生命ではリスク管理上，取り得る万全の体制を引いて田中を事実上社務から完全に隔離し，「取締役として就任致候も，全然会社の業務には携はらず」(T10.6.8読売　中央生命禀告)というリスク・フリーの状態に置いていた。この肌理細かなリスク管理策は中央生命社長の前田利定の資質と無関係ではあるまい。前田子爵は一万石の上州七日市藩という「小藩の家に生れたるだけに，普通の糸丸袴者流と類を異にして」(T10.6.27保銀)，「華族の社長といへば，大概名義のみで実務に参与すまいと想像するものも多からうが…聊か趣を異にして，社長自から社務を総攬…干渉に過ぎると思はるる程社の仕事に容喙した」(T10.6.27保銀)ほど「世態人情に通暁」(名家マ，p43)し，「如才なく，万事に抜目なき」(T10.6.27保銀)殿様であったためと思われる。

1)　帝国土地開拓，有明湾埋立は拙稿「"虚業家"による誇大妄想計画の蹉跌──亜細亜炭礦，帝国土地開拓両社にみるハイリスク選好の顛末──」『彦根論叢』第368号，平成19年9月，参照。
2)　『大審院刑事判例集』第10巻，p716で『月刊新聞佐賀評論』を引用。
3)　本間靖夫氏は『地方金融史研究』誌で，「伊丹家の事業とされるものは…29年創立の佐賀貯蓄銀行」(本間靖夫「佐賀財閥の形成・没落と地方銀行」『地方金融史研究』第18号，1987年3月，p91)，「伊丹，深川，古賀を結びつけたのは佐賀貯蓄銀行(共同経営)」(同上，p92)と指摘し，同論文を改訂した「佐賀財閥」の中も佐

賀貯蓄銀行について言及している（本間靖夫「佐賀財閥」渋谷隆一・加藤隆・岡田和喜『地方財閥の展開と銀行』日本評論社、平成元年）。

4) 神山恒雄「佐賀県の銀行合同」石井寛治・杉山和雄編『金融危機と地方銀行戦間期の分析』東京大学出版会、平成13年、p311。

5) 伊丹弥太郎（佐賀市本庄町）は大地主・多額納税者、士族商業、明治37年12月起業銀行600株主、栄銀行頭取、佐賀商業会議所議員。

6) 深川嘉一郎の孫である深川喜次郎は明治41年家督相続した深川財閥当主、地所㈱、肥後汽船社長、大川運輸副社長、深川造船所、佐賀貯蓄銀行、佐賀セメントほかに関係。

7) 古賀善兵衛は明治14年4月13日先代の長男善太郎として生れ、明治40年家督相続。古賀銀行頭取、肥前貯蓄銀行頭取、佐賀農工銀行、佐賀貯蓄銀行、肥前漁業各取締役、佐賀セメント監査役、佐賀信託社長。

8) ほぼ同じころ佐賀「市内の有力者によりて発起せられ」た佐賀セメント（明治30年4月の場合も、「会社の主権は佐賀市の富豪伊丹家一派の掌握する所にして殆んど同家の営業たる観あり、而して市の栄銀行と同一の系統に属し異体同心と云ふべく」（放資、p215～6）と評された。明治34年ではたとえば伊丹弥太郎家の機関銀行たる栄銀行は佐賀貯蓄銀行に1,000円の当座貸越極度額を設定していた（本間前掲論文、p638）。

9) 佐賀馬車鉄道については坂井一実「佐賀県における馬車鉄道事業──佐賀馬車鉄道を中心に──」『交通史研究』第28号、1992年4月参照。

10) 九州生命は拙稿「生保破綻と"虚業家"による収奪──九州生命詐欺破産事件と河村隆実のリスク選好──」『滋賀大学経済学部研究年報』第9巻、平成14年12月参照。

11) 大島貞七は佐賀石油合資代表社員、神崎実業銀行専務（実勢、p37）、厚生社の旧オーナーから厚生舎常務①2,000株主、佐賀セメント取締役、肥前漁業監査役（帝T5職、p68）、山口・大中が役員の佐賀商工監査役（実勢、p110）。

12) 野中万太郎（佐賀市材木町）は文久8年8月士族の子に生れ、御用薬・烏犀円発売元の養子となり、「市政や公共事業には率先尽力」（将来、p1001）、大正4年佐賀商業会議所副会頭就任、佐賀貯蓄銀行、東亜化学工業各監査役（二四の、p16）。

13) 吉田光次郎は九州飲料社長、佐賀商工常務、九州窯業、西肥銀行、厚生舎各監査役。

14) 登記公告（T10.1.25佐賀）。なお山口が兼務する中央生命取締役を辞したのは田中猪作と同時の大正10年3月23日。

15) 永倉義晴は明治元年佐賀神野町に生れ、関西鉄道運輸課、佐賀市勤務を経て明治44年九州電灯鉄道庶務、倉庫各課長、佐賀支店長、大正9年久留米支店長を辞し

製綿業開始（人物，p121），佐賀市商工会副会長（実勢，p121）。
16) T10.5.12佐賀。ただし『佐賀市史』p22の表では預貸の表示が逆。
17) 佐賀百六銀行については神山恒雄「1920年代の佐賀百六銀行救済における日本銀行と鍋島家」『佐賀大学経済論集』第33巻3・4号，平成13年1月，山田登「佐賀百六国立銀行の創業事情について」『東京と佐賀』第197-202号，昭和52年7〜12月，山田登「佐賀百六銀行物語」『新郷土』第410-423号，新郷土刊行協会，昭和58年5月〜59年6月。
18) 西海商業銀行は明治31年創立，「先進たる唐津銀行と対峙」（実勢，p38）し積極策をとった結果，不良債権を抱え込んだ。西海商業銀行の経営難は注3）前掲神山論文，p323以下を参照。
19) 相互銀行は大正13年3月頭取の浦元清が自ら関係している事業に不正行為が発覚して信用を失墜，取付けられたが（佐百，p625），田中・山口両名とも9年には浦元が代表取締役の唐津興業，富士硝子両社取締役を兼ねるなど密接な関係にあった。
20) 相知銀行は「時運に策応して各種事業を主宰」（実勢，p9）する策士と評された佐賀県非政友派の溝上市太郎が専務で，「創立の経過は政党の勢力の利用に負ふ所尠からざりし」（実勢，p10）銀行であったが，戦後反動不況による石炭産業等の衰退の影響を受け，大正末期には悪化の一途をたどり，昭和2年5月16日休業，4年7月12日解散した（佐百，p955）。相知銀行新株を引受け，⑤100株主の田中は肥前煉瓦，佐賀特許醤油などで行動を共にした。
21) 変遷，p292。破産当時の取締役は深川喜次郎ら。「大正十三年（ネ）第三号破産事件」の破産管財人は佐賀市大坪春雄，内田清治の両弁護士（S6.10.8法律）。
22) 『大審院刑事判例集』第10巻，p716。
23) 下村銓之助（佐賀市水ケ江町）は東洋建築材料社長，多久鉱業，佐賀演劇，佐賀綿ネル，佐賀琺瑯，東亜化学工業各取締役。
24) 厚生舎『第五回営業報告書』大正10年7月，p5。
25) 船成金の橋本栄治が取締役（諸T5下，p1113）。橋本栄治（神崎郡三田川村）は貸金業の橋本合資（諸T5下，p1119，帝T5，p6），西肥銀行専務，佐賀水産取締役，佐賀フィルム，有田製磁各監査役。
26) 大正7年6月末では山口練一の持株は20株（実勢，p37）だが，9年では②191株主で，古賀善兵衛③120株を超過（要T9，p3）。
27) 福田慶四郎は佐賀百六銀行入行，取締役，大正2年海運業に投資，船成金となり「船舶より得たる利益にて…有ゆる新事業を企画し之が創立に鞅掌」（人物，p88），百六銀行，佐賀商工，佐賀紡績，九州麻絲紡績，東亜化学工業，肥前電気鉄道各取締役，大正9年百六銀行頭取就任。

28) 東秀保（長崎県西彼杵郡浦上山里村）は農業（紳 T11, p22），貸金業，（帝信 T14, p10），汽船若松丸を所有（『日本船名録』明治38年, p9），長崎米穀取引所理事（実勢, p363），長崎製鉄監査役（要 T11役下, p82）．大正8年11月に5万円の定期預金をした田中猪作から預金債権を譲受し，佐賀貯蓄「銀行ヨリ三万円ノ支払ヲ受ケ」（『大審院民事判例集』第4巻, p205）た．
29) 中西一（久留米市日吉町）は旭桜酒造，柳河商事，九州酸曹各取締役（要 T11役中, p93）．
30) 中村芳太郎（佐世保市天満町）は中村商事専務，九州硅藻土工業監査役，年商3〜5千円（帝信 T14, p6, 要 T11役中, p100）．
31) 常盤商会（麹町区永楽町）は外国火災保険代理業，明治43年10月資本金7万円で設立，社長松方五郎．
32) 妹尾商業銀行は明治45年6月東京に設立，大正10年4月22日破綻，昭和3年8月17日営業免許取消（変遷, p396）．
33) 代居猪吉（佐賀郡久保田村）はさかえたび取締役（実勢, p74），九州農産肥料監査役（要 T11役下, p177, 帝 T11, p13）．
34) 北島富一（佐賀市水ケ江町）はさかえたび取締役（実勢, p74），九州農産肥料監査役（要 T11役下, p142, 帝 T11, p13）．
35) 西村清治（佐賀市呉服町）は乾物荒物商・住吉屋（商工 M31し, p4），荒物商・乾物，電話342番（案内, p6）．
36) 大正14年（オ）118号事件第三民事部判決，事実，『大審院民事判例集』第4巻, p205．「設立登記申請を為すに要する登記料にも窮して」（事件, p8）いたほどの極度の金欠状態であった亜細亜炭砿の内実からみて他行からの金策目的の架空預金であった可能性が高いと思われる．
37) 中央生命は他社とともに昭和8年日本医師共済生命に包括移転され，昭和生命となった．
38) 『大日本保険銘鑑』昭和2年, p61, T2.5.29時事．
39) 増田信一は明治14年8月増田信之助の長男に生れ，明治14年創立の大阪製銅を増田信之から譲受，35年増田合名会社と改称，増田ビルブローカー銀行を主宰，大正8年末で中央生命基金200口（7回報, p9）．
40) 前田利定は子爵．明治7年12月10日旧上州七日市藩主の長男に生れ，明治35年東京帝国大学法科大学卒，陸軍歩兵中尉，明治29年1月家督相続，襲爵，明治37年7月より貴族院議員に当選数回，子爵団の「研究会の牛耳を執る…余閑を以て実業界に斡旋する所あり，現に中央生命保険相互会社社長として尽瘁する所あり」（名家，マ p43），基金証券1,000口出資（要 T9, p139）．大正11年6月〜12年9月加藤友三郎内閣で逓信大臣となり，前田利功と社長を交代した．13年1月〜13年6月清

浦内閣で農商務大臣。
41) 矢野寅一は慶応元年3月高知県菊地清三郎の三男に生れ，先代矢野益平の養子となり，慶応義塾卒，神戸六十五銀行，日本銀行，横浜正金銀行の銀行員を経て，中央生命専務，紅葉館，予土水産各取締役，増田銀行，山陽炭砿各取締役，秩父電線製造所，土佐珊瑚，南海物産，日本特許燐寸，予土水産各監査役，中央生命の基金130口6,500円拠出（八回報，p6）。
42) 菅原通敬は明治2年1月6日宮城県の士族菅原通宝の長男に生れ，明治28年東京帝国大学政治科卒，大蔵省に入り，主税局長兼醸造試験所長，大蔵省監理官，日本勧業銀行監理者，大蔵次官，大正5年退官して貴族院議員，日米信託会長，第二日米信託代表取締役，日英醸造，旭紡織，仙南電気工業，朝鮮鉄山各取締役。
43) 桑山伊作は桑山商事代表取締役，砂糖商，桑山商事，国際活映各取締役，所得税7965円（紳T11中，p89），中央生命の基金1,000口5万円拠出（七回報，p9）。10年3月大阪市池田九一郎との間で6万円の利益分配金請求事件発生（T11.1.1内報）。
44) 尾崎庄兵衛は明治15年8月長野県の尾崎彦四郎の弟に生れ，東京帝国大学法科大学卒，中央生命外務課長，庶務課長，総務部長支配人を経て重役，基金30口（八回報，p8）。
45) 矢野荘三郎（兵庫県武庫郡御影町郡家）は慶応3年8月28日愛媛県川之石村の矢野小十郎の六男に生れ，大阪府立大阪商業学校卒，第二十九銀行大阪支店に勤務後，鉱山業を経営，第二十九頭取，伊予製鉱を継承した明治製錬専務を歴任，愛媛県郡部選出政友会代議士，大正元年久原鉱業庶務部長兼売買部長・庶務部長等を経て，7年2月矢野鉱業を設立し社長となり増田銀行より大口融資を受けていた。伊予索道，愛媛鉄道，大阪製錬，大阪坩堝，電気製銅，中華企業各取締役，日本ペニー紡績，大日本紡織各監査役，大北炭砿（第2章参照）賛成人等を兼ねたが，銅価暴落の影響を受けて破綻した。
46) 三觜舜太郎は慶応3年5月26日藤沢の名望家の長男に生れ，慶応義塾卒業，関東銀行や中央生命創立に参画したが，大正14年関東銀行臨時休業のため相模鉄道社長などを辞任。
47) 本多忠鋒は明治12年8月26日旧伊勢国神戸藩主の長男に生れ，明治31年子爵，慶応義塾を経て，明治38年学習院大学科卒，貴族院議員，中央生命取締役のみ。
48) 奥平昌國は明治13年1月伯爵奥平昌恭の弟に生れ，大正9年3月箱根土地別働隊の強羅土地の初代取締役，箱根土地系統の東京郊外住宅，中央生命各取締役。
49) 「悪辣な策士」として定評ある長島弘は「真の事業家ではなく，利権漁りのプロモーター」（業史, p231）と見做された。『保険銀行通信』紙の主筆・田狸翁は東華生命を買収した長島の「濫用的買収」を次のように批判した。「東華生命に於ける

が如く，茂木氏が失脚した後，取って代ったのが長島某なる株屋である。根が株屋だけあって入社当時の鼻息は随分と荒い様であった。百万長者の振れ込みで世間の有象無象はスッカリ気を呑まれて終い，随喜渇仰の涙を流し，此の君に依て再三建て直した屋台骨が鞏固になるであろうと迄信頼させたのであったが，目まぐるしい活動も結局は線香花火に過ぎなかった。半歳経った九月には突如消え去ってあと白浪の渦巻ばかり，世間は再びあっと叫んだ。…やれ名門だ富豪だ，卓抜した人物だといってその社会的信用なり，位置なりを利用して，多数民衆を執拗に勧誘する事はホンの過渡期の方便に過ぎない…それが相当に効果の多い現状ではあるが，これは要するに田舎向き，愚民扱ひの方法ではなかろうか」(T11.1.1保通)。

第6章　老舗庶民金融機関のビジネス・モデルの変容

　本章では当初は老舗の庶民金融機関として業容も確立し，世間から相応の評価も受けてきた上位貯蓄銀行の先駆的なビジネス・モデルが何故にか変容していき，次第次第に虚構性を増して遂に破綻するに至ったのかを可能な限り明らかにしていきたい。

　小出熊吉という「虚業家」的人物が長く頭取を務める共栄貯金銀行（以下単に共栄と略）は業界最古と称された老舗の営業無尽から一転して貯蓄銀行に業態を転換し，貯蓄銀行業界でも上位の一角をしめた先駆的銀行の一つであった。業界の老舗の地位に甘んずることなく，当時はまだ前例の乏しい上位金融機関の業態への転換という"革新"を成し遂げた共栄には上昇志向が極めて強かったものと考えられる。ある意味では戦後の日本相互銀行（太陽銀行），西日本相互銀行（西日本銀行）などの先発転換行よりも格段に転換の時期が早かったという意味において，戦後になって無尽会社が新たに相互銀行に転換し，さらに近年普通銀行に再転換した第二地方銀行のビジネス・モデルの先駆という見方も可能であろう。

　こうしたビジネス・モデルの観点からも注目すべき同行ではあるが，大正後期にはいると業績は低迷を続けた。昭和2年2月25日預金者64名から破産を申請され，金融恐慌さなかの4月15日東京区裁判所藤江判事から破産宣告を受けた。2年3月破綻し，金融恐慌のトリガーとなった東京渡辺銀行の場合と同様に，ハイ・リスクを選好する危険な人物をトップに迎えるリスクを具体的に示した典型例と考えられる。すわわち後述するように，相当程度に「虚業家」的性格を有する小出熊吉は老舗貯蓄銀行頭取の名誉と地位と権限等を最大限に悪用して，多分に虚構性を有する新設企業や遠隔地に所在する荒蕪地の大規模な

開墾といった数多くの冒険的な事業に深く関与した。しかし，反動恐慌以降に資金の固定化・焦げ付きを招いた結果，悪質な高利金融業者に翻弄・蹂躙され，彼らに収奪された節も多分に窺える。こうした破綻過程においても共栄は近年の相互銀行・第二地方銀行のビジネスモデルに内在する構造的欠点[1]をいち早く露呈した先駆的事例とも考えられる。

I．共栄貯金銀行のビジネス・モデル

1．共栄貯金銀行の沿革

共栄貯金は当初明治33年2月無尽営業を目的として千代田町一番地に開業したのち，翌34年7月「故戸田喜三郎氏を始め，現重役諸氏が下級金融機関として中産以下に対し大に資金融通の途を開き，併て勤倹貯蓄の美風を奨励し，国利民福に資せんとの目的」（幹部，p102）で，資本金1万円の合資会社に変更された。同社は大和会，勧業商会等に先立つ最初の営業無尽会社[2]と位置付けられている。

39年12月資本金10万円，払込25万円の共栄貯金株式会社に経営形態を再度変更，神田区西今川町1に本店を新築し，「共栄貯金株式会社新築記念」絵葉書（写真-6）を発行した。当時の

写真-6　共栄貯金株式会社新築記念絵葉書

役員は社長小林朔平（埼玉県比企郡小見野村），常務戸田喜三郎（牛込区北町），中山増次郎[3]，取締役戸島寅吉，杉浦一郎[4]，山口仲蔵，監査役堀田猪之吉，石井兼次郎，小出熊吉（後述）であった（要M40，p402）。大正元年資本金を100万円に増資し，11月岡山市東中山下に支店設置（T6.5.26大朝山陽版）するなど次々に「全国枢要の地に二十余ケ所の支店を設置」（幹部，p102）し，2年11月13，14日には「全国各支店代理店事務主任四十余名を本社に招集し，業務の統一並に打合せに関して主任会議を開」（T2.11.16読売②）くなど，明治44年に進出した北海道を含めて全国展開する上位営業無尽会社として活動していた。

2．ビジネス・モデルの確立

貯蓄銀行条例の改正案は明治32年11月以来，3度にわたって議会に上程されたが，いずれも実現せず，ようやく大正4年6月20年ぶりに改正された。その骨子は定期積金と据置貯金[5]を貯蓄銀行の業務に追加するとともに，貯蓄銀行以外のものが営むことを禁止するもので，改正後の貯蓄銀行条例第一条第二項は定期積金，据置貯金を「営ム者ハ貯蓄銀行ノ業ヲ営ムモノト為シ，此条例ニ依ラシム」とした。3年10月末では定期積金（据置貯金を含む）業務を取扱う金融機関は普通銀行76，貯蓄銀行254，無尽業など銀行類似会社96社がこれらの業務を営業中で，契約口数84.3万，契約高120.8百万円，残高2,020余万円であった（貯銀，p131）。

同時に制定される無尽業法の内容も既存の無尽業者にとっては過酷なものと受け取られたため，大手無尽業者たる共栄貯金も新たな法規制下での生き残りを模索した結果，貯蓄銀行条例に準拠しつつ，従前の定期積金業務を継続できる新たなビジネス・モデルの確立を目指した。すなわち共栄貯金は「中産階級以下の金融機関として比較的長足の進歩を告げしが，貯蓄銀行条例に抵触する処ありとて東京商事銀行[6]を買収」（T10.4.19内報②）し，傘下に収めた破産手続中の同行を3年8月1日まず共栄貯金銀行と改称（変遷，p198）した上で，この共栄貯金銀行の方を存続会社として，「大正三年十月共栄貯金株式会

社と合併」(沿革, p72) する本体解散の方法を採用した[7]。

この結果, 外観上は「組織を変更して現時の共栄貯金銀行に革め, 同時に一新生面を拓き」(幹部, p102), 本店を東京市神田区千代田町29, 資本金100万円, 支店数は35, 新役員は専務戸田喜三郎, 常務小出熊吉, 杉浦一郎, 中山増次郎, 酒井利吉, 小出好太郎, 星野虎吉, 監査役石井彦治, 坂本善重となった (T3.10.29読売①広告)。改称広告の中で「今回共栄貯金株式会社は本行と合併し, 従来の通り, 至便なる信用貸付と利益配当付の貯金を主とし, 其他銀行一般の業務を懇切に取扱可候」(T3.10.29読売①広告) と, あくまで旧共栄貯金側の主体性を強調した。

同行の新しい営業科目は定期積金, 普通預金, 小口当座預金, 「其他銀行一般の業務に従事すと雖も主として定期積金を奨励するを以て目的とす」[8]と称したように, 従来の無尽中心路線にそって, 貯蓄奨励のための積立金配当を謳った定期積金に主力をおいて募集し, 4年末ではたとえば北海道だけで積金預金51万円 (うち札幌支店約10万円) を擁していた[9]。

貯蓄銀行条例の改正に先立ち4年1月15日付で認可された「株式会社共栄貯金銀行定款」では目的は「一般銀行事業及貯蓄銀行事業」(第1条), 本店は東京市, 支店は30, 「尚業務ノ拡張ニ従ヒ支店出張所又ハ代理店ヲ設クル事ヲ得」(第3条), 営業は「一, 諸預リ金。一, 普通貯金, 定期積金及据置貯金…」(第24条) などとなっていた。

同行に特徴的な定款の規定としては第40条「毎決算期ノ株主配当金八朱以上ヲ為シ得ルトキハ, 其超過額ノ二分ノ一ヲ株主増加配当ニ, 其二分ノ一ヲ貯蓄奨励準備金トシテ控除ス」。

第41条「貯金者ニシテ本行所定ノ定期積金ヲ遅滞ナク蓄積シテ定額ニ達セシメタルトキハ, 前決算期ノ貯金総額ニ比例シ, 前条積立金ヲ配当スヘキモノトス」というものであった。定款第41条に規定した同行独自の「利益配当付定期貯金」は不動貯金銀行[10]の不動貯金者に配当した制度や, 後年の相互貯蓄銀行[11]に先立つ定期積金の顧客への「利益配当付の貯金」(T3.10.29読売①広告) として大いに宣伝に努めた。このように「利益配当付定期貯金」は「他に

類例なき同行独特のものにて、上流に大に歓迎さるるに至り、行運逐日隆昌を来しつつあり」(幹部、p102) と主力商品の座を確立し、「多々益々発展して今や理想的の庶民銀行として斯界の牛耳を執るに至れる」(幹部、p102) と自画自賛する契機ともなった。たとえば5年1月27日の定期総会では当期純益金37,301.4円を準備積立金5,000円、別途積立金3,000円、役員賞与金3,000円、株主配当金16,250円と並び、僅か3,250円ながら貯蓄奨励準備金への利益分配を可決 (T5.1.28読売③)、5年7月26日総会でも全く同様に同額の3,250円の貯蓄奨励準備金への利益分配を毎期恒常的に可決していた (T5.7.27読売③)。

また行内で通称「丙貸」と呼ぶ「積金ノ範囲内ニ於テ其幾割カヲ貸付ケタルモノ」、「丁貸」と呼ぶ「預金者積金者ニ対シ、其預金積金ヲ担保トシテ貸付ヲ為スモノ」(管財、p4) とする簡便な預金者貸付が制度化されていた。これら同行の売り物の「至便なる信用貸付と利益配当付の貯金」(T3.10.29読売①広告) が社名の「共栄貯金」の所以でもあろう。

同行は貯蓄銀行条例改正を見越し、早目に対処してビジネス・モデルを確立できたものと考えたのであろうが、どうやらモデルは万全ではなかったようで、5年1月1日から施行された改正貯蓄銀行条例により、同行の最大の売り物である「定期積金者に対する給付補填金を制限せられ、自然収益の減殺を免れざる事となり」(T10.4.19内報②)、以後も大きな制約条件として作用した。4年末では本店を東京市神田区千代田町29、全国に支店30余、代理店50余、明治44年に進出した北海道には函館、小樽、札幌、旭川に4支店、東北には会津若松、福島、仙台、盛岡、米沢、秋田、弘前、青森の8支店、中部には静岡、敦賀、福井、金沢、富山、長岡の6支店、近畿には大津、京都、大阪、和歌山、神戸の5支店、中国四国には岡山、広島、松山、下関、愛媛の5支店、九州には門司、小倉、若松、福岡、佐賀、長崎、久留米、熊本の8支店という具合に、全国各地に比較的バランス良く36支店を配置した (沿革、p72)。

5年7月中心人物の専務戸田喜三郎が死亡し、重役陣は専務酒井利吉[12]、常務小出熊吉、取締役杉浦一郎、中山増次郎、小出好太郎[13]、星野虎吉[14]、監査役坂本善重、大石玄留、支配人芳村友之丞[15]となった (沿革、p72)。世間か

ら信頼のあった戸田専務なき後,「一時同行の営業方針に変化なきやを疑はれ」(T10.4.19内報②) たが, 後任の専務となった「酒井利吉氏専ら内部の充実主義を執りしため, 大正六年度以来毎期年五分の配当を持続」(T10.4.19内報②) した。この時点では小出はまだ酒井に次ぐナンバー2の座にとどまっていた。

9年12月では本店神田区千代田町29, 支店数31, 資本金100万円, 払込32.5万円, 諸積立金541,655円, 定期預り金3,852,111円, 特別当座預り金1,677,273円, 普通預金4,009,351円, 手形・証書貸付8,023,574円, 所有有価証券924,367円, 営業用以外不動産94,643円, 繰越・当期純益金31,370円, 配当年5％であった (要T10, p20)。この時点で小出熊吉がトップの専務の座に就いていたが, その持株250株はまだ第4位にとどまっていた。しかし義弟の小出好太郎を取締役に据えるなど, 叙々に経営を私物化する傾向が見受けられる。小出専務以下, 常務中山増次郎, 常務星野虎吉, 取締役星野利吉, 小出好太郎, 監査役杉浦一郎, 大石玄留, 支配人芳村友之丞, 非役員大株主①盛家亀次郎[16]353, ②戸田勝男272, ③針生権十郎 (仙台) 267株であった (要T10, p20)。

9年度では前期末に比して預金は増加し, 当時帝国興信所も「基礎漸次強固となり, 此種銀行としては内容比較的充実するものといふべし」(T10.4.19内報②) とかなりの高評価をした。10年度末の預金高1,125.0万円は貯蓄銀行業界で, ①不動貯金銀行12,854.6万円, ②東京貯蔵銀行5,100.8万円, ③大阪貯蓄銀行5,025.4万円, ④川崎貯蓄銀行4,446.9万円, ⑤安田貯蓄銀行3,359.6万円, ⑥東京貯蓄銀行2,453.4万円, ⑦新潟貯蓄銀行1,203.9万円に次ぐ第8位に相当する上位行の一角を占めた (貯銀, p184～5)。一応この頃までは, 大手貯蓄銀行に次ぐ地位を保っていたことから, 同行のビジネス・モデルも相応の機能を発揮していたのであろう。

しかし大正中期から後期にかけて, 同行の優位性は一変する。すなわち,「一部重役は二重帳簿を作製し, 自分達の関係会社に数十万円を注ぎ込んだ事から, 大正十三年末頃全く営業不振に陥り」(S2.2.25東日⑪), 昭和元年末の

預金高は962.8万円に減少，貯蓄銀行業界の順位も岡山合同貯蓄銀行，名古屋貯蓄銀行，内国貯金銀行，愛国貯金銀行に抜かれ14位に低落するなど，低落傾向は歴然としている（貯銀，p184～5）。そして後述するように不正事件が発覚，遂に昭和２年１月28日営業停止処分を受けた。２年２月25日預金者から不払を理由に東京区裁に破産申請され，４月15日破産宣告を受け，各支店も閉鎖に追い込まれた。この間常務・専務から昇任，頭取として長期間在任し，当然に業績不振・破綻の一義的責任を負うべき小出熊吉についてその行動を検証してみたい。

Ⅱ．主宰者・小出熊吉

１．小出熊吉の略歴

　小出熊吉（豊多摩郡中渋谷）は明治元年９月10日東京府平民大関与四郎の次男に生れ，26年５月先代小出嘉門の長女阿く利の入夫となり，家督相続（人，こ p6），「嘗って仁寿生命保険に在り，枢機に参与して大に努力しつつありしが後ち転じて」（幹部，p103），39年12月時点で本郷区元町，共栄貯金株式会社監査役（要 M40役，p414），「実業界に入り，共栄貯金銀行の前身たる共栄貯金株式会社取締役たりしが，組織変更後，引続き常務取締役として同社京都支店を監督」（人こ，p6），共栄「常務取締役となり爾来京都支店長を兼ねて中国方面の行務発展に尽瘁し以て今日に至る。思想頗る堅実，斯界の老練家として名あり」（幹部，p103）とされた。本業の共栄専務，皇国銀行代表取締役のほかに，幅広く投融資先の日本鋲釘，カルチウム鉱泉，八丈島興業，相模窯業各取締役，日本水電，関東絹毛紡織，木谷黒鉛電化各監査役等を兼ねた。13年６月では共栄の旧80，新170，計250株主（20期 T13/6, p17）であり，昭和２年９月30日現在で破綻した東京渡辺銀行の97,952円もの大口貸出先となっている[17]）。

2.「津下事件」での小出熊吉の行状

　津下精一（第7章参照）の投融資先として小出熊吉の名前が数カ所に登場し，反対政党からは津下の債務者でもある政友会系「香川〈輝岡山県〉知事ノ一味徒党タル共栄貯金銀行専務ノ小出熊吉」（質問，p12）と決め付けられた。津下から投融資を受けた小出関連事項としては，①共栄への15万円の預金（T10.6.5九州），②岡山県児島湾埋立工事，③東京煉瓦事業計画に1万円出資（T10.6.5福日），④秋田県山本郡富根村の開墾事業，⑤大東銀行，⑥山東製塩公司などである。このうち①は津下が印紙15万円を「東京市神田区千代田町共栄貯金銀行ニ預入シ在リシヲ，同銀行理事原口英雄力之ヲ精一ニ渡シタ」（質問，p6）とされる。②の工事は名義上共栄が香川知事に出願したが，「本件ハ香川知事カ〈津下〉精一ノ恩顧ニ酬ユヘク出願ヲ〈津下に〉慫慂シタルモノニシテ…実際ノ権利者ハ〈津下〉精一」（質問，p12）とされた。⑥の公司には元共栄銀行員・飯田哲雄が介在した。以下では上記の④と⑤を詳述する。

3．秋田県山本郡富根村の開墾事業

　津下は大正7年12月～10年1月の間に共栄小出専務との共同事業（T10.6.5大毎，東日，福日）である秋田県山本郡富根村開墾事業に最大で18万円（一説には15万円）を出資したと報じられた。各紙で金額に差異あるが，大毎，東日，福日では小出との共同事業に7万円出資したほか，小出へ15万円を貸付けたとされた。津下は後に公判で秋田県の事業等に大口出資した理由を裁判長から訊問され，「森林鉱山開拓事業等，秋田方面が有利だと頭に感じたので，多く力をいれ…八年六月頃秋田青森福島方面に二十万円足らず投資」（T10.9.10法律）したと供述した。津下がかって投資先の「朝鮮全羅南道竹成里の金山調査を委託した」「秋田鉱山専門学校出身の鉱山技師」（T10.6.5大毎号外）荒谷作郎が一連の秋田関連投資の背後にあって，津下に有利性を説いたためとも報じられた。荒谷は秋田県由利郡森林開拓事業の保安林解除申請及び山林買収費2万円の債務者でもある（T10.6.5河北）。

衆議院での田中万逸代議士の質問によれば，津下の一連の秋田関連投資とは秋田県由利郡森林開拓事業（2万円），八郎潟開拓事業，斉内川水力電気，玉川毒水調査[18]（2万円），秋田県下六江村開拓事業（5千円），秋田県下久喜村開拓事業（4千円）（T10.6.5河北）等を含めて，津下「ヲシテ三十余万円ヲ支出セシメタル秋田事件」（質問，p10）と総括する。この中で，八郎潟払下げを狙った津下は「先づ恩を施してある政友会代議士の某を通じて床次内相に近付き」（T10.6.5大朝），床次「内相ハ岡山県知事香川輝ノ紹介ニヨリ精一ニ面会…大正八年初夏精一ノ事業ヲ援助スル目的ヲ以テ秋田県知事名尾良辰ニ対シ精一ヲ紹介」（質問，p10）するなど，「床次氏が便宜を計ってやった」（T10.7.26大毎⑪）結果，津下は八郎潟に関して「マンマと払下げを受け」（T10.6.5大朝）ることに成功したとされる。男爵山川建の従姉であった「きくゐ」（人T7な，p1）という秋田県知事「名尾氏の妻女が大阪の埋立事業家・平林甚輔[19]氏の親戚に当り，名尾氏は古賀廉造の親族になる」（T10.6.5大朝）という複雑な姻戚関係が背景にあり，こうして八郎潟開拓事業は平林，津下の共同事業となった。この平林は第5章で取り上げた「田中猪作氏の所有に係る」（T10.10.31佐賀）福岡海岸埋築事業，黒崎炭坑（遠賀郡）などの権利の譲受と「佐賀貯蓄銀行関係等に就いて交渉の為め」（T10.10.31佐賀）10年10月30日大阪から佐賀に来るなど，田中猪作と津下の双方に接点を有する重要人物である。

　一方の秋田県富根開墾問題等や後述の大東銀行（北京）創立事件でも「骨を折ってゐた」（T10.8.6大毎⑦）岡山県知事の「〈香川〉輝は種々の肝煎を為し」（事件，p6）た一連の事件の黒幕と目された。また事件の他の被告も「秋田県の開墾事業に投資して三十万円必要だが，之が設立さへすれば，前の二十万円を返す…私に経営して居る会社の枢要な地位にしてやるとの話もありました」（T10.9.10法律）と津下の言を供述しており，津下は将来秋田県の開墾事業を会社組織で大規模に運営する腹積りであったことになる。

　一方，共栄側の記録でも，「頭取小出熊吉名義ヲ以テ秋田県山本郡富根村ノ村民ト契約シ，小出氏側ヨリ一切ノ費用ヲ支出シ，同村地内ノ原野山林畑二百

〇一町歩ヲ水田ニ開墾シ，耕地整理ノ完了後，造田面積中八十町歩ノ分配ヲ受クル権利ヲ有シ，既ニ十数万円ヲ之ニ投資」（管財，p7）したと，上記の④富根村の開墾事業への投資に言及する。報道の通り津下が④に18万円を出資したとすれば，小出名義の投資十数万円はほぼ全額が津下から提供された資金の転貸であったことになる。10年津下事件発覚後，津下の所有権が登記されていた「秋田県富根村の土地（時価十万円）」（T10.6.5大朝号外）は津下所有の現金，印紙等とともに真っ先に逓信省当局から差押えを受けた。その後，共栄の破綻が近付くにつれ，資金難から「小出氏ハ近頃開墾ニ必要ナル経費ノ支出ヲ怠リ居リシニ付，村民側ハ債務不履行ヲ名トシテ契約ヲ解除セントスル意向デアリ，若シ然ルトキハ将来ノ利益モ亦過去ノ投資モ全然損失ニ帰スル」（管財，p7）ため，昭和2年4月15日破産宣告後，当該権利を継承した共栄「破産管財人ハ屢々村民ト交渉シタル末，緊急已ムヲ得ザル費用若干金ヲ支出シテ，契約上ノ権利ヲ保全スルト同時ニ，百方該事業ヲ引受クベキ者ヲ物色シタルモ，適当ノ後継者ヲ得マセン」（管財，p8）とされ，当時既に処分が困難な不良物件であることが明白となった。なお『二ッ井町史』には，ほぼ同時期に旧富根村の土地を「山木清氏が事業費を出し，開田工事を行なったが思わしくなく，その後何人もの人が取り組んだがことごとく失敗」[20]し，最後は昭和4年地元民に継承された上野土地改良区など，開墾が難航・失敗した事例がいくつか記載されており，当地の開墾事業の有するリスクの高さを示している。

4．大東銀行（北京）設立計画

この大東銀行計画は全体の詐欺事件の概要を示すデータも見当たらないため，一見荒唐無稽な絵空事のような印象が否めず，どこまでが真実なのかはかり兼ねる面もある。報道によれば，「北京政府財政部長李経珍から阪西中将の手を経て，民国元年発行の公債七十万元を買収すれば，支那大東銀行設立を認可すると云ふ虚構の説を記し，八年十二月二十八日東京共栄貯金銀行専務小出熊吉，同主事原口英雄が北京に出張し，殆んど昔の七十万元を二十万元に買収せしめ，更に支那銅貨鋳造の特許を得たと称し，東京某寺住職大僧正小継達吉を合金学

者と触れ込ましめ，津下を胡麻化さんとした」（T10.8.7佐賀）ものとされた（坂西少将は第3章参照）。しかし津下の長男の東洋が「支那に赴き，前記の公債を調べた所，同公債は未発行の物で紙屑同様の物と判り，其由を父精一に報告した」（T10.8.6大毎⑦）ため，津下は一旦は出資を拒絶した。しかし南洋製糖社長で元樺太民政長官の平岡定太郎に密接に関連する「東京日支貿易商赤沢晋」（T10.8.7佐賀）らの「策士団は甘言を弄して一たびカブリを振った津下を納得させ，民国元年公債七十万元で二十万円を津下から引張り出し…赤沢一派は津下から取った二十万円で現在支那に大東銀行を設立」（T10.8.6大毎⑦）したとされる。まるで雲を掴むような話であるが，現に「株式会社共栄貯金銀行整理案」に添付された昭和2年1月28日現在の同行のB/S資産の部には「大東銀行勘定」14,780円27銭が計上されており，同行から大東銀行側への資金移動の存在が確認出来る。小出ともども虚構の主役を演じたとされる共栄の理事・5株主（20期，T13.6）の原口英雄（赤坂区青山北町5丁目）も小出の側近中の側近として実在する人物であった。原口は関東絹毛紡織取締役（要T11役上，p69），大正10年3月9日小出が大迫利亮から買収した恒産銀行取締役就任（T10.6.27官報，p899），14年1月辞任した岩田三平[21]の後任として皇国銀行取締役に選任（皇国27期 T14/6，p16），15年5月28日共栄支配人を辞職した（24期 T15/6，p7）。田中代議士の質問によれば，津下からの横領金62.5万元を投下した大東銀行創立事件は古賀拓殖長官，平林甚輔や「常ニ精一ト暗号電報ヲ交換シ居タル…香川知事カ公務ヲ抛擲シテ精一ノ利権獲得幇助ノ為メ馳奔尽力シタル」（質問，p11）ものの一つであるとしている。しかし同事件は「司法官憲に於ては之を不問に付し，此不完全極まる予審調書に依り公判を続行し，頻りに之が予審を急ぐの態度を取る」（事件，p6）とされ，ほとんどその内容は公開されないまま闇に消えた。

5．皇国銀行の買収

　大正10年4月共栄重役はなんらかの局面展開を意図して「資本金二百万円の新銀行設立を計画中に在り，該銀行は全国神職と連絡を計り，神社の基本金を

取扱ふ特殊の銀行にて，共栄貯金の別働銀行となす予定なるが，既に靖国神社，厳島神社，塩竈神社，其他各地の神職と諒解あれば近く認可申請を提出する運び」（T10.4.19内報②）と報じられた。13年6月末でも株主には神宮奉斉会理事，同大垣本部長，愛知本部長，宮城本部，阿夫利神社，湊川神社宮司などの肩書ある株主が名を連ねており，ある程度各地の神職・関係団体の賛同が裏付けられる（皇国25期 T13/6）。しかし共栄自身がすでに一般銀行業務を営んでいたから，別働銀行を必要とする必然性は乏しく，どのような成算があったのか甚だ疑問である。おそらく神職団体側にもともと存在した機関銀行構想に共栄側が乗っかっていったものかと推測される。ちょうど新銀行設立計画と同じころ，「全国五万の神官を糾合して…神道を中心とする社会運動」（T10.3.7佐賀）の社会神道政策会の結成が報じられている。顧問に奥平昌恭[22]，松浦厚[23]，大木遠吉（法相，田中猪作の推薦人）らの兎角の評ある政治家多数が就任した（T10.3.7佐賀）。

その後新銀行設立の計画は既存銀行の恒産銀行を買収することに変更された。恒産銀行の前身は悪名高い松谷元三郎が支配した朝日銀行[24]で，その後も目まぐるしい改称を繰り返した後に「貯金魔」高柳淳之助[25]のパートナー大迫利亮らが経営していた。5年7月7日帝国実業銀行から恒産銀行へと「改称以来大いに活動せり，而して本行は株式会社富強世界社及び大迫商事株式会社などと姉妹会社にて，相当の地盤を有せり」（沿革，p73）と自称したが，札付きの不良銀行と考えられる。

10年5月恒産銀行が皇国銀行と改称（変遷，p248），東京市神田区鍋町，資本金10万円全額払込，「現在資本金二百万円ニ増資」（要T11，p16），代表取締役小出熊吉らであった（要T11役下，p28）。12年末現在の『第三十回　銀行総覧』（大蔵省銀行編纂）には「株式会社皇国銀行　本店神田区鍋町　支店数　空欄　資本金2,000,000円，資本金払込高575,000円，設立年月日　明治29年12月10日，代表者氏名　岩田三平」と，岩田三平に変更されている。別府三穂三郎[26]は15年4月22日樋口美津雄頭取の下で皇国銀行監査役に就任した[27]。

昭和3年7月27日皇国銀行は「銀行法第二十三条及第二十七条に依り」

(S3.10.28法律）営業免許取消（変遷, p248），解散となった。清算人は岡田市治であった（S3.10.28法律）。

Ⅲ．共栄貯金銀行の破産までの経過

1．共栄貯金銀行の資金難

　大正10年7月1日共栄の小口債務者の鈴木成作は693円の執行異論の反訴を提起した。また同じく安井昌三からも630円の債権支払訴訟を受けた（T10.10.13内報②）。こうした訴訟が頻発する背景は，旧無尽会社時代からの信用貸付金約31万円が回収困難で，「稍々其見込みありと認むる債務者に対しては厳重なる督促を為しつつある…等の事情上，訴訟沙汰相亜ぎ，小口債務者の財産仮処分を受くるものも多数」（T10.10.13内報②）あるためであった。こうした事情から，帝国興信所は訴訟沙汰の「面倒も起り，内情可成り複雑を極め居る模様に観ぜらる」（T10.10.13内報②）と警告した。

　11年12月29日日本積善銀行が休業[28]した余波を受け京和[29]，報徳，四谷，国民，大分などの各銀行が12月にかけて順次休業に追い込まれた[30]。共栄も11年12月期「不況時ノ常態トシテ一般銀行預金ハ漸減ノ趨勢ヲ示シ，貸付ノ回収ハ遅々トシテ行ハレサルノ現状ニアリ，本行此間ニ処シテ捗々預金ノ吸集ニ力メタルモ，偶々年末ニ際シ関西ニ於ケル一銀行ノ破綻ニ端ヲ発シタル銀行取付騒ハ意外ニ拡大シテ，一般ノ危念ヲ昂メ，本行亦其波及ヲ蒙リテ預金ノ引出シ夥シク…払戻高ハ一千七十二万七千余円」（17期 T11.12, p2）に達した。この取付を契機として共栄は急速に資金の逼迫度を強めていったものと思われる。

　さらに12年9月1日関東大震災の「震火ニ因リテ，旧館及所有家屋ノ全部ト，新館ノ一部ヲ焼失シ，並ニ横浜代理店ヲ全焼」（19期 T12.12, p2）するなど「巨額の損失をしたので約百二十万円の借入金を以て一時を弥縫」（S2.2.1読売⑧），「大正十三年頃に営業不振に陥ってから，各重役間で銀行資金を費消」（S2.3.3東朝②）したとされた。

2．金融業者樋口美津雄の登場

　14年8月無尽時代以来の古参重役・幹部である取締役星野虎吉，中山増次郎，「同行の創立に携はり…同行柱石の一人として上下に信望篤」（幹部，p103）い監査役杉浦一郎，明石梅吉，支配人芳村友之丞がそれぞれ相次いで辞任・辞職した（23期 T14/12, p8～9）。辞任理由は未詳ながら直前の14年7月7日取締役に当行との縁の乏しかった樋口美津雄，吉野小一郎[31]，竹友安治郎[32]，監査役に清水孫乗（製材業），渡辺種樹らの新顔が多数選任（23期 T14/12, p7）された事実がある。

　東京渡辺銀行の一般貸付先に1,407,768円貸出の会社員[33]として登場する樋口美津雄は台湾銀行調査課長から転身した金融仲介業者（帝信，p366）で，若尾銀行の内部検査でも「不良ノ質ヲ帯ブル相手」[34]と判断された。14年5月「当時丸ビルで金融業を営んでゐた樋口氏に，横山七平ら，原口秀雄氏等が口をかけ，『何とかして共栄貯金銀行を救済してもらひたい。目下二百万円の欠損だが供託金があるから』とて入社をすすめ，同年七月の臨時総会で年俸五千円で専務取締役として入社」（S2.2.25東日⑪）させた。樋口は15年4月14日同行の別働隊たる皇国銀行の筆頭株主・頭取にもなった。13年6月期に共栄の持株がなかった樋口が15年6月期に旧150，新120，計270株の大株主に躍進（24期 T15/6, p11），新株220株主の小出頭取を凌駕した。7月7日仲間と思しき連中と取締役に就任し，小出頭取に次ぐ「専務となり辣腕を振った」（S2.2.1読売⑧）ことに古参役員多数が嫌気をさして連袂辞任した可能性もあろう。

　樋口専務就任の前後から同行の資金調達ぶりには異常さが目立つ。15年4月17日本店土地建物を担保として近江銀行から巨額の643,232円87銭を借り入れた（管財，p7）。15年の春「樋口は共栄銀行に常務取締役を務めてゐる時，自分の職務を利用して自分が関係してゐる身延土地会社および東京丸ビル内丸菱商事会社の営業不振を回復するために，千代田町一にある共栄銀行の土地建物を担保として銀行には秘密に近江銀行より約六十万円を借りいれ，全部を身延

土地会社に自己名義にて投資し，丸菱商事会社には自己名義にて貸つけをなした」(S2.2.26東朝②) と報じられた。『東京日日新聞』も小出「頭取に秘密に」(S2.2.25東日⑪)，樋口が関係する「身延土地会社，同温泉工業会社，丸の内三菱商事会社等につぎこんで」(S2.2.26東日②)，「行金五十万円を横領した」(S2.3.3東日②) と報じた。破産管財人も「共栄銀行の事務整理中発覚」(S2.2.26東朝②) した「此ノ貸借ニ付テハ容疑ノ余地」(管財，p7) ある不正事件と見做した。また同行は「高い金を日歩で借り，からくも営業を続け」(S2.2.25東日⑪) たとされた通り，「黄金魔」(S5.8.13読売⑦) と呼ばれた高利貸・乾新兵衛は15年12月2日全35の支店・代理店用不動産の中の「二十九ケ所ニ第一番抵当権ヲ設定」(管財，p6) し，20万円 (登記上は先取金利分を含み30万円) を融資した。こうした高利貸との醜聞が広く流布，金融界では「共栄貯金の如き業態の不良なのは仲間の間では疾く知れてゐた」(S2.2.1読売⑧) とされた。破綻時に小出頭取は病気とも伝えられているが，現に15年6月10日，6月25日総会議長席に着いたのは小出頭取でなく樋口専務であった (24期 T15/6, p7)。議長職代行から考え，小出はもはや実権を掌握できなかった可能性もあろう。さらに借入時期は未詳だが，「東京渡辺銀行ヨリ預金債権元利三十七万千四百三十七円五十九銭ノ債権ヲ有スル旨届出ガアリ」(管財，p7)，昭和2年9月30日現在の東京渡辺銀行「一般大口貸出内訳」[35]でも小出に対する97,952円の貸付が存在した。また共栄破綻後に破産管財人は小出への債権額に極めて近似した「東京渡辺銀行ニ対シ貸金債権九万九千百十八円五十銭ヲ譲渡」(管財，p8) するなど同行・小出側と渡辺との関係はかなり複雑かつ錯綜していたようで，真相は未だ解明されていない。

　以下は，既知の東京渡辺銀行における乾新兵衛側の行動パターンからの類推であるが，同様に破綻した東京渡辺銀行直系の数少ない優良企業・渡辺倉庫の場合，乾は義弟の「阿部純隆を同年七月十七日…社長に就任せしめ同会社の業務一切を担当しその実権を掌中に納め」[36]，渡辺倉庫社長の立場で阿部は乾との「契約書に基き前記倉庫其他一切の財産を現実に引渡さしめ…無資産となし全然其営業をなす能はざる損失を蒙らしめ，同会社を廃滅せしめ」[37]るなど，

「悪辣極まりない手段を弄して債権利得の回収を図り，あるいは財産事業を根底から覆しても利欲を擅にするが如きいはゆる『高利貸の奥の手』を揮」（S5.8.13読売⑦）ったと報じられた。乾は九州地区だけでも大分銀行[38]，大分商業銀行，筑朝銀行，神崎実業銀行等の資金難の銀行に広く関与した。また乾が「関東方面の契約は西川末吉君を替玉に遣ふ」[39]といわれた西川末吉は「其資金ヲ乾合名会社（又ハ乾新兵衛氏）ヨリ供給ヲ受ケ」[40]ていた「乾新兵衛代理人」[41]を名乗る金融ブローカーで，たとえば芸備銀行[42]では昭和2年6月期に安黒一枝名義3万株を引受け，第2位11,525株もの大株主となっている。

　共栄での一連の異常事態を説明する仮説として，もし乾が同行でも東京渡辺銀行の場合と同様の戦略を採ったとし，樋口が同行に送り込まれた西川末吉と同様な「ブローカー」[43]であったと仮定すると，実権を掌握した樋口は主人筋の乾の意向を受け，「二十九ケ所ニ第一番抵当権ヲ設定」（管財，p6）した乾の"尖兵"の役割を果したことになる。同行では西川の姿を確認できなかったが，姉妹関係にある皇国銀行では縁者と思しき西川得三・累ともども新株500株主[44]として，遅くとも13年6月期には登場しており，明らかに乾＝西川ラインの介入が存在し，なんらかの戦略的な意図を有していたことがうかがえる。おそらく同行が皇国銀行を買収した資金等の調達先に乾らの高利資金が含まれていた可能性を示唆しよう。

　樋口の名が東京渡辺銀行の貸付先にも登場し，共栄でも東京渡辺銀行との間に預金取引や貸金債権譲渡など錯綜した関係が生じる一見不可解な事実も，大口債権者である乾が渡辺と共栄の両行を完全に牛耳って，債務者として立場の弱い渡辺六郎や小出熊吉などに対して，債権の一部肩代わりや役員人事を含む様々な無理難題を次々に押しつけたものかと解することもできよう。また同時に同行の創設メンバーともいうべき古参役員がこうした樋口一派の跳梁跋扈を甘受する小出頭取についに堪忍袋の緒が切れて，永年の同志的関係からの訣別に踏み切ったとも解釈可能であろう。

3．共栄貯金銀行の破産

　15年「九月の大蔵省の検査によって内容の欠陥が暴露されて預金額が事実と帳簿との間に相違あることが判明」(S2.2.1読売⑧) した共栄には1,000万円以上の欠損が認められたため,「大蔵省に於て整理を命じたる処, 重役は欠損に対し所有する不動産一千万円を提供して整理する事を言明したが, 斯くの如き不動産は元よりなく, 整理の見込不可能」(S2.1.29読売⑧) と判断した。昭和2年1月ころ今治商業銀行取付の影響を受け共栄も西条支店がまず取付けを受け (S2.1.27読売⑧),「最近右各地支店が続々支払停止をなし, 地方長官より其対策に就いて照会して来るものが頻々」(S2.1.29読売⑧) であった。横山監査役も「伊予の西条, 今治の支店で取付けにあってをり, これが直接の原因となって資金難を来した」(S2.1.29東日⑦) と四国発の挫折を認めた。

　昭和2年1月28日共栄は営業停止処分を受けた (S2.1.29東日⑦)。田次官は「同行重役は今後一千万円以上の私財不動産を提供するから, 銀行の営業停止を今しばし猶予してくれとのことでしたけれど, この提案は到底実現の可能性なく」(S2.1.29東日⑦),「事実又巨額な私財を有してをらぬ事も判明」(S2.1.29東朝④) したため, 放置できず「断乎たる処置を取った」(S2.1.29東日⑦) と処分理由を開示した。共栄は翌29日早朝「重役会を開いて善後策を協議した結果…積立金約八百万円を擁して居るから整理可能」(S2.1.30読売⑧) との判断のもとに, 顧客宛に小出頭取名で「営業停止ではありませんので, 一部の新規受入停止丈でありますから, 幾分性質上穏和の命令でありまして…将来に曙光を認めたく心得ます」[45] と「暫くの御辛抱と御救援を御願」[46] した。2年2月小出頭取名で「当行整理ニ付テハ重役以下行員一同日夜寝食ヲ忘レテ鋭意善後策ニ腐心シ, 如何ニモシテ皆様方ノ御損失ヲ少ナカラシメタイト努力シテオリマス」[47] との詫状を郵送した。

　東京の郡部預金者がまず預金者大会を開催, 預金者擁護実行委員を選出した。横山七平が「二三の名望家, 有力なる実業家に起って頂いて救援の道を講ずべく交渉をする」(S2.1.29東日⑦) と語った通り, 預金者代表者として鈴木穆

（前朝鮮銀行副総裁）、岡喜七郎（貴族院議員、前警視総監）に相談役就任方を依頼し、承諾を得た（S2.2.22東日⑦預金者擁護実行委員の公告）。22日付の委員名公告によれば「当行に対し強て悪声を放ち、或は当行破産、預金消滅等と唱へ…るものある」（S2.2.22東日⑦）と警告したが、たとえば小西法律事務所や金子吉助は2月17日「今や銀行財産の隠匿を計れり。日ならず預金の回収不能とならん」（S2.2.17東日⑫）との預金者向広告を相次いで出している。帝国興信所も「共栄貯金銀行、帝国実業貯蓄銀行等の預金者は…其損害を防止せられよ」（S2.3.13東日⑥）と預金者に自社への払出の委託を呼び掛けた。また1月28日「大蔵省から営業を停止されると間もなく…破産の申請を受け」（S2.4.21東日⑪）、「去る四日にも既に他の預金者から同様破産の申請がなされ」（S2.2.26東朝②）、2月25日3.6万円不払を原因とする斉藤益雄外64名など「共栄銀行に続々破産の申請」（S2.2.26東朝②）が殺到した。橋本滋賀県会議員が上京「小出頭取に就き詳細の状況を聴取」[48]した。滋賀県の預金者代表者の久野庄蔵、市木巳之助に対して鈴木は「この銀行の預金者は比較的中産階級以下の人が多いので、今回のことは由々しい社会問題であるし、且つ整理をすれば銀行を更生せしむるだけの可能性は充分にあると考へて、首を突き込んだ」[49]と相談役就任の経緯を語った。整理案の発表後、藤田謙一（現東京商業会議所会頭）も相談役に就任した。大蔵省松本銀行局長も衆議院での質問に答え、「帝国、共栄の両貯蓄銀行の跡始末については苦慮してゐるが…共栄銀行も内部不良のため停止を命じたが、この跡始末には目下経験ある人が整理に当り、銀行局と連絡をとり資産の調査をしてゐる」（S2.2.24東日⑨）と、鈴木らの整理を見守る姿勢を示した。代理店の行員一同による『株式会社共栄貯金銀行営業停止後の状況報告』によれば、整理の具体案として「重役の更新を為すこと（重役全部の）」、「現重役は一切を整理委員に托して退くこと。後任重役は此整理委員の詮衡に委すること」、「半減する預金に対して重役は私財を提供し…其損失に充当すること」、「重役は右具体案の実現する様預金者に対し誠意を披瀝すること」[50]などが掲げられ、整理のため小出からの「（重役）提供物件一覧表」が末尾の参考欄に掲げられている。

2年3月15日共栄預金者会の会則が制定された。岩下支配人が「目下は鈴木，岡両相談役の手で欠損の整理その他を講究し，預金者に迷惑をかけぬ様に具体案を作成」(S2.2.26東日②) 中と語った通り，鈴木，岡両相談役の名で2年4月16日付で「株式会社共栄貯金銀行整理案」[51]が作成された。整理案第一項は「預金其他ノ無担保債権（有価証券保管預ケ入者ヲ含ム）ハ凡テ半額切捨テ，残額ハ一ケ年据置キ，第二年ヨリ毎年…償還シ，合計元債権ノ四割ヲ払戻スコト。残額一割ハ第六ケ年以後ノ純益ノ半額ヲ以テ逓次償還スルコト」[52]が規定された。また強制和議条件の第一項は「預金其他ノ無担保債権（有価証券保管預ケ入者ヲ含ム）ハ凡テ三分の二ヲ切捨テ，残額ハ一ケ年据置キ，第二年ヨリ毎年末其ノ百分ノ五以上ヲ支払ヒ，五ケ年間ニ全部払戻スコト」[53]であった。

しかし「整理案も近く発表せんとせる矢先，突然破産の宣告を受け」[54]た。債権者青山鉄之助外数名の破産申立（第42号，第58号，第101号破産申立事件）により，東京区裁藤江判事は2年4月20日午後破産を宣告（S2.4.21東朝⑪，貯銀，p185）し，平松市蔵（病気で大山菊治と交替），山口貞昌，豊原清作（3年6月8日共同生命清算人選任）各弁護士が破産管財人に選任された。債権届出期間は2年8月15日限り，第一回債権者集会・債権調査会は3年1月25日であった。破産宣告を受けて預金者の集団は「銀行関係者が『銀行復活』『信託会社に信託する』『強制和議による解決』等の名義の下に預金者から委任状の調印を取り，折角の預金を有耶無耶に葬らんとする形勢」(S2.5.4北国) にあると警戒を強めた。銀行関係者が主導する預金者会では「是〈破産宣告〉に抗告の為め極力委任状蒐集努力致し居り」[55]，2年5月13日尾高主任判事に「従来の経過を述べ，破産取消に関し嘆願的に懇談」[56]した。東京地裁破産係の尾高武治主任判事は「此際経営者の選挙をなし，整理案作成者が首脳となり其実行を貫徹せらるるの決心を認むるに於ては直に破産の取消をなし，各位所期の目的を達せらるるは容易の業なるべし」[57]と返答した。同行は営業停止処分後も「東京を中心に…全国に及び，預金者側から告訴状や投書が刑事部に山積して」(S2.5.20法律) いた。「帳簿のやりくりの複雑なため」(犯，p239)，警視庁により約1年にわたる長期の取調べにより，ついに2年11月16日元取締

役小出，星野，樋口，元監査役杉浦，横山ら旧重役9名を含む14名が「中産階級以下の機関銀行であった同銀行をつひに破産させ」(犯, p239)，百十数万円を業務上横領したとして送検された。3年5月29日同行の債権者集会が東京区裁で開かれ，7万余の預金者の代表240名が参会した。財産処分を協議した結果「強制和議の認可決定が確定するを俟って管財人から財産の引継ぎをうけると同時に，先づ百分の四を支払ひ，更らに一年後に百分の六，二年後に百分の七を支払ふことにして，破産確定後の利子は二年半後に百分の二を支払ひ，結局全部で預金額の一割七分を以て諦らめること」(S3.5.30読売⑦）となり，3年6月14日に再度開催の債権者集会で前回の最終案に基づき「債権額の百分の十七を…支払ひ残余は抛棄する」(S3.10.20法律)との「強制和議条件に依る強制和議を可決した」(S3.10.20法律)のであった。

3年7月7日山口管財人らは横島浅一郎外83人に12,550円，7月16日神田銀蔵外84人に13,720円のそれぞれ株金払込みの訴訟を起した(S3.10.28法律)。3年9月18日東京区裁藤江忠二郎は共栄「強制和議の決議は破産債権者の一般の利益に反するものと認むべきを以て…本件強制和議は認可せず」(S3.10.20法律)と決定した。3年11月20日法律新聞で共栄破産管財人名で配当公告があった（S3.11.20法律）。

4年4月26日破産管財人は『株式会社共栄貯金銀行破産管財事務報告』を作成した。この信頼性の高い資料である『事務報告』によれば，同行は全国に54の支店・代理店を有して，債権者は全国に約15万人，行員数約650名，所有不動産は神田区千代田町1番地の本店と35の支店・代理店用不動産であった。しかし残念ながら破綻までの経緯，破綻原因にはほとんど言及されていない。わずかに貸金に関して「乙貸」（無尽時代からの貸付金で「殆ンド回収ガ不可能」(管財, p4)，「普通貸金」も「大部分ガ所謂不良貸ニテ，是亦回収ノ見込乏シク」(管財, p4)，「丙貸」は「積金ノ範囲内ニ於テ其幾割カヲ貸付ケタルモノ」(管財, p4)と言及されている程度である。

1) 東邦相互銀行における坪内寿夫，幸福相互銀行における潁川徳助，東京相互銀

行における長田庄一などの名高い経営者には類似した問題行動が散見される。東京相互銀行の経営者に関しては杉山和雄「大都市所在相銀の拡大政策──東京相互銀行と長田庄一」『成蹊大学経済学部論集』第37巻1号，平成18年10月など一連の論文を参照。
2) 渡辺徳太郎「無尽の起源及東京に於ける其発達変遷」『無尽通信』第5巻1号，昭和6年1月，p40，貯銀，p136。
3) 中山増次郎（京橋区松屋町）は三重県出身，「嘗って大阪に紙問屋を営みし事あり，商機を捕ふるに巧み」（幹部, p103），明治34年共栄貯金創立に携わり，39年時点で共栄貯金常務（要M40, p402），共栄常務（要T9役中, p106），関東絹毛紡織取締役，八丈島興業監査役（要T10役中, p138），皇国銀行監査役410株主，共栄取締役835株主（20期 T13/6），関東絹毛紡織取締役（要T11, p131），大正14年8月4日取締役辞任（23期 T14/12, p8）。なお八丈島興業は八丈島で電灯電力供給業を経営する目的で大正9年4月25日資本金50万円で設立（T9.5.4内報③）。
4) 杉浦一郎（渋谷町上渋谷／小石川区戸崎町）は明治4年東京生れ，内国通運に二十余年勤務後，明治34年共栄貯金創立に携わり共栄常務・福井支店長（幹部, p103），共栄200株主（20期, T13/6），青島海運各取締役，八丈島興業監査役（要T0役下, p307），関東絹毛紡織筆頭取締役（要T11, p131），大正14年8月18日共栄監査役辞任（23期, T14/12, p8），皇国銀行旧株150株主（皇国銀行25期 T13.6, p2）。
5) 定期積金は貯蓄銀行条例の第1条第2項3号に規定された「期限ヲ定メテ一定金額ノ給付ヲ為スコトヲ約シ定期ニ又ハ一定ノ期間内ニ於テ数回ニ預金ヲ受入ルル」タイプの長期性貯金であった。定期積金は「先づ一定の金額を給付すると云ふことを約束」するので「利子計算ではない」（貯銀, p135）と条例審議の際に政府委員から説明されている。定期積金では中途解約を原則として認めない（貯銀, p137）という難点があり，この不便を克服するため「掛込金の範囲内での貸付は…以前から外務員により便宜行なわれていた」（貯銀, p137）とされる。大正元年9月に5年ものの月掛貯金を開始した不動貯金銀行は，上記の外務員による便法を制度化し，2年9月満期支払額を限度に貸付ける「特別貸金」制度を開始したのが中途貸出制度の初期事例とされる（貯銀, p137）。「金が入用の時は簡単に融通してくれ」（貯銀, p137）るとして，不動貯金銀行が4年預金高で業界首位に躍進する原動力の一つとなった（貯銀, p298）。不動貯金銀行の発展に刺激を受けて，「恐慌によって信用を落した弱小な銀行や貯蓄銀行などが預金を集めるためには，集金という制度を利用して，掛金を集めることが必要」（貯銀, p138）となり，定期積金業務が急速に発達してきた。
6) 明治33年3月27日東京商事銀行として東京市日本橋区横山町3−12に資本金20

万円，払込5万円で設立，明治33年10月ころ東京商事銀行支払停止（M33.10東経），明治39年の取締役原猪作，鈴木重明，山口武次郎，監査役青木輔清（要M40, p96），明治40年破産決定，大正3年破産宣告後に協議契約により復活した（変遷, p536）。同様な銀行として大正3年6月16日千葉の報国貯蓄銀行が破産宣告後，協議契約により復活，王子貯蓄銀行へ改称した例（変遷, p721, 88），大正3年8月神戸地裁で破産宣告を受けたが4年10月協議契約が成立し，債務を株式化した（能勢電気軌道『風雪六十年』昭和45年，p42）企業の例がある。

7)　同様に大正元年9月「貸金及一般貯蓄取扱」を目的に唐津町に資本金2万円で設立（実勢, p127）された佐賀県最初の貯金会社の相互貯金も無尽業法に備え，2年10月24日広島明治銀行の営業権を譲受して，佐賀県に本店を移転した上，相互銀行と改称した（変遷, p402）。

8)9)　金子郡平・金子信尚『北海道会社大商店辞書』大正5年，p4。

10)　不動貯金銀行は大正10年12月創立21年を記念して「今後は貯金者にも毎期株主配当と同額の利益配当をなす事に定款を改め，其配当方法は毎決算期間中満期となりし不動貯金者に配当する事と為し，其旨公表した」（T10.12.30内報①）ため「申込著しく増加」（T11.2.1内報①）した。不動貯金銀行は浅井良夫「不動貯金銀行の発展構造」『一橋論叢』第85巻第1号，昭和56年1月などを参照。

11)　我国で最初に相互主義を標榜し，大正11年3月1日開業した第一相互貯蓄銀行は「純利益の十分の八は預金者に配当し，残る十分の二を以て株主の配当となす」仕組を「当行独特の考案に係るものにして我邦に於ては当行を以て斯業の元祖となす」（二四た, p26）とした。また後続の日本相互貯蓄銀行も「株主配当を年六分に止め，残りの剰余利益金の十分の七以上を預金者へ利益配当として預入高に応じ分配する仕組」（T14.1.20B）で大正14年1月開業した。

12)　酒井利吉は明治5年7月埼玉県生れ，下谷区で愛実小学校を設立経営，明治34年共栄貯金創立時の常務・仙台支店長，共栄専務（幹部, p103），共栄100株主（20期, T13/6）。

13)　小出好太郎（牛込区市谷町）は小出熊吉の義弟（人こ, p7），小出熊吉の妻「阿く利」の父・小出嘉門の長男，明治6年東京に生れ，米国留学後，日本模造皮を創立経営，家業の煙草元売捌業が官営化されて共栄に常務として入り，「資性剛毅，才気を温容に包みて現さず，世才に長じて居る」（幹部, p103）と評され，所得税67円（紳T11中, p186），共栄常務のみ（要T9役下, p25）で50株主（20期, T13/6）。

14)　星野虎吉（函館区西川町）は東京出身，陸軍御用商として「斯界では相当鳴らした人物（幹部, p103）であったが，共栄に入り長崎支店長を経て，常務として「本店に行務を統べて居る，資性温順，真面目を以て終始し，資産も却々ある人」

(幹部，p103）と評された。共栄取締役のみ（要 T9 役上，p105，要 T10 役上，p129）105株主（20期 T13/6）大正14年8月4日取締役辞任（23期 T14/12, p8），皇国銀行150株主（T13/6）。

15) 芳村友之丞（神田区千代町）は三重県桑名の生れ，明治32年明治大学卒，軍籍を経て明治43年共栄に入り内務部長を経て支配人となり，72株主（20期 T13/6），「法理に通暁せる事務的才器にして毎に内外の行務を処理して些も違算なく，同行の新智識」（幹部，p103）と評され，青島海運，日本特殊インキ，関東絹毛紡織各取締役（要 T10役中，p23），関東絹毛紡織監査役（要 T11, p131）を兼ねたが，大正14年8月1日共栄支配人辞職（23期，T14/12, p8）。

16) 盛家亀次郎（神田区岩本町）は東京市場建物，埼玉自動車各取締役（要 T11役下，p226）。

17) 日本銀行（調査局）「東京渡辺銀行ノ破綻原因及其整理」昭和4年5月，『日本金融史資料昭和編』第24巻，昭和44年，p455以下。

18) 強い硫化水素を多量に噴出する有毒泉の渋黒温泉が上流で流れ込むため魚類が生息できない「玉川は毒水が流れて居ると云はれて居た為」（T10.6.5大毎号外），「大正八年七月秋田県六郷村の開墾事業を始める際には水源調査を行う必要があるとて，一万五千円を投じて当時我国に居た独人技師に委託し陸軍省に願って護衛兵を付して貰ひ調査をなし」（T10.6.5東日）た。

19) 平林甚輔は蔵内次郎作の横浜倉庫買占に関与した北浜取引員，綿布商，鉱山業，屋久島金山，十津川鉱山（名鑑 T7, p127），大和の能勢川銅山50万坪を所有（T6.10.9内報③），大和鉱業社長，紀和索道取締役，合同土地信託監査役（要 T9役下，p176），備前鉄道取締役，帝国エレベーター製造監査役（要 T10役下，p263），大正11年1月大阪湾土地を設立し社長（帝信 T14, p273）。

20) 『二ッ井町史』昭和52年，p308。なお旧富根村をも含む市川堰開墾事業でも新潟県の大地主市川辰雄が大正期に私費67万円を投じて市川合資として大規模な開墾に着手したものの，昭和7年に撤退，斉藤信託（斎藤家経営の仙台信託の俗称か）が肩代わりするなど，苦難が語り継がれている。なお『八郎潟干拓事業誌』では農商務省技師可知貫一が大正11年実地調査して纏めた可知案が戦後に実現した干拓計画の発想の骨子（八郎潟干拓事務所『八郎潟干拓事業誌』昭和44年，p1～3）とするが，大正11年以前の開発案には言及していない。

21) 岩田三平は埼玉県出身の小樽の木材商，道有林伐採で巨利を占め，大正5年三上豊夷，三井徳宝と北辰社を買収，内国通運取締役2,880株主，富士生命を乗取り「気質大胆，怪腕，我が儘ニシテ…利ニ敏」（昭和10年11月15日日銀小樽支店長報告，日銀＃387）な「強カモノ」との評あり。

22) 奥平昌恭は明治10年6月16日生れ，伯爵，貴族院議員，高砂生命，日華絹綿紡

続各取締役（紳T11上, p159, 人T7を, p192）。
23) 松浦厚（東京府巣鴨町）は天治元年6月3日生れ, 伯爵, 貴族院議員（紳T14, p473）, 昭和4年12月設立の成田急行電鉄社長（諸S10上, p275）。
24) 朝日銀行は拙稿「『虚業家』による泡沫銀行の利権保有と鉱業投資――松谷元三郎らによる朝日銀行, 釧路炭砿への関与を中心に――」『彦根論叢』第360号, 平成18年5月, 参照。
25) 高柳淳之助とそのパートナーは拙稿「"虚業家"集団『高柳王国』の形成と崩壊――大衆資金のハイ・リスク分野への誘導と収奪――」『彦根論叢』第351号, 平成16年11月, 参照。
26) 別府三穂三郎は明治44年2月3日門司興業取締役解任（『官報』第8317号付録, 明治44年3月16日, p1）。
27) 皇国銀行『第29期営業報告書』大正15年6月。
28) 日本積善銀行は拙稿「大正バブル期における起業活動とリスク管理――高倉藤平・為三経営の日本積善銀行破綻の背景――」『滋賀大学経済学部研究年報』第10巻, 平成15年12月, 参照。
29) 京和銀行は拙稿「多店舗展開型銀行のリスク管理――大正期の京和銀行を中心に――」『彦根論叢』第374号, 平成20年7月, 参照。
30) 『日本銀行調査月報』大正11年11月～12年1月『日本金融史資料　明治大正編』第21巻所収。
31) 吉野小一郎（奉天千代田通）は哈爾賓取引所専務理事, 中華煙公司代表取締役, 南武鉄道取締役（要T11役中, p16, 帝信T14, p1）。
32) 竹友安治郎（豊多摩郡渋谷町下渋谷）は東海生命取締役支配人（要T11役中, p62, 帝信T14, p162）, 大阪府出身, 広島瓦斯, 東京瓦斯電気工業に勤務（幹部, p71）, 松方系統の東京瓦斯電気工業⑦3,310株主（『東洋経済　株式会社年鑑』, 大正11年, p12）, 「松方氏の同社を経営するに当り, 其の腹臣として入社し, 而来経理部面に幾多の施設改良を行」（幹部, p71）った。
33)35) 前掲「東京渡辺銀行ノ破綻原因及其整理」, p455～6。樋口は「銀行創設の希望なりしも…時機尚早」（T11.10.20内報②）と考え金融仲介業に乗り出した野心家。
34) 池上和夫「若尾銀行の破綻と銀行動揺」石井寛治・杉山和雄編『金融危機と地方銀行』東京大学出版会, 平成13年, p206所収。
36)37) 渡辺倉庫事件予審「決定書」。
38) 大分銀行は拙稿「湯布院・別府の観光開発の先駆者・小野駿一と油屋熊八」『滋賀大学産業共同研究センター報』第2号, 平成15年6月, 参照
39) 石山賢吉『庄川問題』昭和7年, p161。

40) 昭和4年7月「念書」『山十製絲文書』S4-69，横浜開港資料館所蔵。
41) 昭和8年（れ）第977号，昭和8年12月18日第一刑事部判決，事実，『大審院刑事判例集』第12巻下，p2363。
42) 芸備銀行は拙稿「投機的資本家集団と銀行乗取——芸備銀行株主総会紛糾事件を中心として——」『彦根論叢』第312号，平成10年3月，参照。
43) 「素性調書」『山十製絲文書』S5-34，横浜開港資料館所蔵。
44) 皇国銀行『第二十五期営業報告書』大正13年6月，株主名簿，p1。
45)46)47) 昭和2年1月29日付「御得意様宛詫状」『西村泰郎家文書』24「共栄貯金銀行営業停止関係書類」。
48)50) 『株式会社共栄貯金銀行営業停止後の状況報告』『西村泰郎家文書』24。
49) 『西村泰郎家文書』24。
51)52)53) 「株式会社共栄貯金銀行整理案」『西村泰郎家文書』24。
54)55) 昭和2年4月29日付「八幡支会長久郷庄蔵書状」『西村泰郎家文書』24。
56)57) 昭和2年5月14日付「久郷庄蔵書状」『西村泰郎家文書』24。

第7章　大正版ベンチャー投資ファンドの末路

　著者はこれまで「貯金魔」と称された高柳淳之助,「会社魔」と称された松島肇を「虚業家」の典型例として取り上げてきた。同様に鈴木商店の金子直吉もある方面からは「事業魔」とか「借金魔」などとも称されたが,これら大正末期から昭和初期にかけて,「〇〇魔」と呼びならわされた特異性が顕著な人物として,今一人「印紙魔」（T10.6.5東日）と呼ばれた津下精一（写真-7）が存在する。本章ではすでに本書の第2～6章にしばしば大口の投資家として登場した津下精一という特異な人物の主宰した一種の擬制投資ファンドの特異性と,その背景にある津下の人的ネットワークを考察することとする。津下は正八位勲八等の三等郵便局長として兵庫県下の朝野の名士二千有余名の一人として,鷲尾久太郎らと並んで一葉の写真が肖像録に収録されているにすぎない無名の人物のはずであった。しかし大正4年就任した「宝塚の郵便局は一年に二三回しか顔出しせず,全然人任せとなし」（T10.6.5福日）た津下の起した不正印紙事件[1])とは概ね次のようなものであった。「政治家,実業家あらゆる知名の士と交際し,大正七年頃から国民一般が事業熱に浮かされた時代に盛んに如何はしい濫造会社の黒幕に

写真-7　津下精一
（富谷益蔵『兵庫県官民肖像録　附兵庫県名士列伝』大正7年, p144)

加はって活動し，全国各地，上海大連方面迄も其魔手を延ばし」(T10.6.5福日)，「各種営利事業を企画し，之が資金に窮したる結果，収入印紙の融通を受け，之を売却し以て其資金に充て」[2]ため司法当局から厳しく追及された。津下事件は並の郵便局長の横領事件とは異なり，①「事業失敗の穴埋金」(T10.6.5読売)の巨額性，②関係者の多数性，③投資対象の多様性，④散布範囲の国際性，⑤投資姿勢の投機性，⑥政界との癒着性，⑦主犯格の人物像の虚業性などの諸点で他に比類なき特異性を有している。後年に偽造団が勝手に津下の名を僭称したのも，津下の虚名が尋常でないことを証明していよう。当該事件では10年3月6日首謀者が逮捕されたが，以来3カ月間も「記事差止め[3]となってゐたが，愈今四日解禁となった」(T10.6.5福日)ため，10年6月5日情報を蓄積して解禁に備えてきた各紙は大々的に報道し，特に神戸，神戸又新，大阪朝日，大阪毎日等の地元紙は詳細な号外まで発行した。こうした詳細な報道のため，"ベンチャー・キャピタル"的な津下の主宰したポート・フォリオの相当部分は具体的な投資先・貸付先が判明することとなった。津下が「八方へ貸散らした」(T10.6.5神戸)と称された「二百余万円中二十数万円を悴某に与へ，其他は自分が関係せる東京大阪神戸等の諸会社に投資」(T10.6.5佐賀)し，独自運用の"実績"は福日の報道では投資事業口数45件，貸付口数25件，計70件196.1万円(T10.6.5福日)に達しているが，各紙等の報道によるものを加算すれば，合計で約100件となる[4]。すなわち津下精一が投融資した100件前後の散布実態の全貌を一覧可能な表-3[5]に示した。以下投融資先には同表の金額順の整理番号を付し，以下本文でも適宜この番号を添えた。

　普通は世間体のよくない悲惨な結果を招いた泡沫会社への投資の失敗例は投資主体の不明を露呈するものであるが故に，当事者サイドからは秘して語られることなく秘匿されたまま闇に葬られるべき運命にある。しかも「鉱山や見込の無い会社の設立や幽霊会社」(T10.6.5九州)への投資件数が無慮百件にもなんなんとする史上最低級のポートフォリオの全容が，勧誘した人物名とともに当事者から進んで情報公開された希有にして貴重な例[6]といえるのではなかろうか。泡沫会社等に投資して失敗した投資家の名前は株主名簿さえあれば特

第 7 章　大正版ベンチャー投資ファンドの末路　179

表-3　津下精一の投融資先一覧表（金額順）

番号　債務者・事業名	時　期	金額・種別	備考(使途・債務者の属性等)
×①東方貯蓄銀行(上海)	8年10月～9年	35万円出資	[50万円(東日)]
②亜細亜炭砿	9年10月	20万円創立費	1万株出資小林勝民花房留次郎が紹介
#③秋田県富根村開墾事業	7年12月～10年1月	18万円	小出熊吉との共同事業(山本郡)
④共栄貯金銀行専務小出熊吉		15万円出資貸付	[7万円出資(大毎)]
⑤合資会社津下商店		15万円	
⑥田中猪作・高橋賢造・西沢	9年10月	13万円	有明埋立工事　田中と5～50万円互助契約
⑦新淀川流域利用開拓事業	6年～10年2月	10万円投資	[9万円(大毎)]
#⑧日本興信所長小関政之輔	6年末～10年	10万円出資	興信信用調査事業設立　神戸市栄町4
⑨東株仲買人吉川正夫	9年10月	9万円貸金	[10万円(大毎)]
⑩帝国炭砿林業	7年12月25日	5万円創立費	[7.5万円出資(大毎)]
⑪明治公債副社長小林勝民		7.5万円出資	
⑫日墨産業社長竹川峰太郎	7～10年1月	5.8万円出資	[7万円大朝] メキシコ土地開拓事業
⑬黒木洋行	8年7月	5.5万円(東日)	雑貨直輸入商　上海北四川路142
⑭井上昭の北京・福華公司	8，9年	5万円出資	事業計画資金25万円要求，坂西少将へ
⑮後藤久吉　東洋木管工業		5万円貸付(東日)	津下の「参謀」格の元郵便局長
⑯浪花商会	8年1月	数万円貸付	大阪市西区土佐堀
×⑰山東製塩公司株金払込	7～9年	4万円出資	山東省　元共栄銀行員・飯田哲雄を経て
⑱香港 Exchange & Finamce	9年9月	4万円出資	主任カーチス
⑲政友会代議士長谷場敦	9年12月～10年1月	3万円出資	朝鮮全羅南道竹成里の金山事業1)
#⑳岡山県知事香川輝	6年～10年1月	2.75万円貸金	[約5万円(田中繁造ノ言)]
×㉑岡山県人村上賢他数名	8年9月	2.5万円貸付	村上堅(大阪市西区土佐堀通)は⑦出願者
㉒羽田造船所	8，9年	2.5万円投資	横浜共同墓地管理人(東日)綾部竹次郎
×㉓北鮮炭砿鉄道	9年12月～10年1月	2万円出資	創立費　女婿の田中繁造が取締役
㉔小笠原島燐鉱区事業	10年1月	2万円出資	山本久賀経営
㉕福岡市志賀島埋立出願		2万円投資	[福田稔夫へ出願着手金] (東日)
㉖神戸興業1)代表社員板東浅之進	9年6月	2万円出資	精製石油販売　九鬼の紹介
㉗堀江堅太郎	7年12月	2万円貸付	土木建築請負業(青森県弘前市外富士)
㉘秋田県八郎渇開拓事業	8年8月	2万円	[1.5万円(東日)]
㉙由利郡森林開拓事業	7年～9年	2万円貸金	荒谷作郎2)に官林払下費　秋田県
㉚秋田県山田村小倉沢森林開発事業		2万円(河北)	平鹿郡　秋田県斉内川水力電気含む
×㉛東京オーナー商会3)	7～10年1月	1.6万円出資	[2万円(大毎)] 数回
㉜秋田県六郷村開墾事業	8年7月	1.5万円(東日)	玉川毒水調査費用
×㉝台湾証券交換所専務村上先	9年	1.5万円創立費	[1.2万円(大毎)]
㉞第八師団階行社物品配給所	8年3月	1.5万円出資	主任野呂義彰　弘前市
㉟日本山林工業4)専務小林春照	8年	1.5万円	岡山市　野田「醬油屋一派」(大毎)
㊱明治公債	9，10年2月	1.4万円出資	[1.3万円(東日読売)] 2回内幸町1
㊲帝国炭砿林業	9年，10年2月	1.3万円貸金(大毎)	2度
#㊳子爵九鬼隆治	6年末～10年1月	12,900円貸付	
㊴日本海草紡織(日本橋区浜町三丁目)		1万円創立費	小川龍宮の計画(福日)
㊵朝鮮馬山府元町製塩事業	8～9年	1万円	尾道の松本小一郎の勧誘(大毎)で製塩特許権収1.3万円(河北)
㊶東京での煉瓦事業		1万円	「小出熊吉氏の勧めに依り出資」(河北)
×㊷支那大陸公司(北京)	7～8年10月	1万円出資	(東日10万円)，「東京日支貿易商」(T10.8.7佐賀)赤沢晋5)の勧め(河北)

番号　債務者・事業名	時　期	金額・種別	備考(使途・債務者の属性等)
㊸沢来太郎の印刷事業	9年12月	1万円投資	前代議士経営の雑誌新東北, 仙台新聞か
㊹大連払下品事業	8年10月	1万円出資	赤沢晋
㊺対州金鉱	7年3月〜10年1月	7千円出資	数回　千葉県選出前代議士小林勝民経営
㊻長谷場敦(宝塚)	7年〜10年	7千円貸付	[長谷場純敬(大毎)]
㊼橋川水力電気事業出願	9年8月〜10年1月	6千円出資	[5千円(大毎)] 小林勝民　福島県
㊽秋田市中島石油鉱区	8年〜9年	6千円出資	[6万円(大毎)] 矢島友造
㊾村上一郎経営洋食店	8年9月	6千円出資	神戸市元町6の宇治川軒・村上軒
㊿設立中の日本海藻織維	8年4月	5千円創立費	増谷新一郎, 小林誠と共同経営
(51)太陽電気会社[6]		5千円創立費(福日)	東京市下谷区元黒門町5
×(52)帝国土地開拓	9年10月7日	5千円創立費	横田長官弟・稔へ創立費10万円の内金
(53)地質図印刷事業	7年〜8年	5千円投資	福岡県人橋本直純企画
(54)蒲原弥作の動力発明試験費		5千円投資	佐賀市下今宿町
(55)津守国栄[7]	9年12月	5千円貸付(読売)	住吉神社宮司・男爵
(56)増谷次郎[8]		5千円	大阪市曾根崎三丁目73
(57)福島勇吉		5千円貸金	
(58)秋田県下六江村開拓事業		5千円(河北)	
(59)秋田県下久喜村開拓事業		4千円(河北)	久喜沢は富根村の近傍
#(60)西田卯太郎[9]	7年〜10年	4千円貸金(河北)	妻つる名義雑貨商店
(61)豊島喜右衛門		3.5千円貸金	
(62)福井県三国炭砿区買収	9年12月	3千円出資	手付金　小倉幸へ
(63)福島県下の炭砿事業拡張		3千円出資	小倉幸
(64)川崎三郎[10]の大連官有地払下		3千円貸付	「東京某新聞記者川崎三郎」(河北)
×(65)児玉電球製造所事業	9年	3千円出資	
×(66)扶桑教管長宍野健丸	9年12月	3千円貸付	東京扶桑教会
×(67)熊本県出版事業		3千円出資	熊本八滝蟠龍, 中西牛郎へ著述金
(68)春名勇助	9年12月	3千円貸付	「予て…知合」(大毎)
(69)アート商会(大阪市西区, 写真謄写版販売)		3千円出資(設立)	古川義重の勧め
(70)佐藤須吉の製材事業		3千円(河北)	
(71)長崎県壱岐郡若宮炭砿事業		2.5千円投資	小林勝民の勧誘(大朝)
(72)共同セメント会社設立のため石原山買収		2.5千円出資	大阪市南区石原憲佐と共同設立手付金
×(73)北風荘一	7年	2.5千円貸金	兵庫湊町三丁目
(74)西田今太郎		2.5千円貸金(福日)	神戸市平野三条町
×(75)東京・自動鉄道	9年7月	2千円貸付	柳川寅吉外1名へ大連官有地払下のため
(76)信州金峰の金鉱区	8年10月	2千円貸付	小池恒太郎(麹町区上六番町, 鉱業, 中産興業監査役)
×(77)本荘堅宏	9年10月	2千円貸金	
(78)山崎三雄	9年	2千円貸金	
(79)日本木材工業(広島)		2千円出資	創立費　政友会前代議士森本是一郎[11]
(80)小林勝民		1.5千円貸金	牛込区市谷八幡町
(81)東水軽鉄・原基雄	10年2月	1千円出資	出願費(9年3月の東京・水戸間の東水電気軌道と同一計画か)
(82)宇佐穏来彦		1千円貸金	日比谷華族会館内
(83)原田庄太郎		1千円貸金	朝鮮全羅南道順天府順天郵便局長
(84)石塚武夫		1千円貸金	
(85)前田瑳一		1千円貸金	大阪市北区天神橋筋6
(86)台湾悟樓港土地払下		1千円投資	「小林の勧誘」(大朝)
金額判明した使途の合計		2,343,000円(予審決定, 第一審判決)	

第7章　大正版ベンチャー投資ファンドの末路

番号　債務者・事業名	時　期	金額・種別	備考(使途・債務者の属性等)
⑧⑦岡田清		貸金	
⑧⑧倉野範造(東京)		貸金	
⑧⑨有馬温泉経営請負	明治44年	未詳(大毎)	
⑨⑩帝国勧業債券合資会社	5年	未詳(大毎)	大阪市北区梅田町　社長八尾捨次郎
⑨①東亜炭砿(上海)	10年3月まで	未詳	津下東洋が経営するも失敗し帰国(新聞九州)
⑨②羽室蒼治		「金銭上の関係」(山陽)	藤田男爵家家庭教師
⑨③帝室林野監理局岡内重晴			九鬼隆治と美濃御料林不正事件関与(T10.8.6大毎⑦)12)
⑨④香港の株式取引所構想			200万円で設立のため香港政庁に猛運動　前田利定
⑨⑤帝国土地開拓(登記料)	9年12月		25万円出資を要請され15万円を携帯し上京(未実行)
⑨⑥東京の証券会社計画中		5万円	資本金百万円の第一回払込金として(大朝)
⑨⑦大東銀行創立構想			前掲の赤沢晋の仲介、小出が関与
⑨⑧満洲競馬倶楽部		出資	津下東洋が発起人の一人(T12.4.10法律)
⑨⑨岡山県児島湾埋立出願	10年	却下	小出熊吉との共同出願
⑩⑩朝鮮の扶桑教買収計画	10年		顧問戸水津下、布教統監九鬼、編輯総務中西(大毎)
⑩①国体一念会		未詳	主事近藤武斉
⑩②同僚の郵便局員N	8年	2万円	家屋取得費(九州)
⑩③同上	9年	1.5万円	神戸関西学院付近土地の買取(九州)
⑩④山口銀行堂島支店口座	9年12月	4.55万円	津下東洋、八尾捨次郎が振込(質問,p3)

田中代議士は上記以外に未詳の使途が「尚数十万円以上」(質問,p4)存在したとして政府当局に質問。

[凡例]　#印は神戸地裁に召喚され、差押処分を受けた(大朝号外)と報じられた案件、×印は大阪通信局からの「債権仮差押申請書に記入したるを抹消した分」(大毎号外)77.2万円、[　]内は報道機関(新聞名)による金額等の差異ある場合の注記。
[資料]　関連記事(神戸、又新、大毎、大朝の号外、大正10年6月5日を中心とする各紙記事)
[注記]
1)　㉖神戸興業は事件が発覚し「過般仮差押へを喰った事とて表戸を鎖して空家」(大朝号外)となった。
2)　㉙荒谷作郎は津下は⑲長谷条代議士とともに「朝鮮総督府より金山を三百万円を以て払ひ下の運動中で之が成功の暁は四十万円の利益はある」(T10.9.6九州日報)とみて、⑲朝鮮全羅南道竹成里の金山調査を委託した「秋田鉱山専門学校出身の鉱山技師」(T10.6.5大毎号外)。
3)　㉛東京オーナー商会は化粧品製造販売、資本金5万円、代表近藤義武(本所区横川町)酷似の近藤武斉(下落合)は「国体一念会」主事。
4)　㉟日本山林工業は大正9年3月資本金120万円、払込60万円で岡山市に設立、取締役は田中平吉ら、監査役尾谷半三郎〔金物会社の真島屋商店、岡山住宅事務、岡山証券監査役(帝T11職,p117)〕ら(帝T11,p7)。
5)　㊷赤沢晋は「東京日支貿易商」(T10.8.7佐賀)、㊹大連払下品事業、㊼大東銀行案件等の仲介人。
6)　㊺太陽電気(赤坂区溜池町3)は大正8年8月資本金25万円で設立、代表取締役吉田伊助。ほぼ同一役員で同一住所である吉田洋行〔赤坂区溜池町3、大正8年11月資本金100万円(払込25万円)で設立、「輸出入貿易業工業一般仲立業委託販売信託業有価証券売買」(要T10,p153)〕と姉妹関係にある。
7)　㊿津守国栄(大阪府東成郡住吉村)は男爵、神官(紳T11,p142)、住吉神社宮司、明治15年8月9日伯爵清閑寺経房の弟に生れ、世々住吉神社神職の先代津守国美の養子となり、明治35年家督相続した。(人つp8)津守が大正15年8月隠居した際にも鈴木猪吉らから30万円の債務があるため、嗣子通秀が限定相続し、「東本願寺の向ふを張る神主」(S2.1.22東日⑦)と話題になった。津守も金銭トラブルを抱えやすい脇の甘い体質の人物かと推測される。
8)　㊻増谷次郎は田上鉱泉土地建物代表取締役(諸T12,上p450)、㊾の日本海藻繊維の発起人・増谷新一郎と同一人か。
9)　㊿西田卯太郎は岡山県新見警察署長。
10)　㉔川崎三郎(千駄ヶ谷町549)は共益炭業取締役、日本大正炭監査役(要T9役上,p203)。
11)　㊽森本是一郎(広島県豊田郡川源村)は政友会前代議士、和泉船渠取締役(要T9役下,p193)、日本木材工業重役、広島市実科女学校長。
12)　当事件と、御料林払下げを計画した帝国炭砿林業、国有財産整理委員長たる沢来太郎の関係の有無は未詳。

定できるが，無名に近い投資家側の投資に踏み切った心理状態まで解明できることはまれと思われる。

著者の関心は一説に数百万円に近いともいわれる巨額の印紙を転売した行為の不当性の有無ではなく，無理無法な方法にもせよ一旦は自己が"受託"した巨額の郵政資金を，起業に理解ある有力資本家を気取って，どのような思惑でいかなる方面に散布・散財したか，すなわち一種の擬制"投資ファンド"のファンド・マネジャーたる津下のリスク管理能力如何の一点のみに存する。津下は世間から「印紙魔」と呼ばれ悪者扱いされる一方で，受益者を中心に「非常に仁侠のある好人物で，宝塚の聖人と呼ばれ」(T10.6.5東日)，「一部の人は小岩下清周だとまで云ひ伝へ」(T10.6.5大朝号外)，「彼を知る者の悉くが彼を敬慕するの風があった」(T10.6.5神戸)と相当好意的に報道される不思議な側面も有していた。津下は大正13年1月9日脳溢血で死亡した。享年61であった。郵便局長としての足跡は『良元村誌稿』[7)]に残されている。

以下，本章ではまず津下の交遊範囲・人的ネットワークを概観した上で，津下の投融資先を，Ⅱ．直系事業，Ⅲ．ベンチャー投資（国内）に二分し，すでに第2～7章で取り上げた投融資先を除き，特徴的なものを取り上げて解明を試みた。

Ⅰ．津下精一の交遊範囲・人的ネットワーク

「東京方面では千葉県選出代議士小林勝民，戸水寛人，権執印幸雄其他の諸氏の手を介して…明治公債株式会社其他に大金を出資し又は貸付け」(T10.6.5東日)るなど，津下の交遊範囲は「政友会系其他の政客と接近…就中戸水寛人，長谷場敦，肥田景之，小林勝民，古賀廉造，望月小太郎の諸氏とは可なり深い交際を続けてゐた」(T10.6.5東日)とされた。こうしたいわば札付きの政友会代議士等の政治家との交際に加え，「九鬼子爵…長谷場敦…等有爵者，知名の士と交際」(T10.6.5九州)，「丹波綾部の九鬼子爵を始め知名の士其他へ十数万円の貸金もある」(T10.6.5九州)など，津下は「良くない

華族」(T10.6.5九州)等との緊密な交際ぶりも顕著であった。津下が「上流階級富豪への手蔓を求め居り，取り入るには如何なる手段方法をも選ばぬ遣手口」(T10.6.5又新)とされた背景としては彼の生い立ちの反映なのか，華麗なる門地・門閥とりわけ有爵者等への憧憬，コンプレックスが人一倍強かったように感じられる。そこで津下の人的ネット・ワークとしてまず代表的な㊳九鬼隆治，㊻長谷場敦の両名の名家との交遊ぶりから見ておきたい。

1．子爵・九鬼隆治との交流

　九鬼隆治（赤坂区溜池町／明石市上之丸）は子爵，旧丹波国綾部藩19,500石・初代藩主の九鬼隆季（九鬼水軍の大将・九鬼大隅守嘉隆の三男）の十一世，明治19年6月21日子爵九鬼隆備（10代）の長男に生れ，30年7月13日隆備[8]が64歳で死去し，30年8月家督相続した（人く，p8）。

　帝国殖産取締役（帝T5職，p162），大正7年「夫人の郷里である明石に移って」（大朝号外），台湾証券交換所（第3章参照）取締役（要T10役中，p199），日本興信所役員，帝国美術保存会会頭（紳T11中，p78），皇道宣揚会会頭（衆三ク，p1）などを兼ねた。九鬼子爵は津下も関係する「帝室林野監理局官吏男爵岡内重晴…等が関係した美濃帝室御料林事件」(T10.8.6大毎⑦)にも関係したとされる。

　九鬼子爵は「貧乏の上に無鉄砲で，華族仲間でも相手にしてがない程の殿様」（大毎号外）との評もあり，津下を「屢々宝塚に…訪問し，其の都度分銅屋に宿をとり」（大毎号外），津下を「頼りに殿様振りを発揮」（大毎号外），「宝塚のひさの屋，ふんどう屋，福徳屋等の料理店で遊興した費用三千円」(T10.6.5河北)を津下が「九鬼子に貢献いだ」（大毎号外）と報じられた。「九鬼家代々の守護神」(T10.6.5又新)の『艮の金神』を大本教の出口王仁三郎が執着し，「大本教へ艮金神を九鬼家から請ひ受け，其代償として九鬼家の為めに十万円の世襲財産と丹波綾部に邸宅を建築して贈る」(T10.6.5又新)話がこじれているのを知った津下は，両者の争いの「間に割り込んだ」(T10.6.5又新)とされる。津下の知友で旧綾部藩士の㉛原基雄[9]は「旧主九鬼

子が金に窮した結果、普代伝承の家宝を入質してゐた事を知り…思案に余り知友…に相談した」(大毎号外)と語った通り、「九鬼家の家臣等と懇懃な所から今の境遇を耳にして、五年程以前(大正六年頃)東京にゐた際、突然訪ねて来たのが知合いになった初め」(九鬼家の家人談 T10.6.5神戸)とされる。津下は「同子爵が近年非常な不遇にある事を聞き、大正五年頃東上した際その仮寓を訪問し、子爵の境遇を詳さに聞いてから一層同情し、大正六年頃から毎月の生活費を送金する事を約束した」(大朝号外)とされる。九鬼は旧藩内に勢力を持つ「大本教に不審を抱いて播州曾根高御供山に本殿を建て、『皇道宣揚会』なるものを組織してゐる」(大朝号外)、「新大本教を製造すべく大計画を進めてゐる」(大毎号外)など、因縁の深い「大本教との本家争ひをしてゐる」(T10.6.5読売)とも報じられた。なお津下本人も㉛東京オーナー商会主と思しく「近藤武斉と謀り国体一念会なるものを設け…皇室中心主義宣伝のため…宝塚に明治神宮を建設すると称」(T10.7.24大毎)するなど、得体の知れぬ無名の宗派活動にかなりの執着を見せていた。たとえば津下は「九鬼子の長持の底から発見」(大毎号外)された「九鬼子爵家の所謂『艮の金神』の御神体を預り居り、皇道宣揚会なるものを起す為めに資金として貸付けたもので、事実は或は子爵が他日貴族院議員へ打って出て子爵議員たらうと明言したのを信じて、万一貴族院に籍を置く場合は之によって何事か目論みんと遠慮をこらして、毎月自分が生活費を送付して居った」(T10.6.5読売)とされる。津下は九鬼への単なる同情心のほかに「将来事業を起した場合に名門の名を加へるための準備でもあった」(大朝号外)とされる。津下が贋物の書画を本物らしく見せる為、九鬼子爵の紹介により山岡「鉄舟翁の遺子山岡直記子に対して箱書をなさしめ」(T10.7.24大毎)るなど、要人・要路への接近に盛んに利用したという。また津下の出資した⑧日本興信所(後述)も事件発覚後に「株式組織に改め、問題の九鬼隆治子爵を重役の一人に加へ」(大朝号外)た。

　九鬼自身が津下と「自分は…親しくした、旧家臣並に交際した。九鬼家の宝物の一部が…氏の家に預けられてある」(T10.6.5又新)というように、「九鬼家になくてはならぬ祖先の宝物・九鬼宗隆の甲冑と片桐且元の連判状」

(T10.6.5神戸）などを抵当同然に預かって自宅に誇らしげに飾り，津下は出身地の旧藩主たる「九鬼子を自分の親戚であると称して，自分の門地を飾る箔に使ってゐた」（大毎号外）など，九鬼の爵位や野崎彦左衛門らの姻戚関係を自己の権威付けに利用しようと考えたものと見られる。

2．政友会代議士長谷場敦との関係

　長谷場敦（渋谷町下渋谷）は明治11年3月29日鹿児島県士族児玉久清の次男に生れ，38年12月長谷場純孝[10]の養子となり，早稲田大学に学び，39年三井物産入社，45年南薩鉄道創立時に支配人（人は，p92），その後養父の「致堂翁を継いで政界に馳駆」（大正，p1144）すべく東京府第13区選出代議士に当選（紳T11，p1），東京文房具製造代表取締役社長，帝国調帯専務日本製布，皇国銀行各取締役，大日本チタニウム監査役など「札付き」とも思しき問題企業の役員を兼ねるほか，東洋製糖新200，東京瓦斯新200，宝田石油220（株要T9上，p212），大日本チタニウム150などの株主で，出身地の鹿児島県で中山嘉平らと水力電気・開墾事業を進行中であった（T10.6.24内報）。

　津下は長谷場が「朝鮮で総督府から金鉱を三百万円で払下を受ける」（T10.9.10法律）との名目で⑲朝鮮釜山の金山事業に「大正九年十二月及十年一月の二回に三万円を貸付け，改めて七千円をも貸与」（T10.6.5読売）した。公判での共同被告の供述によれば，津下は彼に「朝鮮総督府より金山を三百万円を以て払ひ下の運動中で之が成功の暁には四十万円の利益はあるからそれ迄待って呉れ…該金山の払下に要する不足額五十万円をもう一度印紙で融通して呉れ」（T10.9.6九州）と依頼した。長谷場は朝鮮の金銀鉱区，長野県の金銀銅亜鉛鉱区などに約20万円を投資したものの，「採掘意の如くならず，後者は目下休山の姿」（T10.6.24内報）であった。取締役を兼ねた皇国銀行（第6章参照）は昭和3年7月27日営業免許取消，同日解散，監査役を兼ねた大日本チタニウムも，「確実に年十割以上ノ配当可能タル」（T10.8.5大毎　高井株式店広告）として三流現物商が盛んに推奨したいかがわしい銘柄であった。大日本チタニウムは設立後1年余の11年5月長谷場が監査役を辞任した直後に「当会社

ノ工場モ…閉鎖スルノ止ムナキニ到レリ，随テ当期ニ於テ多大ノ欠損ヲ生シ」（♯２営，p3）た。このように「大鵬の志を蔵する」（大正，p1144）長谷場「氏は実業界に雄飛せんとする志望あるに乗じ，所謂世の我利々々連が種々なる方面より接近して担ぎ上げ…之が為め窮地に陥り」（T10.6.24内報），その信用状態は「養豚会社其他のため蒙むりたる損害少なからざるが如く，氏の名義に依る約手は一時十万円以上と註せられ…氏が負債のため訴訟を提起せられ…資金の固定も少なからず」（T10.6.24内報）と相当に問題視された。「衆議院議員選挙運動に多大の金を消費したる結果，昨年十二月津下に借用証書を入れて金三万円を借受」（T10.6.5河北）けた時，津下は「純敬氏が売り口を求めつつあった先祖伝来の掛け軸の売却を引受け，急場の入用として六百円を貸与し」（T10.6.5又新）た。この時，長谷場から家宝，系図等を質物として預かった津下は「『君は立派に華族になる資格がある。一つ私が運動してあげやう』と云って彼を宝塚へ連れて来た」（大毎号外）とされるなど，津下の華族選好がここにも窺える。この結果，長谷場は「現に宝塚に於て津下の厄介になって」（T10.6.5東日），「宝塚四軒屋に神道教を宣伝」（T10.6.5又新）中とされる。同教は「九鬼子爵の新大本教と同体別首の怪しげな信仰を鼓吹してゐる。神仏耶三教を混淆した雑炊教で，大本教類似の『お筆先』もあれば水供養と云ふ怪行事もある」（大毎号外）という。津下事件が発覚後，長谷場自身は「僕は津下と知り合になってから宝塚に住居するやう勧められ…転住した…頻に大臣や各方面への紹介を依頼されるので，二三大臣にも紹介したが，其後余り津下と交際をしない方が宜からうとの忠告もあったので，以後は止めて了った…今日では甚だ迷惑」（T10.6.5又新）と，むしろ自分は被害者だと語っている。津下の債務者として長谷場も大阪郵政局から支払命令を受けたが，「敦氏の亡父純孝氏と床次内相，野田遞相とは政友会に於ける密接なる関係上，支払命令を受けた時には両相が何とか弁済の労を執るるならんか」（T10.6.5河北）と噂された。大正末期の長谷場の対物信用は負債，対人信用は薄，年商未詳，盛衰は衰（帝信T14，p34）と相変らず不冴の状態にあった。その後昭和２年３月長谷場は福岡市の池尻正とともに沖見初炭坑の買収を債権者たる台湾銀行

に申し込んだが,「沖見初炭坑株式会社鉱業財団の全部遂に台銀の所属に帰するに至り」[11],沖見初炭坑の整理を進める台湾銀行は払下先に「大倉組最安心ありとして決定」[12]し,長谷場＝池尻らを却下したため,池尻らの申込は昭和2年10月『台湾銀行整理不正事実の真相を国民諸君に告ぐ』と題する小冊子を作成して台湾銀行当局を誹謗した。

II. 直系事業

津下は「各種事業ノ起業引受」(要T9, p74)を目的とする⑤津下商店などを直接経営する事業家でもあった。それ以前にも,いくつかの事業に携わっていたようで,まず有馬郵便局長時代の明治44年には観光業に着目し,「有馬温泉の経営を請負ったり,土地に手を出したが,何れも失敗」(大毎号外)したという。大正5年ころには⑨帝国勧業債券という有価証券割賦販売業の合資会社を大阪市北区梅田町に設立し,「元伊丹郵便局長八尾捨次郎」(大毎号外)を社長としたとされる。この伊丹郵便局は,いわゆる「六局事件」という印紙密売問題を起した問題郵便局の一つであり,有馬郵便局長であった当時からの局長仲間と考えられる。

1. 津下商店

津下商店は大正8年4月「内外国ノ物産ノ売買及仲立諸物産製造並ニ販売鉱産物売買及鉱山経営各種事業ノ起業引受」(要T9, p74)を目的に資本金15万円の合資会社として大阪市西区立売堀南通5丁目13に設立された。代表社員(無限責任)の田中繁造(武庫郡良元村湯本,津下の女婿)が7.5万円,津下が7.5万円を出資した(要T9, p74)。津下の「参謀と目せられた」(大毎号外)⑮後藤久吉が設立した後藤合資会社も当初は津下商店内に事務所を置いた(大毎号外)。津下の長男も「本年二月上海の東亜炭砿や貯蓄銀行が左前となってから呼戻され」(T10.6.5山陽),「失敗に終って帰朝」(T10.6.5九州)した後は津下商店たる「立売堀の電気金物商田中繁造方へ店員の如く通ってゐた」

(T10.6.5神戸)と報じられた。「電気金物商」(T10.6.5神戸)が本業の,「津下商会の支配人」(T10.6.5読売)田中繁造の判明する役員兼務は北鮮炭砿取締役(要T11役中, p28)のみである。津下は設立直前の9年12月から10年1月にかけて同根の㉓北鮮炭砿鉄道[13])の創立費として2万円を出資したから,女婿の田中を取締役に推したものと思われる。

津下は「大阪市内に資本金15万円の大商店を構へ,内地は勿論満鮮支那方面に迄手を延ばして専ら金物及諸機械のブローカーを経営」(T10.6.5東日)した。地元で「それはそれは豪奢な生活」(T10.6.5福日)を誇示するなど,「成金風を吹かし出し」(T10.6.5山陽),「自分はブローカーで莫大な利益を得たのだ」(T10.6.5山陽)とうそぶく津下は「『大阪の合資会社津下商店は余程大きいものださうですね──』と質問された時,彼は豪然として『取引の年額凡そ数百万円に上ります』と答へた」(大朝号外)といわれる。しかし本業の「電気金物商」(T10.6.5神戸)で年商数百万円もあるとも思えず,津下自身が「盛んに如何はしい濫造会社の黒幕に加はって」(T10.6.5福日)東奔西走し,「内地は勿論,上海,香港,山東,朝鮮等に於ける有利な企業とさへ云へば,片端から之に投資する」(大毎号外)という「各種事業ノ起業引受」(要T9, p74)金額をも含んだホラ数値と思われる。たとえば津下は②亜細亜炭礦(第2章参照)の創立費に20万円を投資する際にも「同社創立開業の上は関西方面に於ける同社発掘の石炭その他鉱産品の特約代理店たること」(T10.6.5大朝)を条件にしており,「鉱産物売買及鉱山経営」をも営業目的に掲げた津下商店に亜細亜炭礦の特約代理店たらしめようとしたと考えられる。

なお津下商店には「中野〈有光〉民政署長と懇意になり,中野氏から阿片売買の有利なのを聞いて大阪市西区立売堀北通六丁目に津下商会を設け,大連に支店を置いて,甘く中野氏に食込み,阿片の払下を受けて其実密輸出入密売などを行ってゐた」(T10.6.5読売)との一部報道もあった。

収監中の津下の下には「八方から見舞品の差入れが殺到した…が月日と共に各方面の差入も漸次減少し,現今では娘婿…から衣類,寝具,食事等の差入れがあるばかり」(T10.6.5神戸)と,最後まで親身の献身を続けたのは津下商

店であった。12年度の調査による『大阪市商工名鑑』には津下商店は掲載されず，田中繁造もその後の消息は判明しない。

2．日本興信所神戸支店

　津下が「出資し，現存の小関ビルデングを設立」（T10.6.5読売）した所長の小関政之輔は「津下問題中約七十万円に渉る事件に〈香川〉輝の交渉干与する所あり」（事件，p7）とされた岡山県の⑳香川輝（第6章参照）「知事の夫人かよ子の従兄弟で，津下精一の知己である元神戸共同銀行[14]支店員」（T10.6.5東日）であった。「津下は共同銀行に自分の信用を売るべく巧に小関を取込」（大毎号外）んだものの，「共同銀行神戸支店が財界の恐慌に逢うて閉鎖した際，失職した小関は専ら津下に付纏ひ，津下の奔走によって日本興信所[15]神戸支店を引受けるに至った」（大毎号外）とされた。「香川知事ヲ〈津下〉精一ニ紹介シタ」（質問，p11）とされる点につき小関自身は「香川が浪人して困ってゐる時代に津下君を紹介して五千円借りてやったが，私は香川に津下君を紹介する際，聖人呼ばりをした位津下君を信じてゐた…私は津下君の犯罪に就ては夢にも知ることが出来なかった」（T10.6.5大毎）と共謀説を否定した。そして6年「当時彼の許に寄食して居た」（大毎号外）⑥⓪西田卯太郎（元有馬警察署長）を日本興信所の会計担当に据えた。津下の債務者でもある西田は岡山県「香川知事の乾児として知られ…約二千五百円を借りたもので，これを不正の金と知らなかったこと判明，現職に止まってゐる」（大朝号外）と報じられた。前職の共同銀行との関係について，小関自身は「私が津下に取込まれて銀行が其後援になった抔の事実はなく，私が津下君と交際し始めた頃には銀行は既に解散の運命に瀕してゐたので，後援処の騒ぎではなく，銀行は大正五年春遂に潰れて了った」（T10.6.5大毎）と否定した。共同銀行は小関の証言通り大正5年6月10日破産宣告を受けており（T5.8.13報知），津下との関係は薄い。

　神戸にはすでに明治39年設立の信用告知業の神戸興信所が存在していたが（通覧，p404），「大正七年には神戸に日本興信所を設け」（T10.6.5東日）た小

関は「私が興信所を起すやうになって毎月の欠損続きですから，津下に，毎月の欠損二千円或は三千円を出資して貰ってゐました…私の借りた十万円の金は数十回に亘って出して貰ったもので，勿論利子も含んでゐます」（T10.6.5又新）と語る。支援の見返りとして小関は「津下の乾児として興信所を利用して八方に津下の信用を宣伝」（大毎号外），「関西の大成金として津下精一を内外各地に紹介」（大毎号外）した。事件が発覚し，津下の関係先の「会社等では之等の為め，破綻を生ずる恐ある個処も出て来るやも計られず」（T10.6.5読売）と観測されたが，日本興信所でも「数日前株式組織に改め，問題の㊳九鬼隆治子爵を重役の一人に加へて対応策を講じ」（大朝号外）たとされた。収監中の津下に「旧友」（T10.6.5又新）の小関から「最も多くの差入があった」（T10.6.5神戸）という。

Ⅲ．ベンチャー投資

　津下精一が投融資した100前後の案件のうち，彼の特異な性格を如実に反映し，ベンチャー・キャピタリストとしての面目躍如と思われる典型的な「如何わしい」事業として，⑦大阪新淀川流域利用開拓事業，海草繊維プロジェクト㊴，㊿の事例を以下に紹介する。この種の話には常人が思い付かないようなある種の革新的内容を含んでおり，いずれも利権・特許等に依拠した無償，無尽蔵の資源の有効活用を唯一の売り物として，一見極めて低廉なコストで，さも高収益をあげられそうな甘い期待感を投資家に抱かせてる美味しい儲け話のようにも見える。しかしながら冷静に考えると，いかにも"眉唾物"らしく怪しげな不確定要素が多く，海のものとも山のものとも判断しがたい荒唐無稽のベンチャー・プロジェクトといえよう。しかし，かかる"際物"話には滅法目がない津下はその投資意欲を大いに昂進させられ，即座に大口出資を快諾するなど，手練手管に長けた狡猾な詐欺師たちの思う壺に物の見事に嵌まったものとみられる。

1．大阪新淀川流域利用開拓事業

この計画の概要は「政友会所属代議士植場平[16]君ヲ始メトシ，三谷軌秀，寺田市正[17]，権執印幸雄及政友会所属ノ大阪府会議員数名等ハ新淀川河川敷地ヲ占有シテ是ニ三角藺[18]ヲ栽培シ，製莚原料ヲ得ヘク」（質問，p9），権執印幸雄を出願人惣代とし津下，植場平，三谷軌秀，寺田市正，㊻長谷場敦ら政友会系の代議士，瀬川卯三郎（三郷村），磯村弥右衛門[19]，川端信次郎[20]，木下重次郎（豊崎町本庄の貸家業）らの府会議員などに(62)(63)小倉幸[21]，村上堅，寺西円治郎[22]ら「大阪府下に於ける多数の有力者や名望家」（T10.7.21大毎）計33名が「淀川沿岸の貸下を出願して，大仕掛に三角藺を栽培し，鹿児島出身の人々の手で畳表製造の会社を起さん」（大毎号外）として，8年5月2日付で林大阪府知事宛に「淀川治水に貢献し，併せて沿岸農村の一大副業たらしめんと企画し…該洪水敷地の貸下を願」（T10.8.18大毎）い出たものである。このうちの府会議員の川端信次郎は北大阪電気鉄道監査役等を兼ねるなど，淀川洪水敷占用を出願した地元関係者はいずれも北摂方面の有力者で，「寺西円治郎氏を除く出願者の大部分が政友会系の人物」（T10.7.21大毎）であった。「権執印幸雄は津下事件の元凶なり，教唆者也。精一は殆んど彼の傀儡に過ぎずして，犯罪の張本は寧ろ幸雄にある」（事件，p21），「畢竟するに権執印一味の食物に帰するに過ぎざりし」（事件，p23）と権執印を非難する見方もあった。

こうした府会「議員の或者は私利のために津下精一，権執印幸雄等と計って…出願をなし…第四師団法宜部理事で，次いで山陰地方の某県警察部長の職にあった某氏の紹介で寺田，権執印等は植場，奥西代議士は元より，政府関係者に取入り」（T10.8.18大毎），「百方運動ノ結果，先ツ堀田土木局長ヲ動カシ，更ニ床次内相ニ迫リテ高圧的ニ内務大臣ノ命ニ俟ツノ方策ニ出テ」（質問，p9），ついに8年12月28日付で無料での占用を許可され，10年「四月起工し，土砂の浚渫売買と三角藺の栽培をなすべき計画あり」（T10.6.24内報）と報じられた。

当計画の発端は三角藺の本場の川内地方出身の権執印が大正4年夏大阪府に

淀川洪水敷占用を出願したことに由来する（T10.7.21大毎）。しかしそれより前にも植場平代議士らが発起した北大阪電気鉄道の前身・北大阪電鉄土地でも「神崎川廃川敷地の払下を受け，河川に改修して土地の経営を為し，並に軽便鉄道法に由」23)る構想があり，河川敷地払下を画策した地元政治家は権執印以前にも多数存在したものと思われる。出願代議士のうち権執印と寺田市正は「星製薬会社が独占して居る台湾のモルヒネ一手払下に対する津下の割込運動」（T10.7.26大毎）でも津下と提携して「主として活動して居る」（T10.7.26大毎）仲間であった。また同じく出願代議士の長谷場も同郷の権執印から淀川開拓の話を聞いて出願者の一人に名を連ねるとともに，親交ある津下を権執印に心強いパトロンとして紹介した（T10.7.21大毎）。

権執印は長谷場から紹介された津下に「新淀川阪神電車鉄橋以南を借受けて，三角蘭を植付けると云ふ淀川事業」（T10.6.5東日）は，「年々二百万円の収益を挙げる国家的の大事業だ」（T10.7.21大毎）と大ボラを吹き，「成功の暁は関係者は一人当，年々一万七千円の収益がある」（T10.11.22大毎）などと巧みに高収益性を強調した。こうして「発起人に対しては成功の暁，百分の二十を功労株として贈与する」（T10.7.21大毎）など，「有利な事を諄々として説いたので，よき事業御参なれと津下はスッカリ惚れ込み」（T10.7.21大毎），「其ノ純益一箇年三百三十八万円，敷地土砂ノ売却利益百万円ニ上ルヘシトテ巧ニ精一ヲ説キ，九万円余ノ運動費ヲ提供セシメ」（質問，p9）た。こうして6年から10年2月にかけて津下は「権執印幸雄と共同し新淀川流域利用開拓事業」（大朝号外）に，「うまうまと引懸り，約九万円を投じたが全然失敗に終ったので，これが回復を図らんため焦慮した」（大朝号外）とされた。

この計画は完全な政友会主導の事業のため，政敵の「憲政派が昨年の府会に於る木津川問題の腹癒せに今期府会では此問題を提げて政友会に当らんと目下材料の蒐集中」（T10.8.3大毎）と報じられ，現に田中万逸代議士は「曲事ヲ敢行セル政友会一味ノ行動」（質問，p9）であり，こうした「情実因縁ニ依リ無料貸与セシ…治水政策ノ一大失錯」（質問，p9）であるとの質問を衆議院で行った。これに対する政府答弁は「新淀川河川敷地ノ占用ハ河川法第十八条ノ

規定ニ依リ大阪府知事ニ於テ許可シタルモノニシテ…土木局長ハ関与シタルコトナシ」（質問，p9）とのニベもない疑惑の全面否定であった。しかし政府側の必死の打消しにもかかわらず，前任の「田中前大阪府土木課長が権執印と同郷の鹿児島出身」（T10.7.21大毎）で，「本件の登場人物が鹿児島系の人物が多い事」（T10.7.21大毎）が疑惑と報道され，当該案件は一種の疑獄事件の様相を呈して，名前を出された関係者は以下にみるようにいずれも事件発覚後の対応に追われた。まず9年12月28日付で無料占用を許可した池松知事は大毎記者に対して，「あの問題は私の着任前からの事で，岡崎君（内務省土木出張所長）も差支ないといふ意見であり，府の方でも同感であったので許可した…権執印幸雄と植場代議士は何れも一度づつ私を訪ねて至急許可して呉れる様との懇請はあった」（T10.7.22大毎）と答えた。大阪府勝又土木課長も，「本問題の内容は私の赴任前に高等政策として運ばれたことで，着任した時は既に処分済となってゐた問題であるから私は此内容を知らない」（T10.7.22大毎）と，責任逃れの答弁に終始した。池松知事は大阪府会でも藤阪寅次郎府会議員の質問に対し，「此問題は決して中央政府と嘗て交渉を重ねた事はなく，凡て内務省大阪土木出張所と交渉して事を取図ったのである。…一体空地の利用は内務省でも種々考慮して居る処であるから，府でも許可の精神を此処に置き出水期迄に刈取るものであるならば別に差支へも生じないだらうと思って許可した」（T10.8.18大毎）と苦しい答弁を繰り返している。

また植場は10年8月1日高槻の三忠亭での関係議員の会合で，不正と名指しされた「津下より出でた二万五千円の運動費は東京方面の発起人より之れを返還し，今後の事業資金は大阪の某氏より投資を仰いで事業を継続する積だ」（T10.8.3大毎）と挨拶した。権執印も阪神淀川停留場下車，晒粉会社下約二丁に位置する稗島渡船場際に天幕を張って，試作地の蘭草を刈り取って，乾燥までの諸作業を見学させるなど計画の虚構性を否定するための大々的な陽動作戦をとるとともに，『大阪毎日新聞』に以下の「謹告」を出して事業の正当性と継続をアピールした。「去る大正八年より三角蘭栽培試作を為す茲に三年，此間種々の研究を重ね，之れが成績は既に世間周知の事たりと雖，三角蘭を知

らざる人々は，該洪水敷地貸下に藉口し何等か我利的企てあらんかの如く誤解し，兎角の世評を為すに至り，我等企業者の迷惑不尠候に付ては目下幸ひ鹿児島より熟練なる農夫多数を呼び寄せ，試作地の藺草刈り取りより乾燥迄諸作業を為さしめ居り候に付，同志の士は実地御検分の上，藺草の成育状態より治水上の関係及家庭副業としての適否等御研究を重ねさせられ，何分の御批判を仰ぐと同時に将来の御後援を乞度，此段謹告候也」(T10.8.18大毎)。

2．海草繊維プロジェクト

第一次大戦中の物資不足の時期に巻き起こった代替品ブームの一環として，繊維業界でも「印度棉花の輸入に困難を感じ…海草から紡績原料の繊維を採り，之を紡織する計画」(T8.10.21D) が持ち上がった。無尽蔵の海草などから安価な繊維を採り出そうとする海草繊維等の試みは過去にも何度となく繰り返された。たとえば東京工業試験所でも技師の小沢武 (15年東洋レーヨンに転出，常務) によって「薄質和紙ニれじんさいず施工試験」が実施され，『東京工業試験所報告』第13回第5号に「海草繊維試験報告」として掲載された。こうした海草繊維は静岡県下の日本工業資料をはじめ，福島，茨城，千葉など「企業屋の好奇心を唆り，幾多製造会社の計画を伝られたりしが，実現されたるもの二三に過ぎず」(T8.10.16内報②)，いずれも採算の見込みが立たず失敗に終ったと伝えられる。

以下に取り上げた海草繊維関連企業も数多く存在した中のほんの数例にすぎないが，各企業についてはいずれも情報が断片的でしかも企画段階での宣伝色濃厚な報道である場合も多く，社名・所在地・関与者なども流動的・暫定的なものと思われる。したがって津下の関係先㊴，㊿との異同をしっかり確認できない企業群も含まれるが，津下が関係した先も実はこのレベルの泡沫企業であったことをうかがわせるものとして区分せず一括して掲げた。

(1) 日本海藻繊維 (国産繊維工業)

大正8年4月津下は大阪市北区の㊿日本海藻繊維に5千円を出資し，共同経

営を意図した。大朝では「増田新次郎，小林誠等と共同で日本海藻繊維株式会社を創立し，それに出資（国産繊維工業会社？）」と，未確認情報のためか社名を複数，かつ疑問符を付している。大毎，東日では上記の増田新次郎と類似の(56)増谷次郎（大阪市曾根崎）へ５千円の貸金と記する。また河北では「増田次郎氏と共に大阪北区曾根崎上三丁目に国産繊維工業会社を創立すべく五千円を出資す」（河北）と記した。各紙報道には社名・人名の差異があり，津下が複数の計画に関与した可能性もあるが，類似の増田新次郎，増谷次郎，増田次郎らは会見等で例えば「マスタ・ニイジロウ」といった口頭報告を記者が各様に聞き誤った結果かと推測され，おそらく同一案件ではないかと考えられる。

(2)　帝国繊維工業

上記の国産繊維工業と類似名称の帝国繊維工業（資本金150万円，1/4払込）は創立事務所を大阪市北区老松町二丁目，鳥取，下関に置き，大正９年５月「海草スガ並に養蚕地方に栽培せらるる桑樹皮其他諸種の植物繊維を精練漂白し主として製紙原料パルプ棉花代用品等を製造するを目的」（T9.8.22内報①）として，「年五割を配当し得べき採算」（T9.8.22内報①）を見込む強気の目論見を発表した。同社は鳥取，山口両県の漁業組合の賛助と，「大阪市一部実業家の賛同を受くべく現所に事務所を設置し，荐りに運動中」（T9.8.22内報①）とされたが，まだ著名な人物の賛同がないためか発起人名の記載はない。なお後年，類似の帝国繊維（資本金10万円）という社名で代用パルプとしての海草パルプを製紙用に東京の工場で日産１トン生産する計画も存在した（S13.7.11台湾日日新報）。

(3)　東洋繊維工業

これより先，大正８年11月ころ「簡易の加工にて足り，棉花の代用として紡織に適し，且つ製紙原料ともなり…豊富な」（T8.11増田，４巻34号），「海草スガモを採取し一種の加工漂白精練を経れば棉花に代用すべき植物繊維ある発見特許を基礎とし…資本金一千万円の東洋繊維工業株式会社創立中」（T8.11

増田4巻34号）と報じられた。同社の『創立趣意書』[24]では麗々しく「奇蹟的に完成せられたる一大発明権を保留獲得」、「スガモの研究所である東京植物繊維研究所の研究に係る特許を買収継承」（T9.2.1D）したと宣伝した。すなわち「渋谷鶴松氏の研究に懸る海草スガ藻を原料とし紡織及製紙工業を営まんとするもの」（T10.5.14内報②）で、根室に原料精製工場、静岡県大宮、藤沢に工場を各々設置する一見大規模な計画であった。同社発起人であり監査役となる渋谷鶴松（荏原郡下目黒）は「スガモの研究所である東京植物繊維研究所」（T9.2.1D）を主宰する発明家を標榜するが、大正7年10月16日認可を取消された（T7.10.23読売）東京昼夜銀行監査役（紳T11下, p87）でもあった。

同社発起人総代は山口文右衛門、沢渡栄[25]、加藤定吉[26]、大島要三[27]、西沢喜太郎[28]、藤井朝一郎[29]、山本辰六郎[30]、服部兼三郎（静岡県浜名郡龍池村、龍池製糸監査役）の8名であった（募集要項）。中心人物の山口文右衛門[31]は糸崎船渠発起人など泡沫企業に多く関わり、たとえば東北鉄道鉱業では「山口文右衛門並に松村寛平氏等が会社成立に関する手形関係は頗る複雑を極め」（T11.1.17内報②）たと疑惑をもたれた人物であった。東洋繊維工業では共立電機電線関係者、すなわち山口、西沢が発起人総代、諏訪方季、石黒慶三郎、中島延太、八木恒蔵（第4章注54）参照）、長野信託が発起人、平田章千代、樺島礼吉、青山禄郎、青山牧太郎、福永文之助が賛成人に名を連ねるなど、「一味」として共同行動していた。

9年1月12日発起人の一人である現物商・平賀泰次商店主の平賀泰次（日本橋区坂本町楓河岸31, 有価証券仲立）が「該事業は本邦空前の一大新事業に有之候為め、全国より応募者相踵ぎ創立企画僅に三箇月にして其発起人並に賛成人のみにて既に総株数の倍額以上に達するの盛況」[32]と東洋繊維工業の株式を推奨した。同社株の取扱所は以下のようなクセのある東西の現物商と名古屋の現物団・信託団であった。東京の要屋商店、第一証券信託（小網町）、長野信託[33]、大阪の五島儀商店[34]、三荒鹿三郎商店[35]、辻村栄吉商店（大北炭砿、大日本原毛紡績株式申込取扱業者）。

このうち第一証券信託は「最も有利の特殊事業」[36]と推薦した中日信託は発

起人・賛成人に名を使われた村井吉兵衛，岡崎邦輔，奥繁三郎ら８名が「都下新聞紙上に同計画と何等の関係をも有せざる旨広告」（T8.11.18内報①）したことから，帝国興信所は中日信託の「計画の極めて不真面目なるは何人も之を否定せざるべく，恰かも往年醜状を暴露して世人の嗤笑を買ひたる日米興業の二の舞とも謂つべきか」（T8.11.18内報①）と評した。また要屋商店（８年４月東京証券取引と改称）は長野県青木島村の出身で東京証券取引，東京織物市場各取締役（要 T11, 上 p57）で東洋繊維工業発起人の長谷部耕太郎（本郷区本郷）が「広く公債社債株式現物仲買を営み」（大鑑は，p16），「貯金魔」高柳淳之助と提携し設立して常務となった日本農工債券の出張所を日本橋区楓河岸25の長谷部の東京証券取引本社内に置いた（帝 T11, p52）。また後に同じ要屋商店（日本橋区品川町10）を名乗った栗田喜平も「投機が好きで大正十一年上京し，株で三十万円を儲け，更に二炭鉱を買収したが，失敗」（S2.3.23法律），不正商法で取調べられた。

　同社の９万株は発起人・賛成人で引受け，９年２月残余「一万株ヲ五円以上ニテ公募」（株界，p288）し，１万株を５円以上のプレミアム付で公募した（T10.5.14内報②）。しかし財界の動揺により打撃を受け，９年４月27日半額の500万円，払込125万円に減資，株主451名を得て，辛うじて設立（T10.4.1D），本店を麹町区内幸町１-６に置いた（要 T10, p91）。社長は山口文右衛門，専務桜内辰郎[37]，常務与真市（本郷区春木町），取締役大島要三，沢渡栄，御子柴学之助[38]，雨谷繁蔵[39]，監査役佐々木文一（第４章参照），戸水寛人，渋谷鶴松であった（T9.5.4内報③）。９年11月期の大株主は①専務の桜内辰郎15,000，①大島要三15,000，③佐々木文一5,000，④貞方新（大阪，発起人）2,000，⑤戸水寛人（監査役）1,000株であった（要 T10, p91）。９年11月期では東京植物繊維研究所から継承した「特許権其他所有物」53万円が，預金56.3万円ともども唯一に近い資産で，大宮，根室に工場を建設すべく少額の仮払をした程度の開店休業状態（株 T10, p215）で，「元より採算に於て予期の如くならざるやにて，頻に他会社と合併の運動を試み以て局面転回に応じ居る由なるが，昨今に於ては主たる工業は有耶無耶にして，附随事業たる原料の供

給方面に走り，各製紙会社又は紡績会社等に向ってスガ藻繊維の売込に力を注ぎ居」（T10.5.14内報②）る有様であった。10年2月20日御子柴，大島，雨宮が辞任（T10.6.16官報付録, p6），社長山口，専務桜内，常務与真郎，取締役沢渡，監査役佐々木，戸水，渋谷であった（T10.5.14内報②）。ジリ貧傾向の同社は10年6月資本金をさらに87.5万円（払込済）に減資した（要 T10, p91）。11年には重役陣も大幅に縮小し取締役山口，桜内，沢渡，渋谷，監査役井上国太郎（福島市新町，発起人）であった（帝 T11, p101）。

(4) 日本海草紡織

津下は上記の㊿日本海藻繊維とは別に類似社名の㊴「小川龍宮氏の計画せる東京日本橋浜町三丁目日本海草紡織会社創立事業に一万円を投資」（T10.6.5河北）したとされる。「小川龍宮」と一字違いの小川龍亮（麹町区上二番町）は「以前北海道に於て開拓事業に従事し，相当成績を挙ぐるを得たが，後鉱山其他の事業にて失敗し，大戦中には早川鉄治，佐々木文一，芳川寛治氏等と謀り，満蒙シベリヤにて従来独逸人経営事業を継承す可く，同地方を跋渉したれども，差して得る所なくして帰朝した」（T10.11.30内報②）ほか，近年でも「北海道に於て所有する土地百余町歩を提供して某開拓会社創立にも奔走し居れる模様」（T10.11.30内報②）と報じられた多分に山師的人物である。

無尽蔵の海草スガモを原料とする「小川龍亮氏の発見に係る」（T9.2.26内報①）特許に依拠して企画された日本海草紡織は創立事務所を日本橋浜町2丁目17と大阪市南区末吉橋4-27に置いた（T9.2.26内報①）から，上記の津下の投資先とされる小川龍宮の日本海草紡織と同一と思われる。

資本金3,000千万円（4分の1払込）で「年六割の配当を敢行すべく声明」（T9.2.26内報①）した日本海草紡織は「北海道を始め東北，北陸及中国各地の沿海に無尽蔵に茂生せる海草スガモを採取し，之れが繊維を加工して畳表，麦稈真田，パナマ帽子代用品，製紙原料パルプ，人造絹糸，柔軟硝子及び各種織布類を製造紡織する目的」（T9.1.24藤本）に加え，「畳表，花莚の原料にも応用し，以て従来栽培し来れる藺草の耕作地を米田に変更せしめ，食料問題解

決の一端に資せんとする」(T9.2.26内報①) という大袈裟な触れ込みで「目下着々進捗中なるが, 近く創立委員確定の上株式の一部を公募に付する筈」(T9.1.24藤本) とされた。同社の誇大広告によれば,「近来其研究により多大の経費と努力とを費して漸く完成して特許を得たる海草繊維紡績事業に全力を傾注し居り, 目下之れが会社計画中にあるが如し。同事業は海草の繊維より紡績, 製紙並にセルロイド等の原料を採取し, 之れにより織物, 畳, 帽子, 硝子等凡ゆる日常必需品を製出するものにして…来朝したる米人アボット氏は之れが事業の最も有望なるを認め, 帰国後全国に宣伝したる結果, 非常に好評を得て, 従来資本金三千万円会社の計画なる所, 這回日米協同にして資本金を一億円程度に変更の計画にて, 過般之れが用件の為め彼地に技師を派遣した」(T10.11.30内報②) と夢のような日米合弁計画まで報じられた。

(5) 大日本海草パルプ製紙

大日本海草パルプ製紙も上記各社と同様に発見特許を特筆大書し,「無尽蔵の海草を以て…代用する」(T8.10.21D)「パルプ製造法は, 農商務省の特許を得て居る…前例のない新規の事業」(T8.10.21D) であることを誇示したが, 疑問視した帝国興信所は「漁民の苦情, パーセントの低率, 工場の配置等…斯業経営の前途には幾多の難関横はり…吾等の疑問益々濃厚」(T8.10.16内報) とした。『ダイヤモンド』誌も同社の目論見書に対して「一年を通じて採取し得る様に書いてあるのは, 間違って居る。殊にあじ藻は沿岸漁業を保護する為めに, 無限に採集する事を禁ぜられ…果して所要の原料を採集し得るや否やは疑はしい」(T8.10.21D) と批判した。さらに欠点として「当社のパルプを使用して抄紙すると, 表裏にポツポツの斑点が生ずる」(T8.10.21D) 結果,「此事業の経済的価値疑問」(T8.10.21D) と結論づけた。

8年12月8日大日本海草パルプ製紙は資本金200万円, 払込50万円 (1/4の12.5円払込), 4万株で「製紙原料パルプの製造及び販売, 製造工業及紙類の販売, 製紙機械及び製造原料機械の製造及び販売其他之れに付帯する一切の事業」(T8.12.21内報③) を目的として京橋区木挽町2丁目10 (後に下谷区仲御

徒町3-31）に設立された（T8.12.21内報③）。役員は代表取締役河田似備三，取締役川島延太郎[40]，粕谷義三（東洋繊維工業監査役），戸水寛人（東洋繊維工業監査役），堀内省吾[41]，金谷藤次郎，監査役倉成大（芝区白金三光町），東清次郎（大阪府西成郡神島村）であった（T8.12.21内報③）。このうち主唱発起して社長となった河田似備三（赤坂区丹後町）は帝国産業，四方津石材各社長，瀬ケ野炭砿取締役を兼ねたが，帝国産業社長として「資本金二百万円で〈帝国産業〉会社の創立を企て…三十万円の払ひ込みしかなく満株に達せぬのを，恰も満株の如くよそおひ会社が創立した如く登記」（T11.12.15法律）したとされ，以下にみるように同社でも株主の意向に反した専横ぶり・背任行為が露呈するなど，多分に詐欺師的な人物かと推察される。

　9年1月「十五日臨時総会を開き，静岡県下今泉製紙株式会社[42]（資本金百二十七万円）を合併するの決議を了し，一切の権利義務を継承」（T9.1増田，5巻3号）予定と報じられた。9年2月5日を期日とする第二回払込（12円50銭）を行った後（T9.1.31日藤本），立て続けに9年12月第三回払込を決議（T10.2.14読売）した。しかし同社株主からは反発が強まり，「静岡県吉原在の今泉製紙株式会社と合同拡張し，主として東京湾に発生する『スガモ』を原料に製紙事業に着手すると称しながら，其実何等の手続きをなさぬ許りか種々の名目の下に金円を捲き上げんとする事発覚」（T10.2.14東日）した。有志株主の調査では「空株多数ある上に，今泉製紙と合併した事実もなく[43]，事業も現在開始し居る形跡がない」（T10.2.14読売）として，戸水ら重役に騙された「株主は大に怒り」（T10.2.14読売），10年2月13日東京地裁検事局へ多数押し掛けて陳情に及んだ。この時同社は急遽10年2月13日付で商号を富士工業と改称，定款の目的に「但シ有益ナル他ノ事業ニ投資スルコトヲ得」（T10.7.4官報付録，p14）との但書を加え，河田，戸水ら主要重役は同日付で辞任（T10.7.4官報付録，p14）するなど慌てて雲隠れした。しかしこの3月18日付登記は俄かづくりの架空登記の節もあり，静岡県富士郡在住者を中心とした多数の新役員の就任登記を10年3月24日付で「各錯誤ニ依リ抹消」（T10.7.5官報付録，p4）するなど，お粗末なドタバタ劇ぶりを露呈する始末であった。

(6) 各社に共通する役員

　戸水寛人（第2章参照）は松島肇と組んで多数の泡沫会社に関与した高名な法律家・政友会所属代議士であるが，同時に日本海草紡織の創立委員（T9.2.26内報①），東洋繊維工業監査役，大日本海草パルプ製紙取締役（T8.12.21内報③）など，海草繊維プロジェクト3社に関与した。また同じく日本海草紡織創立委員の粕谷義三[44]も東洋繊維工業創立委員・監査役，大日本海草パルプ製紙取締役（T8.12.21内報③）の3社に関与した。このように相互に競合するはずの海草繊維プロジェクト3社の間には，なぜか戸水・粕谷など共通役員が存在するという摩訶不思議な人的関係にあった。戸水・粕谷らは何度も騙された底抜けに迂闊なお人好しというよりは，おそらく同一のネタで類似の儲け話を次々に捏造して津下のような各地の資産家をカモとして引き釣り込む首謀者側に依頼され，会社の箔をつけるための共通の道具建てとして名前を貸していた共謀者の可能性もあろう。場合によっては別々に勝手な社名を名乗って，各々株主を募集していたこれらの企業群が実は実質的に同一の詐欺師グループなどの系譜に連なる同一的な組織であった可能性も否定できないように想像される。

(7) 海草繊維プロジェクトの実査記録

　永年『国民新聞』等の証券記者を務めた長谷川光太郎は大正9年2月上旬ころ，「日本は四海海をもって蔽われていますから，何処へ行っても海草は無尽蔵です。その海草を原料として布を織ることが出来ます」[45]と触れ込む，「随分怪しげな会社計画」[46]に非常に興味を惹かれた。長谷川は職業的な探求心からわざわざ，「その事業計画の基本となっている工場を，高田馬場から落合の奥へ土溝川添いに十数町をテクテク歩いて訪ね」[47]，「製紙工場を急改造して織い工場を見て，いささか呆れた…しかも肝腎なところは見せてくれませんでしたが，目の荒い布が出来ていたことは事実です。ただ果して事業として採算になるかを筆者としても直ちにそのことを疑った」[48]と回想している。長谷川は海草を原料とする織布会社とだけで社名を明記しないので上記各社のいずれかは

確定できないが、東京に本拠を置き、製紙工場を改造した点からみて、(3)～(5)の内の日本海草紡織あたりの、発明家を自称する人物が主宰する怪しげな工場の内実を示したものであろう。目論見書に疑問を抱き工場まで実査して正体をほぼ突き止めた長谷川記者はむしろ例外であって、多くの三流以下の新聞・雑誌の中には金銭を受領[49]するなどして軽薄な提灯記事を書いた可能性もあろう。東洋繊維工業といい、大日本海草パルプ製紙といい、顛末は不明な部分も多いが、ベンチャー・ビジネスの衣を纏ってはいるが、いずれも経済性には疑問ある特許の存在のみを金科玉条として掲げた実態の乏しい架空話と見られる。

1) ほぼ同じころに神奈川県鶴見の三等郵便局長の場合でも「妾を蓄へ、且相場に失敗せる等の関係上、横浜郵便局から印紙購入に際し現金支払に窮した結果…浅野昼夜銀行の不渡手形を以て之を騙取して居た外、各方面に不渡手形を乱発した」(T10.3.26大毎⑦) 郵便局疑獄事件があった。また津下の死後数年たった大正15年10月「まだ津下の隠匿してゐる切手は三百万円に上り、現在某政党の手に渡ってゐるが、相当運動費を出せば十円の収入印紙を七円で手に入れることが出来る」(S2.5.14北国⑤) と吹聴して偽造印紙を売り捌いた偽造団も「第二の津下事件」と報じられた。
2) 大正10年6月4日神戸地裁予審決定書。
3) 神戸地裁検事局槇田主任検事は「今回の事件の輪郭が神戸新聞に掲載されたから、これは不可ないと思って、実は金額の点を考慮して差止めを出した…記事差止め以来全三月もかかったといふのは金額が非常に多かったから」(T10.6.5神戸) と語った。報道解禁が大幅に遅れた理由につき、灘波予審判事も「決定書だけでも二十数枚、其の他の調書聴取書等の記録を一括すればザッと二千枚、四千頁にも上る」(T10.6.5神戸) と事件の膨大さ、記録の浩瀚を強調する。
4) 津下自身は「自分が使った金は二百万円を越した」(T10.9.10法律) と供述し、津下の女婿によれば「逓信省でも取戻せる丈は取戻したい方針で、総ての債務者に対して支払命令を発する方針らしい」(T10.6.5九州) とするが、秦逓信次官は「詐取した二百三十万円の…半分位は国庫の損失となるだらう。勿論…諸方面に投資したものは全力を挙げて回収する方針で、現金や財産はもう已に差押へてゐる」(T10.6.5読売) と語った。
5) 津下の女婿も「意外の辺に貸金があるらしい」(T10.6.5九州) と語るなど、津下の投資先の全貌が解明されているわけではない。肉親や郵便局の仲間への情実融

資分すなわち「二百余万円中二十数万円を悴某に与へ」(T10.6.5佐賀)，郵政の仲間に3.5万円貸付（T10.6.17九州）けたなど，「各一万円位宛不正の金の割前を貰って居た」(T10.6.5読売)分などは除いた。番号は整理の便宜上，著者が金額順に債務者全員に付した。

6) 各紙の報道の情報源は，①二十数枚に及ぶ「予審決定書」(T10.6.5佐賀)，②津下に対する大阪通信局の「債権仮差押申請書」に記載された仮差押対象一覧，③各新聞社・通信社の独自の取材だが，基本的には④津下の女婿らが発表したものが主たる情報源であったと思われる。当該事件の後始末のため，「其整理の任に当って目下往復の書面や証書で…父の債権を取調べ」(T10.6.5九州)た津下の女婿の意向を受けた「担当弁護士祢津六也，木村静四両氏が精一宅に取残されてあった五千余通の往復文書を丹念に検べて，淀川の洪水敷事件並に台湾モルヒネ事件の真相を発見」(T10.8.6大毎)して，「政友系の人物と薩摩系の策士等が結託して津下から多額の金を捲上げた事実を発表」(T10.8.6大毎)する一方，神戸検事局光行検事正に「津下事件ノ証拠書類ヲドシドシ運ンダ」（質問，p11）ためであった。津下家では「精一を傀儡に用ひて私欲を逞ふしたる一味徒党を一網打尽の下に告発するは却って精一の刑罰を軽ふする所以」（事件，p1）で「彼らの無情冷淡に憤慨し，関係書類を太陽日報社長原田長治に托して，之を膺懲せんことを希望」（事件，p1）したとされる。大正10年に村山久雄が，「顕著なる数件を茲に摘記し，百鬼夜行の醜状の一端を挙示して世間の注意を喚起せん」（事件，p1）として日進舎（長尾文雄）で印刷し私家版として発行した『津下事件の裏面に伏在せる薩派及政友会一味の醜怪事実』という32頁の政治宣伝用小冊子には津下家所蔵の文書数葉の写真が掲載されており，津下家の全面協力を得た刊行物と考えられる。本書でも基本資料として利用した。

7) 『宝塚市史　第六巻　資料編Ⅲ』宝塚市，昭和54年，p88〜9所収。

8) 先代の九鬼隆備（京都市上京区御幸町）は京都の仏教生命社長で，近江興業銀行頭取（諸M27，p412）に就任したが，同行は明治33年解散命令を受け，仏教生命も新契約停止命令を受けて任意解散した。

9) 原基雄（大阪市北区南森町）は後に強制競売申立を受けた水戸電気鉄道代表取締役（帝S2役上，p49）となった人物。原が大正10年2月出願した㉛東水軽鉄に津下は1千円出資した。東水軽鉄は大正9年3月6日原が西野喜志之助と東京府に出願した東水電気軌道（小林茂多『幻の鉄道』崙書房，昭和58年，p112）の後身と考えられる。東水電気軌道は東京と水戸を結ぶものであり，水戸電気鉄道の原計画であろう。この点当初の拙稿の記述は誤りにつき訂正する。

10) 長谷場純孝は安政元年生れ，西郷軍に参加し投獄，改進党に入党，明治23年代議士初当選，33年内務省官房長，41年衆議院議長，44年文部大臣，政友会領袖・総

務委員（実辞ハ，p42）。

11) 12) 池尻正『台湾銀行整理不正事実の真相を国民諸君に告ぐ』昭和2年10月，池尻正（私家版），p1, 9.

13) 申請上の名義である北鮮興業鉄道は同時に免許を受けた北鮮鉄道とともに北鮮地方の産業開発と北満の物資輸送を目的とする広軌1,435ミリの蒸気鉄道である。大正9年2月27日会寧炭田の中心地であり，大規模な貯木所も所在する咸鏡北道会寧駅を起点として，東進して豆満江岸に近い金洞に至る46.5哩の敷設免許を受けた。北鮮炭砿鉄道は創立総会を大正9年10月中旬を予定していたが，「昨〈8年〉秋十月より工学博士笠井愛次郎氏に稲垣某氏を中心として我内地実業家及び朝鮮名士間に提唱せし結果，我内地実業家として立川勇次郎，坂口拙三，高木次郎の諸氏…を初め多数の発起及賛成者を得て創立計画の準備中なりしが，遂に本〈9〉年三月朝鮮鉄道令により出願許可証下附せられたり…咸鏡北道会寧より金洞に至るを第一期線とし，更に同所より訓戒に至るを第二期線として，王軍春を経て東清鉄道寧古塔に達す予定」（T9.8.20内報①）で，資本払込金額に対して年8％の政府補助と，借入金に対しても資本金総額に達するまで補給を受ける特権を有していた（T9.8.20内報①）。

14) 共同銀行（東京市神田区末広町）は明治33年10月10日設立，大正2年には「総白煉瓦三層楼の本店を改築して之に引移り，更に五年据置貯金及一時掛定期預金をも開始」（T2.5.25伊勢）したが，その後「解散の運命に瀕し」（T10.6.5大毎），5年6月休業（T5.6T），5年6月15日任意解散登記（変遷，p205）。

15) 株式会社日本興信所は大正元年11月設立，資本金5万円，払込27,500円，本店京橋区南鍋町1-9であった（要T9, p56）。昭和初期では京橋区五郎兵衛町14，資本金5万円，払込27,500円（要S3, p38），取締役久間九郎，村上鍠之助，深川寿八，監査役柴田寿孝（帝S2, p49）なお別法人の㈱日本興信所関西本部が大阪市東区京橋61（要S3大阪，p20）に存在しており，日本興信所は一種のフランチャイズ制をとっていたのであろう。

16) 植場平（麻布区本村／大阪府三島郡大冠村）は安政2年3月2日香川県仏生山町に生れ，明治15年大阪府警部補となり，大阪府警部補を辞して郡連合会議員，明治32年大阪府会議員，大正3年本出保太郎，草鹿甲子太郎らと「神崎川廃川敷地の払下を受け，河川に改修して土地の経営を為し，並に軽便鉄道法に由」（大正3年5月15日『電気之友』）る北大阪電鉄土地を設立，阪神の京都延長線と競合する摂城電気軌道発起人（大正3年7月15日不許可），大正10年6月磯村弥右衛門らと高槻〜石橋〜伊丹間の北摂自動電気軌道発起人（T10.6.17内報③），大阪府会議員として「淀川改良工事請願等に努力」（実辞ウ，p6），高槻町長，大冠村長，磯村弥右衛門とともに高槻銀行取締役，明治35年以来大阪府第七区選出，政友本党所属代議

士，当選8回（衆議，p122），新人代議士のころ「疎髯痘面堂々たる」「代議士界の偉大漢」（吉本義秋『大阪人物小観』明治36年，p99）と畏怖され，大正10年時点では政友会大阪支部長（T10.8.3大毎），高槻銀行監査役（T10.7.22大毎），永年淀川治水に尽力し叙勲され，昭和3年政界を引退，高槻天神山に銅像建立が計画された（S3.8.2大朝版）。

17）寺田市正（牛込区矢来町）は明治9年4月薩摩郡東水引村に生れ，明治大学法科卒，時事新報記者，自由通信社主幹，鹿児島県第五区選出，政友本党所属代議士（衆議，p175），「床次内相の昵近者」（T10.7.21大毎）。

18）「藺」は湿地に自生するイグサ科の多年草で，細長く，約1メートルになる茎を畳表や莚の原料にする。

19）磯村弥右衛門（大冠村）は高槻銀行取締役，北摂自動電気軌道発起人（T10.6.17内報③）。

20）川端信次郎（吹田町）は明治6年5月生れ，公吏，摂池銀行取締役，北大阪電気鉄道，商工信託，吹田製紙各監査役（要 T11役上，p193），吹田町長，淀川右岸水防組合副議長，京阪土地監査役，浪花瓦斯相談役（『財界人物選集』昭和4年，か p27）。

21）小倉幸（大阪府東成郡天王寺村）は(62)福井県三国炭砿区買収のため9年12月3千円の出資先，(63)福島県下の炭砿事業拡張に3千円出資先。同名の小倉幸（西区江戸堀北通）は原敬とも交流のあった（『原敬関係文書　第一巻　書翰篇一』日本放送出版協会，昭和59年，p306）朝鮮貿易商・小倉商会主（商工，は p167）。

22）寺西円治郎（東成郡城北村荒生）は非政友会系の府会議員，城北村長，農業（帝信 T14，p221），所得税461，営業税219円（紳 T11，p249）。

23）大正3年5月15日『電気之友』。

24）『創立趣意書』飯野家文書，埼玉県立文書館蔵。飯野喜四郎（埼玉県南埼玉郡綾瀬村）は慶応4年6月28日生れ，埼玉県会議長，氷川銀行，氷川貯蓄銀行，武州鉄道各監査役（要 T11役上，p20），武州鉄道蓮田駅前に居住，太平炭礦賛成人。

25）沢渡栄（名古屋／大阪市西区江ノ子島東ノ町）は工業用ゴム製品輸入卸・合衆国護謨会社日本支配人（大商，p749），東洋フェルト取締役，東洋繊維工業取締役（要 T11役下，p115）。

26）加藤定吉（京橋区南鍋町）は渡辺鉄工所社長，掛川銀行，東海起業，満蒙繊維工業各取締役，東京建物監査役（要 T11役上，p187）。

27）大島要三（福島市杉妻町）は安政6年2月武蔵国に生れ，「性豪胆にして膂力衆に勝れ」（『日本鉄道請負業史　明治篇』鉄道建設業協会，昭和42年，p62）若くして杉井組の代人に抜擢され，請負業に従事，福島県一区選出憲政会所属代議士のほか白棚鉄道社長，福島電灯役員，東京米穀商品取引所，常磐商会，福島羽二重各監

査役, 東海生命, 福島丸共製糸各取締役を兼ねた（衆議, p50）。
28) 西沢喜太郎（長野）は長野信託社長（要T11, p12）, 西沢合資の名義で諏訪工業⑤3,100株, 諏訪工業取締役。
29) 藤井朝一郎（島根県大原郡日登村）は簸上鉄道, 三葉自動車各監査役, 日本パビリン織物取締役（要T11役下, p3）。
30) 山本辰六郎（大阪市西区）は大阪控訴院検事正などを歴任後, 阪急, 大日本琺瑯, 大阪ホテル, 浪速銀行, 浪速信託土地各取締役, 大平護謨, 日本電気製鉄, 日英興業, 内外商事, 大阪造船鉄工所, 炭砿商船各監査役, 秋田石油鉱業相談役, 北丹鉄道発起人・社長。
31) 山口文右衛門（千葉県銚子町）は明治6年2月先代の三男孝吉として生れ, 山口電線工場主, 大正6年12月12日池上電気鉄道代表取締役辞任, 7年10月設立の日東炭礦取締役（第二回営業報告）, 8年5月16日糸崎船渠発起人（T8.5.16読売）, 11年では化学豆油, 東洋繊維工業, 第二東海ラミー紡織各取締役（帝T11, p362）, 水鉛鉱業取締役（要T11, p249）, 11年では化学豆油, 東洋繊維工業, 第二東海ラミー紡織各取締役（帝T11, p362）, 水鉛鉱業取締役（要T11, p249）, 松島肇が社長の黒崎電機製作所取締役（要T9, p82）, 12年時点では上記に加え諏訪工業, 帝国シャンパン各社長, 安中電機製作所, カルチウム鉱泉, 東亜興産, 日本理化学工業, 共立電機電線各取締役（二四や, p37）。
32)「藻を刈る事業」飯野家文書1270-3, 埼玉県立文書館蔵。
33) 長野信託は明治44年5月設立, 長野市大字長野東町, 東京支店（日本橋区蠣殻町1-4）, 資本金100万円, 払込47.5万円, 社長は長野貯蓄銀行頭取の西沢喜太郎。
34) 五島儀商店は大北炭砿株式申込取扱業者（T8.9.4読売）, 店主の五島儀三郎（兵庫県武庫郡今津村）は松井商店現物取引代理人で株栄会所属（T10.8.1大毎⑧大株広告）, 大京土地信託（大正9年5月設立, 12年大京土地と改称）代表取締役, ㈱大阪五島儀商店取締役, 澳商事㈱監査役（要T10役下, p60）, 東洋繊維工業, 大北炭砿各賛成人（T8.9.4読売）。
35) 三荒鹿三郎商店は大日本原毛紡績株式申込取扱業者／類似の三荒鹿之助商店は大北炭砿株式申込取扱業者（T8.9.4読売）。
36) 飯野家文書, 埼玉県立文書館蔵。
37) 桜内辰郎（横浜市青木町字台町）は東海ラミー紡織取締役（要T9役下, p107）, 戸水寛人とともに東京株式現物団から取扱の事実なしと抗議された第二東海ラミー紡織発起人（T9.1.14内報②）, 南洲製糖監査役, 中央綿糸工業取締役（帝T11職, p501）。
38) 御子柴学之助（神田区美土代町）は吾妻炭砿取締役（要T9役下, p136）, 8年3月設立の吾妻炭砿, 東都染料各取締役（紳T11下, p87）。

39) 雨谷繁蔵（神奈川県高座郡藤沢町）は中央綿糸工業取締役，東海醤油監査役（要T9役下，p81）。
40) 川島延太郎（静岡県富士郡吉原町）は東海工業取締役，清水製紙，日本電気興業，太陽人造肥料各監査役（要T10役上，p255）。
41) 堀内省吾（静岡県富士郡吉原町）は三島製紙社長，岳南製紙，東海製紙，駿河製紙，富士蚕業，金輪製糸各取締役，富士窯業，大阪興業各監査役（要T10役上，p125）。
42) 今泉製紙は大正5年11月静岡県今泉村に資本金20万円で設立され，資本金127万円，払込38.1万円。
43) 大日本海草パルプ製紙役員の大半は今泉製紙役員によって占められており（帝T11，p14），実質的には両社の一体化していたと推定される。
44) 粕谷義三（埼玉県入間郡豊岡町大字扇町屋）は慶応2年8月15日入間郡藤沢村に生れ，ミシガン大学卒，埼玉県議，副議長を経て，埼玉県二区選出政友会代議士，当選10回，副議長，議長歴任，自由新聞を発刊（衆議，p73），扇町屋銀行頭取，武蔵野鉄道常務，明治44年11月東上鉄道初代監査役として在任中（要T9役上，p230），明治45年3月から大正8年まで東上鉄道200株の原始株主であった（東上鉄道『第一回営業報告書』，p25以下，『第十六回営業報告書』，p4）。
45)46)47)48) 長谷川光太郎『兜町盛衰記』第二巻，日本証券新聞社，昭和33年，p269～270。
49) 三流記者に「利益を分ちて」，「味方の幕僚たらし」（T8.10.21D）め，都合の良い提灯記事を書かせるのは「新会社製造法」（T8.10.21D）の常套手段とされた。たとえば大正13年日本土地の株主擁護団による鈴木錠蔵清算人との膝詰談判を行った際に立ち会った『読売』記者は平然と「新聞記者に金を包んで差出した」（T13.11.11読売）「変な擁護団」の態度に「醜悪」（T13.11.11読売）さを嗅ぎ取っている。

終　章　ハイリスク選好者の連鎖メカニズム

Ⅰ．各事例間の相互関係と各事例の結末

　百年近い年月の隔たりのゆえに，サブプライムで駆使されたコンピュータ技術が大正バブル期には全く存在しないなど，情報・通信技術上の決定的な差異はいうまでもない。しかし人間の心の中の欲望のマネジメントの機能不全という観点からいうならば，本書で取り上げた大正バブル期の虚業と，最先端の金融工学の成果を謳い上げたサブプライム・CDS等の金融ビジネスとの間になんら本質的な差異がないことに読者は気付くはずであろう。

1．各事例間の複雑な相互関係

　大正バブル期に簇生した泡沫会社群である本書の第1章から第7章で取り上げた各事例のほとんどは一部を除き投資・投機資金を受け入れる側の立場からの考察であったが，第7章（津下精一）の事例は逆に投資・投機資金を提供する支援者である。津下は「各種事業ノ起業引受」を目的とする⑤津下商店を設立し，濫造会社の黒幕として，「内地は勿論，上海，香港，山東，朝鮮等に於ける有利な企業とさへ云へば，片端から之に投資」した。彼の主宰した創業支援ファンドの運用方針は，①会社設立の職業的プロモーター集団の重要な一員に参画し，②ハイリスク・ハイリターン型を標榜，③事業のごく初期，創業段階のみに着目，④一回の投資金額を抑制して一応は分散投資を心掛け，⑤投資する地域も居住地にはこだわらず，ハイリターンが見込めそうな遠隔地，海外，植民地等にも拡大したものと総括できる。

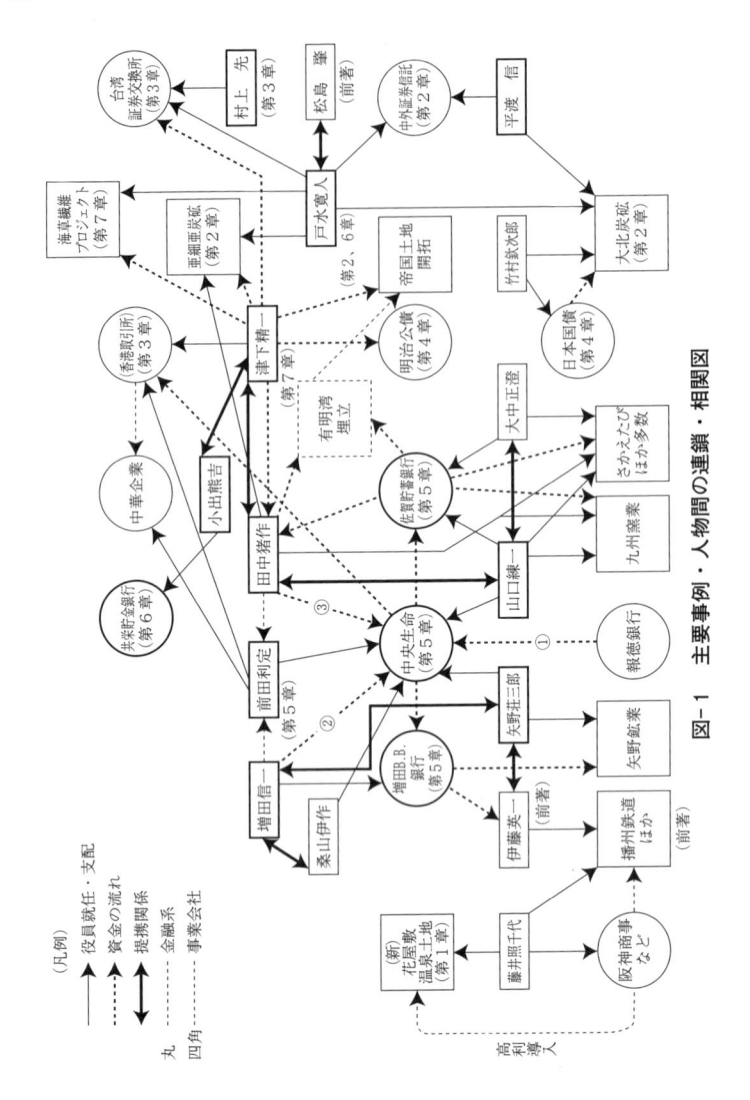

図-1 主要事例・人物間の連鎖・相関図

　津下には「狡智に長け、巧に名門に取入り、所謂一獲千金的事業のみに手を出し公職を利用して事業失敗の穴埋」を重ねた「希代の大山師」との酷評もあった。しかし津下事件には「複雑なる因縁、醜悪なる関係」が伏在し、津下を取り巻くように囲繞した「政友系の人物と薩摩系の策士等が結託して津下から

多額の金を捲上げた」との擁護論もあった。このような立場に立てば津下を「カモ」と見做して言葉巧みに一獲千金的事業に誘い込んだ「良くない華族や野心家の代議士」連中の方がよほど狡智に長けた山師であり，津下はむしろ受身的・被害者的な色彩が濃厚ではなかったかとさえ思われる。

　本書で取り上げた各事例の間には図-1に連鎖・相関の一部分を例示したような複雑で重層的な相互関係が認められる。まず②亜細亜炭砿（第2章），㉝台湾証券交換所（第3章），坂西少将系列企業群（第3章），⑫日墨産業（第3章），㊱明治公債（第4章），佐賀貯蓄銀行・中央生命（第5章），④共栄貯金銀行（第6章）はいずれも津下（第7章）の投融資先である。亜細亜炭砿（第2章）社長として登場する戸水寛人は大北炭砿（第2章）監査役，中外証券信託（第2章）社長，台湾証券交換所（第3章）監査役，海草繊維プロジェクト各社（第7章）の役員などを多数兼ねる本書での主要なプレヤーであるなど，巻末索引に見るごとく同一人物が本書の各章に何度も顔を出している。また田中猪作も中央生命（第5章）専務であり，佐賀貯蓄銀行の大口融資先としても登場する。中国案件の勧誘者である坂西少将（第3章）も共栄貯金銀行（第6章）の系列の大東銀行でも黒幕として登場する。こうした戸水，田中，坂西をはじめ⑧⓪小林勝民，⑳香川輝ら本書のあちこちに顔を出す政治家ないし政商的人物は津下から多額の金を捲上げた野心家に該当する。新花屋敷温泉土地（第1章）は津下と同じく宝塚を本拠とするも，津下の保証人たる平塚嘉右衛門と協力して宝塚の観光開発を推進した阪急の亜流という以外に接点は見当らない。しかし末期に社長として乗込んだ藤井照千代など会社整理を得意とする特殊資本家は増田銀行最大の融資先・伊藤英一の破綻整理[1]にも登場するなど，高利資金の導入先を共通とするため共に悲劇的末路を辿ることとなった。

2．各事例の結末

　各事例の結末は判明した限りでは以下の通り，債務の償還不能・破綻・消滅・逃亡など，関係企業ともども破滅的な最終段階を迎えた場合がほとんどと思われる。まず新花屋敷温泉土地（第1章）社長田中数之助は昭和4年11月21

日自殺，遅くとも7年1月までに無軌道電車は休業，9年4月17日伊丹裁判所の強制競売開始決定，これ以降高利貸などによる競売が相次ぎ，10年以降実質的に休眠化した．

亜細亜炭砿（第2章）は大正10年5月25日解散決議，戸水寛人の関係先の昌栄銀行は13年12月12日破産宣告，城東木材工業は13年3月9日解散決議，戸水が代表清算人に就任した．大北炭砿（第2章）は9年11月不正暴露，ほぼ全役員が辞任した．

台湾証券交換所（第3章）は11年12月定時株主総会も開かず休眠化し，大正末期には収束したものと推測される．

明治公債（第4章）は10年1月20日新契約停止命令，10年7月営業停止命令を受けた．日本国債（第4章）も15年6月13日営業停止命令を受けた．

佐賀貯蓄銀行（第5章）は9年12月取付け，13年11月26日破産宣告を受けた．山口練一は10年1月10日同行専務を辞任した．田中猪作（第5章）は10年3月中央生命専務を辞任，失脚した．

小出熊吉の共栄貯金銀行（第6章）は11年12月12取付け，昭和2年1月営業停止処分を受け，2年4月20日破産宣告を受けた．

職責を悪用して不正印紙を仲間うちから借受けてまで際限なくベンチャー投資を続けた津下（第7章）はついに身を破滅させ大正10年3月拘束，13年1月9日脳溢血のため大津で獄死した．しかし彼の死後もその隠匿印紙を騙る偽造団が「第二の津下事件」を起すなど，彼の虚名だけは長く継続した．

身柄拘束時に津下自身が「恰度川口で汽船が破損沈没したやうなもの」，「今捕はれては総て計画が水泡に帰する」，「もう二三年発覚せざりしならば，自分は関西財界の主となったであらうに」と残念がったように，「会社，炭砿，土地開墾等の事業に莫大の資金を投じて居ったが，之等の会社とか事業とかの大部分は何れも未成に終って居る」とされた．100余の投融資先も上記の第2章〜第7章に掲載したものを含め事業として存続し得たものはまれであったと思われる．彼らが役員・大株主等として深く関与して，恐らく関係企業の資金源としていた銀行・保険等の同系金融機関では取付けを招き，預金の多くが焦げ

付いた事例も確認できる。ただし彼らのすべてが関係企業の破滅とともに経済的にも失脚したとはかぎらず，松島肇（前著）や，田中猪作（第5章）のように不死鳥の如く再生，再び財界活動を継続した極めてタフな事例もある。松島・田中の場合はともに司法的な制約・制裁をものともせず，郷里の地方新聞社を最後の牙城として官憲の圧力にも徹底抗戦[2]し，財産の保全を貫徹しようとした点で共通している。

Ⅱ．虚構ビジネス・モデル

1．大正バブル期の新興企業群の共通性

　本書の事例で見てきた大正バブル期に新設された新興企業群は無知な一般投資家の投資判断を誤まらせるような多分に欺瞞的な各種の信用補完手法を巧みに駆使するなど，以下の如き一種の「虚構ビジネス・モデル」に立脚していたと言わざるを得ない。すなわち①世を憚る実権者は黒装束で醜い我が身を隠して，②名目的に世間体の良い有爵者・名望家等をトップに据え，③実態とはかけ離れた大袈裟な大義名分・社名・公称資本金等を麗々しく掲げ，④一攫千金を得られるが如き法外な高利・高配当を謳い，⑤主唱者が先行取得しておいた鉱区権や荒蕪地など資産価値の疑わしい空虚な架空的資産を新設会社に高値で売り付け（現物出資の水増し評価），⑥虚名ばかり高い札付きの発起人たち多数を（ひどい場合には本人の同意すらないままに）目論見書に並べ立て，⑦空株を払込みのある実株と偽って，⑧活動実態の乏しい名ばかりの幽霊会社を次々に乱造し，⑨真実の情報を隠蔽したまま一切開示せず，景気よく飾り立てる意図的な虚飾・粉飾を重ね，⑩こうした手段を駆使して本来の信用面の薄弱さを巧みに信用補完して，錯覚に基づく投資を誘発させたものの，⑪最終的には会社は泡沫の如く雲散霧消して，⑫庶民の拠出した零細な資金の集積が見えない暗黒の闇の中に吸い込まれて消滅する…といった共通の筋書きが読み取れる。

2．虚構ビジネス・モデル

　主唱者・実権者が起業に当ってあれこれと思い描いたであろう利益獲得のための共通の筋書き，すなわち「ビジネス・モデル」らしきものを，発起から創立・払込・整理・清算に至る各過程ごとにより詳細にみていくと，概ね以下のようなものであったと総括できよう。

　①まず時期的には大戦景気に沸き，成金が多数輩出した大正6～9年初の所謂「大正バブル期」に，②業種的には相場・証券・鉱業・船舶・土地・観光・リゾート・開墾・植民地・海外関連などのハイリスク分野を中心に，③勧誘対象としては経済の事情に通じない多数の庶民層（多くは地方在住）から零細な資金を収奪する目的で，④主唱者・実権者自身の乏しい信用度を補完するため有力政治家・高官・著名人・有爵者等を担ぎ出し，⑤あたかも有力政治家・政府高官等からの特別の利権や保護・助成を与えられるかのような，⑥高収益，有望な利殖案件のように装うため，いかにも新規・進歩・豊富・権威など魅力的な要素がありそうな尤もらしい"舞台装置"を念入りに仮装・構築して，⑦共謀関係にある記者や，御用新聞・雑誌・出版社等を利用して大いに有望銘柄と絶賛・推奨させ，⑧誇大な宣伝・広告・目論見書等を多用・継続・反復し，⑨現物出資など巧妙で複雑な経理操作・金融手法・仕掛けを縦横に駆使し，⑩空虚な実態をあたかも濡れ手で粟を掴むような一獲千金的事業に粉飾し，⑪言葉巧に投資主体の射倖心を煽り，投機本能を極限まで昂進させ，⑫活動実態の乏しい看板倒れの「泡沫会社」を次々と多数乱造し，払込みの当てもない空株を発行，⑬数多くの投資家を募るために，各地・多方面に互り数多くの多種多様な泡沫会社群の創設に関与，⑭投資対象地域は遠隔地・外地・海外にまで極めて広範囲に及び，⑮時には強引に他会社の敵対的買占め・乗取り・併呑まで敢行し，資産の強奪による延命まで試みた場合もあったが，⑯大正9年以降の株価大暴落の影響で相場の思惑が外れて巨額損失を露呈し，⑰多くの関与事業の経営にことごとく失敗し，元来薄かった信用がさらに失墜，⑱一時の弥縫策たる各種の陽動作戦，決算操作，粉飾等を重ねるも，⑲放漫の末の資金固定化

のために，遂には日々の資金繰りにも困窮し，⑳悪名高い高利金融業者の門を叩いて高歩資金に依存するなど，その場凌ぎの延命策を試みるものの，㉑末期には実権を掌握した狡猾な高利貸の意のままに翻弄・蹂躙・収奪され，㉒これまで資金源としてきた同系銀行・保険・信託・証券・ノンバンク・商社等の連鎖的な経営破綻を引き起こしたり，㉓最終的に償還不能・破綻・消滅・逃亡等の重大な経済事件を惹起したり，㉔法令違反等の疑いで司法当局の強制捜査を受けたり，㉕果ては幅広く一般投資家・関係方面等に深刻な悲劇や怨嗟を生んだ醜聞・社会問題となった。

こうした事件の悪質性・悍ましい魔性の故に，しばしば「○○魔」などの異名で呼ばれた中心人物は㉖多くの場合本質的にリスク管理能力の欠落者であったとみられ，㉗彼らは同僚・部下・重役・株主・家族など周囲の諫言・反対をも無視し続けるため各種のガバナンスはうまく機能せず，しかも㉘この種のハイリスク選好型の人物同士が相互に競合・扇動・共鳴・共働・教唆・共謀・共犯等の相互堕落作用を繰り返す結果として，㉙「同類，相求む」「同じ穴の貉」が相互に複雑に絡み合い，依存しあって，巨額の利益を山分けしようと蝟集する「複雑系ネット・ワーク」を形成して，㉚信用リスクが複雑に絡み合って連鎖し，極限まで増幅・拡大され，㉛文学的表現が許されるなら得体の知れない魑魅魍魎，妖怪変化の類が，夜中に列をなして横行するという「百鬼夜行」の如き悍ましい醜状を呈していたのではないかと考えている。要するに大正期の新興企業群はリスク管理という概念が完全に欠落した虚構のビジネス・モデルに立脚していたと言わざるを得ない。これら本書の題名とした「虚構ビジネス・モデル」とも称すべき共通の筋書きのうち重要な部分について以下に詳述し，本書の結論とする。

3．職業的な発起業者の主導

泡沫会社を次々と発起設立して，創業者利得として収得した発起人株（権利株）を転売して利益をあげる発起行為を専ら生計の手段とする職業的ないし半職業的な発起業者が存在する。こうした職業的な発起業者は「会社屋」「会社

「製造屋」「発起屋」「事業屋」など種々の名で呼ばれる。その典型が「泡沫会社製造の天才」[3]「会社製造屋の頭目」[4]とされた松島肇[5]であろう。本書にしばしば登場する戸水寛人（第２章ほか）は松島肇の良きパートナーであった。第２章の亜細亜炭砿と大北炭砿の間でも安楽兼道[6]，清浦敬吉[7]，中林兵吉[8]など両社の発起人・賛成人等を兼ねる常連で，泡沫会社への関与が常態化している特異な資本家が存在する。おそらく安楽は名前を貸す名望家，清浦は高官のダミー，中林は泡沫会社の株式を売買する現物商としての関与と考えられる。こうした著名な人物のほかにも，投資案件や鉱区等を資産家に持込んだり，金銭の貸借・株券・鉱区の換金の仲介を行ったり，借入金の債務名義人となったり，発起行為に関連する諸サービス面で著名な人物の下働きを行うような無名の「金融ブローカー」「鉱業ブローカー」的人物[9]が主唱者・実権者の周辺に無数に存在して共働したものと考えられる。

4．所謂「泡沫会社」「幽霊会社」

本書に登場した企業の多くは主唱者が尤もらしい目論見を謳い上げ，名称だけでは大袈裟な印象を与え，公称資本金では相当な規模の企業を思わせるが，ほとんどこれといった活動実態はなく，つまるところ単なる泡沫会社・幽霊会社[10]であった場合が多かった。こうした虚偽的払込の会社設立を可能とした手法の一つに，現金による出資によらない現物出資の乱用があった。「鉱区権を資本化して創立した」（T10.6.5大朝）ような「資本金は総て現物出資に依りて成立」（事件，p8）したにもかかわらず，その実は現物出資のみに依拠し，企業実態が乏しく，巨額の払込資本金の実態はほとんど架空に近い空虚な内容の，水で薄められた水割資本［watered capital］にすぎなかった。大北炭砿（第２章）はこうした幽霊会社，幽霊株の典型であるが，亜細亜炭砿（第２章）も名称だけは大袈裟な印象を与え，公称資本金では相当な巨大企業であるにもかかわらず，その実は現物出資のみに依拠し，企業実態が乏しく，巨額の払込資本金の実態はほとんど架空に近い空虚な内容で，ほとんどこれといった活動実態もなく，正当に成立し得たのかどうかも極めて疑わしいと思われ，虚業性

の高い一種の「誇大妄想型」架空的泡沫企業であったと考えられる。

5．尤もらしい"舞台装置"

　発起者が最大限に創意工夫をこらしたのは投資家を強く刺激し，誘惑・吸引する尤もらしい仕掛けともいうべき"舞台装置"であった。「虚業家」的な人物同士が何らかの連携の手段や情報交換の場を共有するというネット・ワークの下で，津下をベンチャー企業に理解あるエンジェル資本家の如く，表面上は「宝塚の聖人」などという尊称を奉って巧言令色にこれ努め，その実は「お大尽」「カモ」の金主と見做して，恰もロールプレイング・ゲームのように，有力政治家・政府高官に連なると誤認させて，いかにも津下に特別の利権を与えるかのように振舞うなど，一味がそれぞれの尤もらしく与えられた役柄を演じた。こうした「策士団」[11]の巧みな連携プレーにより，「近年希有の一大富鉱」などといかにも「濡れ手で粟を掴むやうな事業」に見せかけた虚構のビジネス・モデルを次から次へと捏造したり，一億円会社のような周到な"舞台装置"で飾り立てて「カモ」の射倖心を揺さぶり，その投機本能を極限まで昂進させ，コロリと見事に騙し，よってたかって「一味の食物」にした。各事例の中には見方によっては現代金融の花形・ベンチャー・キャピタル，投資信託，不動産投資信託等の先駆形態とも呼べそうなほど，今日の多彩な各種投資ファンドを彷彿させるような最新鋭の金融スキームの類似品が表面的に構築された例も少なくない。こうした創意工夫部分にのみ焦点をあてて当該人物を評価すれば，一種の天才的な才能をもった「革新者」との位置付けを与えられる場合もないわけではない。著者は決して「虚業家」を一方的にマイナス・イメージだけで把えていない理由もこの点に存する。各事例に即して主な"舞台装置"は次の通り。

　新花屋敷温泉土地（第1章）は「土地会社」という当時流行最先端の「不動産の証券化」ビジネス・モデルを基礎として，宝塚を真似た観光開発という「甘味剤」を振り掛けた立地上不利な後発土地会社の一つにすぎなかったが，最後には起死回生策として日本で最初の無軌道電車を導入するという「離れ

業」まで演じて，虚名を後世にまで残した。

　大北炭砿（第2章）は採掘実績の乏しい試掘坑へのハイリスクの"鉱業投資ファンド"であった。また同章の亜細亜炭砿は有望鉱区を擁しながら経営困難な会社を買収する炭砿トラスト結成を謳い，日，支，英，米，仏，露国を対象とする世界的公募を標榜した。

　台湾証券交換所（第3章）は台湾総督府による台湾取引所設立の前駆と称して「台湾唯一の株式信託業機関」を標榜した。

　日本国債（第4章）は有価証券割賦販売法の施行で廃業に追い込まれ，所有していた石炭鉱区から石炭を採掘するだけの実質"鉱業投資ファンド"であった。

　共栄貯金銀行（第6章）は元来は貯金者への利益配当制度を創始し，これを売り物に成長してきた老舗庶民金融機関であったが，その後ビジネス・モデルが大きく変容した。

6．有力政治家・政界との癒着性

　「〈津下〉精一は薩派及政友会を恃みとし，其複雑なる因縁，醜悪なる関係に依り必ず特別保護の下に検挙を免れ得べしと確信…津下精一を囲繞したる不正の徒は非常に夥しく…二十名以上に達し，其関係は非常に錯綜して」いた。彼の女婿が「政友系の人物と薩摩系の策士等が結託して津下から多額の金を捲上げた」と発表した通り，津下の投融資先の主唱者には後藤新平，横田千之助など政治家・政府高官に連なると誤認させる人物が次々と彼に擦り寄って，津下に特別の利権を与えるかのような尤もらしい舞台を周到に用意し，こうした連中から津下は「先生々々と祭り上げられ，殆んど閣下扱ひにされ」大金を出さされている。大北炭砿の影のプロモーターの一人と目される平渡信は，後に発覚する松島遊廓移転問題の中心人物として動機を「凡そ政党員は誰でも事業に手を染めて金穴を見つける。自分たちも最も要領よく金をとらう」と公判で供述した。彼は「悪事にかけては糞度胸を有って居る」札付きとの世評があり，信用希薄な自己の名を公然と名乗り難く，世を忍ぶが如き非公然性選好が高か

った黒幕的人物と推測される。

　大戦景気に沸いた大正バブル期を象徴するような「良くない華族や野心家の代議士」連中など「虚業家」的な人物が「影の形に添へるが如く殆んど精一の股肱として奔走し，巧に精一の歓心を得」る勧誘者・仲介者・投融資先・共同経営者・政治家等として多数登場する点が注目される。津下の場合は背後に政友会系統の与党政治家・政府高官の姿が周辺に見え隠れするなど内部事情がある程度明らかになった希有な例ではなかろうか。

7．信用補完のメカニズム

　専門知識を有しない一般投資家がリスクが高過ぎると感じるような信用度の相当に低いハイリスク案件に投資を決断させるに際し，リスク・プレミアムを反映した金利の相当程度の上乗せに加え，戸惑いがちな投資を誘発してしまうような甘味財として巧妙な各種の信用補完手段が工夫されてきた。すなわち①誇大な宣伝広告，②資本金・資産等の数量的な水増し，③事業の見込みに関する学術的な分析結果の改竄・虚偽表示，④大方の投資家が信頼しがちな世間的に著名な有徳人種の発起人・役員等への就任，⑤科学者等権威者の買収・共謀への誘導による学術的鑑定内容の改竄，など投資家の投資判断を誤まらせるような多分に欺瞞的な投資勧奨手法が駆使された。

　特に暗黒の地底深くに鉱脈が走っているとの期待が持たれる鉱山業では採掘事業の成否の判断は鉱山学者の実地調査報告の結論以外に依るべき情報を得がたいという特殊事情にあった。古来鉱山師の跳梁跋扈するヤマの世界では，無価値同然の廃坑をニセの優良金山に仕立てるべく，鉱区の随所に高純度の金鉱を意図的に散布，あるいは坑道の要所要所に光り輝く鉱石を張り付け，さも類い稀な金山かと買い手側を錯覚させる虚飾手法が日常茶飯事であったという。こんな情報の極端な非対称性の中で，権威あると信じられていた曲学阿世の鉱山学者は黄白に目が眩んだのか，廃坑・貧鉱の類を希有の富鉱なりとの虚偽の調査報告書という「お墨付き」を乱発した。正体は単なる虚業家にすぎない低レベルの人物が，庶民が無謬性を過信しがちな「科学者」の姿を仮装して，い

かにも権威ありそうな「科学」の名を騙って貧鉱に高い格付けを与えただけのことでもあろう。

　また有価証券割賦販売業界では金に困った貧乏華族などに僅かな名義借料を支払い，名義株を持たせて名目的な社長などに据えるものが続出，「不正金融業」を取り上げた『東京朝日新聞』は「イカサマものが何か事を始めようとすると，直ぐ何々男爵とか，何子爵とかいった様に，貧乏華族をそそのかして，之を社長にかつぎ上げたがる」と指摘したが，「単に空位を占むるに過ぎざりしも，地方人士は社長の名に眩惑せられ争ふて其勧誘に応じ債券割賦の契約を締結する者多数に上りたるより，茲に異常の発展を来」す悪弊が見られた。立身出世を夢見た貧農出身の三等郵便局長が，雲の上の如き「子爵」様の光り輝くブランドに目が眩んで，憧憬の念を強く抱いて交流を求め散財したのは心情的に理解できる。日本公債の社長に担がれた肝付兼行男爵は，「自分は社長と云ふ名義ばかりで深い事は知らぬ」と告白したが，こうした名目的な社長を推戴する陰で真の実権者が自己および自己の所属する集団の私利を専ら追及すべく，受託者責任を一切考慮せずに暴走し，無謀にもハイリスクの鉱業投資や安易な金融多角化に走ったために，割賦販売に基づく顧客の財産権が収奪され尽くすという悲劇的な結末を招いた。

8．情報媒体の最大限の活用

　大正期は今日から見れば情報化の遅れた社会であるのに，各事例は各種の情報媒体を最大限度に活用している点が特色の一つである。共謀・共犯関係にある記者や自己の影響下にある新聞・雑誌・出版社・信用調査機関等を利用して，自己に有利な所謂提灯記事を掲載させたり，多額の広告宣伝費を投じて誇大な広告を継続・反復して目立つ紙面に大きく掲載するなどである。こうした記事や広告等には思わず引き込まれそうになるほど，実に見事なまでに麗々しい刺激的な文句が言葉巧みに連ねられた勧誘文が記載され，読者に当該利殖行為を画期的と絶賛し，最先端と褒めちぎって，投資を推奨し，大胆な投資行動に一躍踏み切らせる決断を促した。たとえば津下は地元神戸の中小信用調査機関に

出資して，同社を通じて「関西の大成金」として津下の虚像を内外各地に紹介させた。また資金援助している「毎朝新聞記者」[12]出身の文筆家・中西牛郎を参謀として自己の上海出張に随行させ，津下を日本の大資本家が来たものと誤認したのか「上海では殿様扱ひされ…渋沢子爵よりも勢力があった」などと中西の著述になる紀行文を印刷して取引相手などに配布し，自己を権威付けた。

9．金融機関・ノンバンクの投機機関化

本書に登場した普通銀行（増田ビルブローカー銀行），貯蓄銀行（佐賀貯蓄銀行，共栄貯金銀行），生命保険（中央生命）などの金融機関や，有価証券割賦販売業者や信託業者（中外証券信託）などのノンバンクはいずれもハイリスク分野への証券投資に深く関わり，いわば投機機関化していた場合が多かった。その背景としては実権者自身が実質的に証券業者を兼ねていた日本版「投資銀行」的存在で，大正バブル崩壊後の倒産銀行第一号となった増田銀行の場合をはじめとして，トップにハイリスクを選好する人物が他の堅実な役員を排斥しつつ内部からの昇進（共栄の小出熊吉など）または外部からの招聘により就任したことを契機に，新興企業等の発起ビジネスに金融機関自体が入り込んでいったためと考えられる。田中猪作のようなリスク・テーカーを専務に迎え入れながらも，金融機関側の自浄努力で危険人物と認識・排除し，危うく虎口を逃れ得た中央生命の事例はむしろ例外であった。

信託業では大正末期に信託業法を制定して業者の浄化にほぼ成功したが，同じく業法を制定した有価証券割賦販売業者の方は免許された少数の有力業者すら問題が続出して次々に営業停止命令を受ける有様であった。有価証券割賦販売業のビジネス・モデルは当初から多分に虚偽的な悪質商法と断定せざるを得ないが，営業無尽会社の魁という栄誉に輝く共栄貯金銀行の場合もビジネス・モデルが投機機関に変容していったものと考えられる。

10．ハイリスク・ビジネスを支える専門金融業者

新興企業を次々に発起する職業的発起業者の活動を陰でささえる専門的業者

が次第に登場してきた。土地会社などの雑株を専門に取扱い，大衆にまで推奨販売した現物商は，彼ら自身が発起業者を兼ねていた場合も多かったと思われる。たとえば第2章の商事信託合資会社[13]のように，自己が乱造した泡沫会社の株式を現物商として発行する証券レポートの中で有望な新興企業株と偽って絶賛・推奨する自作自演（利益相反ではなく，利益の完全合致）も珍しくなかった。また本書で登場した津下や藤井照千代（第1章），樋口美津雄，乾新兵衛（第6章）といった人物はハイリスク・ビジネスを資金面で支えたベンチャー・キャピタル，高利貸，整理屋等であった。泡沫会社に投資した強欲・無知な投資家・小口資産家の側の金融にも高利貸は当然に関与したものと見られる。

　泡沫会社の発起を専門とする金融業者・ノンバンクの存在を藤井らの主宰する阪神商事等の動きから類推する程度であって明確には示しえなかったが，おそらく炭砿等に深く関与した大手有価証券割賦販売業者はこうした業態に酷似したハイリスクな側面を多分に併せ持っていたものと推定される。時代は下るが，昭和10年代の戦時景気下で乱造された「ボロ会社に対する金融は，ボロ会社を食ひ物にする専門の金融業者以外から融通を受ける事は到底困難」[14]とされ，「ボロ会社を食ひ物にする専門の金融業者」の荒っぽい手法が指摘されている。すなわち「宣伝…に要する費用は，株券持参に及べば金融業者の方で喜んで融通」[15]，するが担保価値は「全く株券の印刷代もない」[16] 1株10銭程度にしかならない上に，この種の金融業者は「期日経過に依る担保流れの手続きを取って，サッサと朝鮮，満洲，台湾方面へ売却して終ふ…五万や十万の株券は宣伝範囲が広大なだけに忽ちの間に売却」[17]できるとされる。

11. ガバナンス不全

　津下は上場しているような主要会社への長期投資にはほとんど関心を寄せず，津下が亜細亜炭砿に投資する際に「当時…八方から此の会社に関係するなといふ忠告を受けた」にもかかわらず，彼自身は「『ナアニ　ボロ会社で無ければボロ儲けが出来ぬ』といって澄ましてゐた」と報じられた。彼自身も「各種事業ノ起業引受」におけるハイリスク・ハイリターンの理をそれなりに認識して

いたことがうかがえる。炭砿，土地開墾等の「所謂一獲千金的事業のみに手を出し」，「性格として濡れ手で粟を掴むやうな事業でないと投資せぬ関係からか，其多くは創業費を投じてゐるのみで，実現してゐる事業は殆どない」と報じられ，現に当局が行った自宅の家宅捜査でも「発見したのは僅な有価証券と…関係してゐる会社の無価値に近い株券位なもの」であったという。ベンチャー企業に理解あるエンジェル資本家の如き津下の運用方針はハイリスク銘柄に投資しながらも未だに投資成果があがっていない先鋭的な一種のベンチャー・ファンドに酷似した側面があったように感じられる。津下が一部から「小岩下清周」と評された理由も，ベンチャー・キャピタルの祖とも称される岩下清周の生き方を彷彿させる一面をも有していたためでもあろうか。

親分肌として好意的な見方に立つ地元の神戸新聞でさえも，津下の「八方へ貸散らしたりした…点」は①「殆ど無鉄砲」，②「多少気違ひじみた点もある」，③「其の窮極の目的が何にあるのかが判らず」，④「精神上に多少の欠陥がある」との今日の常識からは不適切ともいえる用語をも含む極めて辛口の見方をも付記したが，津下の側にいて最も津下を熟知する女婿の証言を最後に引用したい。「義父が余り種々の事業に手を出すので，私も再三之に反対し，無法な投資を諌めましたのですが，良くない華族や野心家の代議士等と交際を深くしてからと云ふものは，段々鉱山や見込の無い会社の設立や幽霊会社に出資して漸次深味に沈み，不正の行為に陥ったらしいのです。…義父は万事締めくくりがない方なので，其結果遂に斯う云ふ事になったものだらうと思ひます。…義父は非常に人の苦境に同情する性質で，各地多方面に亙り証書契約書を取らずに口約束で貸与した額も多大に上るやうで…意外の辺に貸金があるらしい」（T10.6.5九州）と悔やんでいる。女婿の言葉にある「万事締めくくりがない」というのが，津下の一連の行動パターンを読み解くキーワードであると思われる。著者はこの種の人物に共通する性向はリスク・マネジメント能力の大幅な不足，顕著な欠落傾向ではないかと考えて来た。

こうした投資主体自身の性向もあり，周辺関係者によるガバナンス機能も不完全で十分には機能しなかった。この場合，会社組織としての株主・役職員等

の企業統治はもとより，ファミリー・ガバナンスも不全であった。

1) 拙稿「地方零細企業の破綻処理と"救済者"集団——播州水力電気鉄道とその競落を中心に——」『滋賀大学経済学部研究年報』6巻，平成11年12月。
2) 著者が以前調査した昭和初期に岩手県の二大紙を支配していた金田一國士，中村治兵衛という名門の県内二大銀行家の場合は我が身に迫る司法的な制約のために，地方新聞社の経営から手を引き，あるいは自らの手で廃刊に踏み切らざるを得なくなった脆弱性と比べ好対照をなしている（拙著『破綻銀行経営者の行動と責任——岩手金融恐慌を中心に——』滋賀大学経済学部研究叢書第34号，平成13年，参照）。
3) 大浜孤舟『暗黒面の社会・百鬼横行』新興社，大正15年，p82。
4) 『日本一』6巻9号，大正9年9月，p96。雑誌『日本一』で松島肇，戸水寛人を筆頭に，蔵内次郎作，坂田実，竹村欽次郎，大葉久吉，鈴木久次郎，矢崎好一，河野英良など31名が「泡沫会社製造屋」として，亜細亜炭砿，日本海上倉庫，大日本海草パルプなど数十社が「代表的泡沫会社」の例として取り上げられている。
5) 松島肇は前掲拙著『「虚業家」による泡沫会社乱造・自己破綻と株主リスク』参照。
6) 巡査から累進し警視総監にまで上り詰めた貴族院議員の安楽兼道は「人物が円満で，敵がないから，銀行の頭取や会社の社長には最も適任」（T10.8.13保銀）として泡沫会社の「社長に祭り上げられ」（T10.8.13保銀）たが「実業家としてどれだけの手腕があるかを評価すること能はざる」（T10.8.13保銀），「単に名義のみ」（T9.11.14内報②）の人物として著名である。
7) 清浦敬吉（牛込区東五軒 三男の清浦豊秋邸に近接）は清浦奎吾（子爵，枢密顧問官，貴族院議員，司法大臣，首相）の四男清浦「奎吉氏が社長たる資本金百万円」（T12.5.30法律）の「九曜商会社長外会社役員」（帝信T14, p332）を務める清浦家の一員であるが，九州採炭取締役（T7.9.4内報③），亜細亜炭砿賛成人となっていた日浦炭砿常務，東亜線糸工業各取締役，東京金線監査役（紳T11, 下p70）など蔵内系の炭砿等に多く関与した。その後，清浦一族の経営する下野銀行は清浦奎吉と義兄弟（T12.6.5法律）の東京支店長が「泡沫会社や個人経営の商店に…無担保貸出しをした」（犯, p225）ことが発覚して大正12年5月29日本店支店とも2週間の臨時休業を発表した（T12.6.5法律）。しかし不当貸付の原因は清浦一族が「酒色や，事業の失敗に埋めたのは明か」（T13.1.6読売）と当該事件が「某大官の令息に迄も波及せんとする形勢」（犯, p225）となった。一族の清浦敬吉名義による泡沫会社多数への関与も上記の下野銀行破綻の遠因とみることも可能であろう。

8) 有価証券売買業（紳 T11神戸，p52）を名乗る中林兵吉（神戸市相生町）は明治2年5月淡路島に生れ，21年開業の神戸の老舗の「公債債券株式現物問屋」の中林両替店主で，明治39年時点で神戸市街電鉄，帝国水産，大成紡績など権利株売買に特色ありとし，自ら「雑株権利株疎通の原動力也」（木内英雄編『兵庫県管内紳士録』明治39年，広 p13）と広告していた。住宅地の経営と貸地業の中林土地合資代表社員をはじめ，第2章の大北炭砿発起人（大北炭砿発起人名簿），亜細亜炭砿賛成人（『株式申込証』大正9年7月），守山又三が主宰した阪神土地建物発起人・T11/4100株主（＃16営，p4）など泡沫会社の発起人・賛成人等として名を連ねている。
9) 津下を戸水寛人に紹介した花房留治郎（第2章注43)）などが該当しよう。
10) 幽霊会社は実際の事業活動を行っていない名前だけの会社をいうが，池島民理は幽霊会社を「形式丈けは立派に出来て居るが，内実一厘の資本無き会社である，換言すれば全資本を幽霊株にして居るもの」（池島民理『株式会社の裏面』精禾堂，大正8年，p4，111）とする。幽霊株は「或ハ引受ナキニ引受アリタル如ク装ヒ，或ハ払込ナキニ払込ミアリタル如ク装ヒタル株式ヲ云フ…水割株ハ多少トモ払込アル場合ヲ謂フモ幽霊株ハ全然払込ナキ場合ヲモ包含ス」（寺尾元彦『株券法論』大正13年，p37）とされる。
11) 時代は遡るが，日露戦後の泡沫会社の発起人に名を連ねた大河内輝剛（歌舞伎座）は「策士連の本城は二三の待合に極まってゐた。夕方でも往って見ると何やら凝議してゐる。そこへ座り込むと…色々な人と知合であるから，其れで便利な男だと云ふ調子で〈発起人の〉判を押さ」（朝比奈知泉『財界名士失敗談 上巻』毎夕新聞社，明治42年，p217）されたと，ある種の集団性を有する「策士連」の談合の場面を具体的に証言している。
12) 「大阪新聞記者出世鏡」明治28年8月10日『商業資料』。
13) 商事信託は拙稿「近江商人系資本家と不動産・観光開発――御影土地を中心として――」『彦根論叢』第375号，平成20年11月，参照。
14)15)16)17) 「ボロ株物語」『経済之日本』昭和13年8月1日～12月1日に5回連載。

あとがき

　本書は刊行時期から判断して、いわゆる"金融危機本"の一つと見做されても仕方がないだろうが、平成14年刊行した著書『企業破綻と金融破綻―負の連鎖とリスク増幅のメカニズム―』の第一部（明治後期）と第二部（昭和金融恐慌期）の中間部分（大正好況期）を補完すべく、かねて発表してきた論文群を今回取りまとめたものである。著者は平成12年2月刊行した著書の中で、平成バブル崩壊後の当時の金融界の惨状をつぎのように描写した。「昨今の破綻銀行・企業の、バベルの搭を彷彿させる広壮なる本部ビルに無残にも放置された高度情報機器等の廃棄物の山の映像を見るにつけ、金融機関にとって最も肝要にして不可欠なるものは無形の『信用』のみであり、破綻した外国証券会社ではないが、いかに巨額のコンピューター投資を行って難解なる金融技術を弄して世人を畏怖・妄信させ、巨額の欺罔・騙取・不正蓄財を積重ねて、たとえ天にまで届く摩天楼の虚構装置で威圧しようとも、究極のところ無形の『信用』と、『信用』を支えるに足る『人材』以外には、金融業に何一つ依るべき基盤は存在しないということである。そして、ともすれば『自己資本比率』など一瞬の数値のみが絶対視される怪しげな風潮の中で、肝心の『信用』と『人材』の二つが二つとも、金融機関のバランス・シートに載らぬ貸借対照表能力なき"見えざる資産"であることが世人をして金融機関の良否判断をより困難にさせている所以でもある」[1]

　また平成19年11月刊行の論文でサブ・プライム問題は「悪知恵に長けた詐欺師が跳梁跋扈した米国ウォール街で大昔から何度も繰り返し登場する古色蒼然たる『いかがわしい証券』の再来である」[2]との私見を披瀝した。

　今回の米国に端を発した現在進行中の金融危機と、本書がテーマとした大正バブルの崩壊との腰を据えた対比自体は読者の今後の判断に委ねるしかないが、ここでは2点ほど指摘しておきたい。日本に進出した外資系証券会社が新興不

動産会社と結託して展開してきた数々の「不適切な行為」(H21.1.8日経)が検証されつつあるが,さしずめ新株予約権付社債引受に伴うスワップ密約などは,大北炭砿(第2章)以下の泡沫会社で頻発した仮装払込み(空株)で投資家を欺罔した古典的手法の再来であろう。この日経記事では高い成功報酬により「短期間で荒稼ぎし,問題が起きれば次の会社に転職する」「傭兵の暴走」(H21.1.8日経)とするが,かかる訳あり・札付き傭兵の血みどろの戦歴を見込んだ上で多数召し抱え高給で厚遇し,彼らの集団的な「不適切な行為」を黙認いな鼓舞してきた外資系証券会社自体へのお仕置は,はたして「業務改善命令で矛を収めるレベル」(H21.1.8日経)で済むのであろうか。検証すべきは最末端の傭兵の良否ではなく,最高意思決定レベルの組織的犯罪性の如何であろう。

　また平成20年12月11日4.5兆円もの損失を与えた空前の巨額詐欺容疑で逮捕された「ウォール街の重鎮」(H20.12.16日経)バーナード・マドフ元ナスダック会長自身も自分が主宰したヘッジファンドを「大規模なポンジー[3]・スキームだった」(H20.12.16日経)と認めた。被害者の方も彼と親密なヘッジファンド業界の著名人,映画監督,各界名士などを含む数千人もの大口富裕層で,さながらウォール街のインナー・サークルの「秘めたる構図」が炙り出された感もある。しかし最大の病根は証券業界の裏面に通じたマドフ元会長を「身内扱い」(H20.12.30日経)して数々の疑惑にも目をつぶり,長年素知らぬ顔を続けて来たSECの底無しの癒着・隠蔽体質にあるとされる。こうした証券取引所の事実上の主宰者・実権者・監督者が共謀の上,阿吽の呼吸で巨大な泡沫企業を次々に乱造して自己の取引所に上場させては,股肱を使嗾して仕手株に仕立て上げ,強欲蒙昧の徒から収奪する自作自演の汚い手口は戦前期の大阪・北浜[4]でも蔓延していたことはよく知られている。昔からポンジーなどに引っ掛かるのは貪欲な大衆と相場がきまっていたが,今回の巨額詐欺に騙されたのはあろうことかプロ中のプロを自負する世界中の有力金融機関数十行や金融工学の元祖たる名門大学群という点が巨額詐欺中の白眉とされる所以でもあろう。

　今回の米国発の金融危機の根底にあった金融界の正視に堪えぬ頽廃はBIS

による「自己資本比率」規制強化を実質的に回避・逋脱しようとした先進国の金融機関がこぞって，①簿外取引，②証券化，③CDS 取引，④高格付取得などの巧妙な抜け穴（loophole）志向に一斉に走り出した擬制志向や虚構主義に起因すると考えられる。あの悪名高いサブプライム金融商品に代表されるように，証券化で資産を圧縮，CDS 取引でリスク資産から外し，簿外の SIV を乱設，投資対象には形式的に高格付を得るなど，あるがままの実態直視を避け，ただ一瞬のみ架空数値「自己資本比率」をクリアすればすべてよしとの官僚的形式至上主義が極限まで浸透した末の破滅なのであろう。職を賭しても「信用」を支える高い志を有する独立不羈の専門的「人材」の払底と裏腹の関係で，高報酬欲しさに暴走経営陣にその場限りのお追従を繰り返す拝金主義的「茶坊主集団」の跳梁跋扈が金融機関をかくも醜い「カジノ機関」にまで堕落させたのであろう。渦中にあったモルガン・スタンレーは「目先の利益追求が行き過ぎていたのではないか，との反省の上に」（H21.1.6日経）昨年末から社内の不届き者に対する過去の高額報酬の奪還システムを導入したという。

　原契約のサブ・プライム・ローンを本書第2章の廃鉱，格付機関やモノライン等のリスク判定専門家を専門技師に置き換えると，サブ・プライム・ローン問題の本質は古今東西のニセ金山事件の忌むべき構図と大同小異である。簿外 SIV による巨額運用による利鞘稼ぎという信じがたい ALM リスク管理不在の恥ずべき醜態を見ると，「策士，策に溺れる」の言葉通り，「証券化」の当事者達自身も金融工学"錬金術"のあまりの美しい数式の数々に自己陶酔したためか，中世の"錬金術師"のように，本当に純金でも捏造できたとでも錯覚してしまったのであろうか。とはいえ鉱山師自身が坑道に嵌め込んだ金ピカ"虚飾術"の出来栄えに自己陶酔したあまり，廃鉱のワナに自分で嵌って抜けられなくなったような間抜けた例は寡聞にして聞かない。しかしながら SEC のハーベイ・ピット元委員長は日経記者のインタビューに，「金融機関の経営者は一体自分がどんな投資をしているかが分かっていなかった…例えば大手証券メリルリンチは…オニール元最高経営責任者ら経営陣が何をやっているのかを理解していなかった」（H21.1.5日経）と答えている。本書の主人公・津下精一

の無法な投資を再三諌めてきた女婿が「余り種々の事業に手を出す…義父は万事締めくくりがない方なので，其結果遂に斯う云ふ事になった」との繰り言とのあまりの酷似を見ると，米国金融トップは「『ナアニ　ボロ会社で無ければボロ儲けが出来ぬ』といって澄ましてゐた」津下のリスク管理レベルと結果として大差なかったというのは言い過ぎであろうか。

　本書の基となった論文群を再構築していく過程で，大正バブル期を代表する新興企業として欠かせない「土地会社」も加えておく必要を感じ，著者の今一つの関心領域である観光業をも兼営した新花屋敷温泉土地の研究会報告（未刊行）をもとに書き下ろした。これは十数年も以前に故吉川文夫氏などから種々ご教示を賜っていた仕掛品であるが，たまたま木津勝治氏のお奨めでディズニー・リゾートお膝元の自治会勉強会で当地にふさわしい観光企業のお話として再度披露させていただく機会を得たことも契機となった。演題とした自治会活動の好例として同社の歴史探求への地元住民の熱心な取組み（宝塚市ふじガ丘自治会の電子情報として多数の写真等を公開）にも大いに啓発された。大正期に簇出して雲散霧消した無数の「土地会社」の中で，盛業中のコクド（旧箱根土地）等を除けば同社などは地元住民や利用客の記憶に残された例外的存在といえるかも知れない。その理由は短命であったとはいえ同社が人々に愛された遊園地を建設し，最初に無軌道電車を走らせた意義ある観光企業でもあったからにほかならない。環境にもやさしい無軌道電車を愛する一人として新旧両名での同社株券（予備券）のコレクションを本書のカバーに掲げ，折しも上場株券そのものが電子化されてしまった味気ない今日であるが，せめて同社のありし日の姿を偲ぶよすがとした。

　最後に地方金融史研究会「金融ビジネス・モデルの変遷」の共同研究に参加させていただき，斎藤憲氏らメンバー各位の熱心なご指導・ご支援のおかげで，今回ビジネス・モデルという新たな切り口で本書を纏める端緒をいただいた。また本書で利用させていただいた伊藤忠兵衛家文書では宇佐美英機，伊藤勲，吉田欣治の各氏，西村泰郎家文書では所蔵者の西村氏と日野町史編さん室の各

位，その他九州大学石炭研究資料センター，外交資料館，埼玉県公文書館など数多くの所蔵機関・史料館・図書館等の各位に資料閲覧・利用でお世話になり，また北村拓氏には小林勝民の代議士活動等についてご教示を賜ったことを記して，それぞれ厚く御礼申し上げたい。

　本書の擱筆にあたり，お名前を個々にあげることは割愛させて頂いたが，日頃から著者が所属する諸学会・研究会等でご指導・ご教導賜っている先学各位，本書を構成する大半の論文の執筆時に大変お世話になった前任校の滋賀大学経済学部の教職員各位，ならびに現任校の跡見学園女子大学の関係各位に末筆ながら篤く御礼申し上げたい。また本書の出版に際しては日本経済評論社代表取締役栗原哲也氏および出版部の谷口京延氏とカバーの装幀をお引き受けいただいた渡辺美知子氏に種々お世話になった。

　本書は跡見学園出版助成金の交付を受けた。記して謝意を表したい。

1) 拙著『地方企業集団の財務破綻と投機的経営者――大正期「播州長者」分家の暴走と金融構造の病弊――』平成12年，滋賀大学経済学部研究叢書第32号，「はじめに」。
2) 拙稿「泡沫会社発起の虚構ビジネス・モデルと"虚業家"のネット・ワーク――大正バブル期のリスク管理の弛緩を中心として――」『彦根論叢』第369号，平成19年11月，p116。
3) チャールズ・ポンジーは巧妙な「ねずみ講」商法を考案し架空の投資ファンド・ハノーバートラストを主宰して大衆投資家を食い物にしたが，1920年不正が発覚し破産した。
4) 山田充郎「取引所理事長と『乗取屋』――島徳蔵の二つの顔――」『企業家研究』第4号，平成19年6月参照。

引用文献略号一覧

　本書では①頻出する基礎資料，②新聞，③雑誌，④会社録，⑤人名録，⑥伝記・自伝等，⑦佐賀県関係（第5章）等の出典は以下の略号で示し，本文内に付記することとし，大正の年号は原則省略した。M…明治，T…大正，S…昭和，H…平成，営…営業報告書・事業報告書（期数で表示），清…清算報告書，不登…不動産閉鎖登記簿，商登…商業閉鎖登記簿の略，新聞名の後の丸数字は紙面，持株数の前の丸数字は株主順位を示す。

[①頻出資料]
大審民…『大審院民事判例集』，兜街…岡本鷦園『兜街繁昌記』壬子出版社，明治45年，能勢…「能勢口土地株割安限定分譲」商事信託合資，大正9年（伊藤忠兵衛家文書），事件…村山久雄編『津下事件の裏面に伏在せる薩派及政友会一味の醜怪事実』大正10年，質問…田中万逸代議士「質問主意書」大正11年2月『公文雑纂』第37巻，大正11年，帝国議会三，「質問書に対する答弁書」（国立公文書館蔵），事業…「地方人を食った事業屋」（大正9年2月20日『東京経済雑誌』），特報…特集「辻川敏三氏と関係会社」（T9.2.25内報号外），顛末…日本銀行大阪支店「増田ビルブローカー銀行整理顛末」大正10年2月（『日本金融史資料　昭和続編』付録第3巻，日本銀行，昭和63年，所収），管財…『株式会社共栄貯金銀行破産管財事務報告』破産管財人，昭和4年4月26日（西村泰郎家文書24），東株…『東株五十年史』昭和3年，株界…小沢福三郎『株界五十年史』昭和8年，春陽堂，業史…『本邦生命保険業史』保険銀行時報社，昭和8年，犯…伊藤由三郎編『銀行犯罪史　附予防法』銀行問題研究会，昭和11年，盛衰…長谷川光太郎『兜町盛衰記』第二巻，日本証券新聞社，昭和33年，貯銀…『本邦貯蓄銀行史』昭和44年，炭田…『釧路炭田――資源とヤマの盛衰』昭和49年，釧路市，釧路叢書14巻，年表…日本証券経済研究所編『証券年表』平成元年

[②新聞]
各紙の号外はいずれも T10.6.5，東日…東京日日新聞，東朝…東京朝日新聞，読売…読売新聞，中外…中外商業新報，日経…日本経済新聞，時事…時事新報，国民…国民新聞，報知…報知新聞，萬…萬朝報，東毎…東京毎日新聞，大毎…大阪毎日新聞，大朝…大阪朝日新聞，大阪日日…大阪日日新聞，日出…京都日出新聞，京日…京都日日新聞，神戸…神戸新聞，又新…神戸又新日報，北海…北海タイムス，岩毎…岩手毎日新聞，河北…河北新報，北国…北国新聞，伊勢…伊勢新聞，山陽…山陽新報，徳毎…徳島毎日新聞，九州…九州日報，福日…福岡日日新聞，門司…門司新報，佐賀…佐賀新聞，肥日…

肥前日日新聞，保銀…保険銀行時報，保通…保険銀行通信，法律…法律新聞，鉱業…日本鉱業新聞

[③雑誌]
鉄道…鉄道雑誌，R…鉄道時報，B…銀行通信録，東経…東京経済雑誌，T…東洋経済新報，E…エコノミスト，D…ダイヤモンド，内報…帝国興信所内報，増田…増田ビルブローカー銀行旬報，藤本…藤本ビルブローカー銀行週報，実業…実業之佐賀

[④会社録]
要…『銀行会社要録』東京興信所，帝…『帝国銀行会社要録』帝国興信所，放資…豊田喜三編『九州の事業界放資之友』豊田両替店，大正2年，案内…『佐賀商工案内』佐賀商業会議所，大正3年，九諸…『九州諸会社実勢』菊竹金文堂，大正6年，沿革…長坂金雄編『大日本銀行会社沿革史』東都通信社，大正8年，株…『株式年鑑』野村商店・大阪屋，通覧…農商務省編『会社通覧』大正8年12月末現在，名鑑…『日本鉱業名鑑』大正7年，大正13年，総覧…大蔵省銀行局編『銀行総覧』，名鑑…『日本鉱業名鑑』，変遷…『本邦銀行変遷史』銀行図書館，平成10年

[⑤人名録・信用録]
諸…『日本全国諸会社役員録』商業興信所，紳…『日本紳士録』交詢社，商工…鈴木喜八・関伊太郎編『日本全国商工人名録』明治31年，日韓…『日韓商工人名録』実業興信所，明治42年，実辞…古林亀治郎編『実業家人名辞典』東京実業通信社，明治44年，名家…原田道寛編『大正名家録』二六社編纂局，大正4年，将来…野依秀一『九州の現在及将来』実業之世界社，大正5年，人…『人事興信録第五版』人事興信所，大正7年，資…『商工資産信用録』商業興信所，商…『商工信用録』東京興信所，帝信…『帝国信用録』帝国興信所，新富豪…「新富豪物語」大正6年1月24日～5月10日『時事新報』88回連載，幹部…丹羽錠三郎『銀行会社と其幹部』東京経済記者協会倶楽部，大正7年，大正…五十嵐栄吉『大正人名辞典』東洋新報社，大正7年，大鑑…『大日本実業家名鑑』大正8年，株要…『全国株主要覧』東洋経済新報社，重…「大日本重役録』大正7年3月現在『大日本重役大観』大正8年，東京毎日新聞社，大商…『大阪市商工名鑑』大正13年，二四…『一九二四年に於ける大日本人物史』大正13年，衆議…『衆議院要覧』大正13年，全株…『全国株主年鑑』大正15年用，衆…『大衆人事録』帝国人事通信社，昭和2年，昭和5年（第三版），昭和9年，丸…林三郎編『丸之内紳士録』丸之内新聞社，昭和6年

[⑥伝記・自伝等]
成金…千原伊之吉『成金物語』采女社，大正5年，経国…村上先『経国の片影』大正9年，先駆…『産業界の先駆・宇喜多翁』昭和6年，黒田…黒田豊「我国に於ける最初の無軌道電車」『大礼記念電気大観』昭和4年，p276以下

[⑦佐賀県関係（第5章）]
県商…堂屋敷竹次郎『佐賀県商工名鑑（附．成功者列伝）』すいらい新聞社，明治40年，実勢…酒井旭川編『佐賀県銀行会社実勢』，佐賀県銀行会社発行所，大正9年，人物…酒井福松（旭川）・村川嘉一（春浪）編『佐賀県の事業と人物』佐賀県の事業と人物社，大正13年，あゆみ…中山成基『佐賀経済のあゆみ』昭和41年，佐賀商工会議所，佐賀…『佐賀銀行史』佐賀銀行，昭和46年，県経…中山成基『佐賀県経済百年史』佐賀新聞社，昭和49年，市史…『佐賀市史　第四巻』昭和54年，佐百…『佐賀銀行百年史』佐賀銀行，昭和57年

索　引

人　名

〈あ行〉

赤沢晋　　82,179-181
秋田貞吉　　80,89
秋本喜七　　95,111
秋好善太郎　　56,68
阿部純隆　　165
阿部浩　　101,104,113
アボット　　199
天野保二郎　　48
雨谷繁蔵　　197,207
綾部竹次郎　　179
阿由葉正一郎　　98,99,112
阿由葉鎗三郎　　47,98,112
荒谷作郎　　158,181
安楽兼道　　48,216,224
飯田哲雄　　179
飯野喜四郎　　205
池田勝治　　13,33
池尻正　　186
池本益蔵　　16,34
石井定七　　11,32
石崎篤　　24,31,35
石田庄七　　51,68
石塚武夫　　180
石原憲佐　　180
石村虎吉　　118
磯部検三　　56,60-62,68
磯部四郎　　93,95,111
磯村弥右衛門　　191,205
伊丹弥太郎　　119,121,122,146
市江満量　　50
市川辰雄　　173
市瀬浩次　　107
伊藤英一　　210,211
伊東吉太郎　　107,109,115
伊藤喜代重　　109,116
乾新兵衛　　165,166,222
井上昭　　80,83,84,179
今泉知三郎　　98,99,

岩下清周　　182,222
岩田三平　　162,173
岩田鍒三　　106,115
植場平　　191-193,204
宇喜多秀穂　　13,26,33
宇佐川一正　　44,47,66
宇佐穂来彦　　71,180
内田民部　　54,97-99,111
浦辺襄夫　　44,47,54,66
浦元清　　147
頴川徳助　　170
蛯原萬吉・兼吉　　113,116
大浦栄太郎　　31,36
大木遠吉　　118,137,139,140,162
大河内輝剛　　225
大迫利亮　　161,162
大島貞七　　122,146
大島要三　　196,197,205
大塚専一　　44,45,47,51,52,66
大中正澄　　128,210
大西清治　　31
大葉久吉　　97,98,112
大山綱紀　　56
岡内重晴　　181,183
岡田清　　181
岡本米蔵　　86
小川龍宮　　179,198
小川龍亮　　198
荻野芳成　　48,51,67,140
奥平昌國　　138,149
奥平昌恭　　149,162,173
小倉幸　　180,191,205
長田庄一　　171
尾崎庄兵衛　　135-137,140-142,149
小沢武　　194
小沢浩　　43
尾高武治　　169
小原達明　　48
小布施順次郎　　67
小山田信蔵　　48,76

〈か行〉

カーチス　179
香川輝　158,159,161,179,189,211
笠井愛次郎　204
柏木元次郎　28,31
粕谷義三　200,201,207
桂二郎　69,74,76,77,107
桂正夫　40,48,65
加藤定吉　196,205
金杉英五郎　47
金子圭介　44,47,51,54,66
金子直吉　177
金子元三郎　44,47,66
川崎三郎　180,181
川崎静雄　56,68
川島岩彦　24,31
川島範古　80,89
川島延太郎　200,207
河田似備三　200
川端信次郎　191,205
蒲原弥作　180
来住梅吉　31
来住静一　31
北島荘一　180
北島富一　134,148
北村政敬　62,77,108,110,116
木村久太郎　50
木村庫之助　42
肝付兼行　93,111,219
清浦敬吉　47,216,224
清浦奎吾　224
金田一國士　224
九鬼隆治　72,77,84,179,181-183,190
九鬼隆備　183,203
櫛笥隆督　107,115
蔵内熊槌　56,59,68
蔵内次郎作　58,62,68,69,173
蔵内保房　58,59,68
倉成大　200
倉野範造　181
グリーンバーグ　vi
栗田喜平　197
黒田豊　18,23,29
桑山伊作　135,149,210
小池恒太郎　180
小泉丑治　104,114

小出熊吉　82,151-159,179,181,210,220
小出好太郎　155,172
小風亥真穂　99
古賀善兵衛　119,122
古賀廉造　182
小関政之輔　179,189
小平鑑七郎　40,65
小継達吉　160
五島儀三郎　48,206
後藤新平　72,218
後藤久吉　179,187
小林勝民　59,81,108,109,179,180,182,211
小林治助　31,37
小林春照　179
小林誠　180,195
駒林広運　107,115
小森玄一郎　104,114
小森七兵衛　98,99,112
権執印幸雄　77,182,191-193
近藤武斉　181,184

〈さ行〉

三枝守富　48
酒井利吉　154-156,172
坂田実　42,43,48,51,65
阪本弥一郎　13,16,33
桜内辰原　197,206
佐々木文一　77,78,101,102,113,197,198
佐藤須吉　180
佐藤友右衛門　47,56
佐藤利恭　23
佐藤龍三郎　72
佐藤藹三郎　77,87,88
サリバン　vi
沢来太郎　108,109,116,180
沢渡栄　196,197,205
塩田奥造　47,77,88
宍野健丸　180
渋谷鶴松　196,197
島徳蔵　71,87,231
志水美英　101,113
志村保一　106,114
下村銓之助　128,147
白須金三郎　101,114
代居猪吉　134,148
陶山保次郎　29,36
菅野真湛　31

索　　引　239

菅原通敬　　136,138,149
杉浦一郎　　153-155,164,171
杉山義雄　　76,88
鈴木猪吉　　181
鈴木新兵衛　107,109
鈴木錠蔵　　99,207
鈴木宗言　　76,88
鈴木茂兵衛　47
園田安賢　　100,101,104,113

〈た行〉

高木賢蔵　　56
高倉為三　　75
高橋賢造　　59,139,179
高橋興三　　59
高橋小十郎　47,51,54,68,97-99
高橋安次郎　13,33
高橋雄治　　51
高柳淳之助　162,174,177,197
竹川昌信　　108,179
竹川峰太郎　85,108,179
竹友安治郎　164,174
竹原友三郎　11,32
竹村欽次郎　54,96-99,111,210
太宰文蔵　　13,33
立川勇次郎　204
田中猪作　　56,59,61,117,124-126,129,137-
　　140,159,179,210-212,220
田中数之助　13,18,24-26,211
田中金蔵　　31
田中繁造　　179,187,188,222,223
田中平吉　　181
田中万逸　　159,161,192
田辺仁一　　98,112
田村静　　　56
田村彰一　　47,98,99,113
千原伊之吉　1
津下東洋　　82,108,109,181
津下精一　　56,59-62,71,80-86,108,124,160,
　　161,210-212,216,217,221,222
坪内寿夫　　170
津守国栄　　180,181
辻川敏三　　100-106
辻村栄吉　　196
寺井栄三郎　13,33
寺田市正　　191,192,204
寺西円治郎　191,205

土肥竹次郎　106,115
友成四郎　　54,97,99,112
豊島喜右衛門　180
戸島喜右衛門　56,60,63
戸田喜三郎　152-156
戸水寛人　　40,41,47,51,52,59,64,65,76-78,
　　181,182,197,200,201,210,211

〈な行〉

名尾良辰　　159
永倉義晴　　124,146
長島弘　　　149
中島猪之助　56
中島正一　　31,37
中西牛郎　　180,181,220
中西一　　　148
中野致明　　120
中林兵吉　　47,216,225
永松達吾　　114
中村愛作　　47,54,68
中村猪三郎　16,34
中村治兵衛　224
中村芳太郎　133,148
中山嘉平　　185
中山春洋　　73
中山増次郎　153-155,164,171
南条新六郎　106,114
西尾伝次　　31
西川末吉　　166
西川得三　　166
西川累　　　166
西郡宗三郎　56
西沢四郎　　59,60,61,139,179
西沢喜太郎　196,206
西田今太郎　180
西田卯太郎　180,181,189
西村清治　　134,148
野崎彦左衛門　185
野中万太郎　122,146
野呂義彰　　179

〈は行〉

羽白新　　　107,109
端山喜三郎　88
橋上保　　　61
橋本栄治　　147
橋本直純　　180

長谷場敦　　179,180,182,185
長谷場純敬　　203
長谷部耕太郎　　197
八田一精　　97,112
花房留次郎　　61,69,179,225
八滝蟠龍　　180
羽室蒼治　　181
早川鉄治　　198
林信一郎　　56
原口統太郎　　58
原口英雄　　160,161
原田庄太郎　　180
原田長治　　203
原田雄門　　101,103,113
原基雄　　180,183,203
春名高義　　17,
春名勇助　　180
坂西利八郎　　79-85,210,211
板東浅之進　　179
東塚一吉　　14
東秀保　　148
樋口美津雄　　162-166,221,222
熊取谷七松　　47,51,67
肥田景之　　48,182
平岡定太郎　　82,89,161
平賀泰次　　196
平出喜三郎　　44,47,66
平塚嘉右衛門　　211
平田章千代　　196
平渡信　　40-42,51,52,65,210,218
平能伊左衛門　　107,115
平林儀左衛門　　80,89
平林甚輔　　126,159,161,173
広田善八　　13,34
樋渡彦九郎　　47,51,53,67
ファルド, リチャード　　vi
深川喜次郎　　119,146
福木近平　　107,115
福島勇吉　　180
福田慶四郎　　125,147
福田稔夫　　179
藤井朝一郎　　196,206
藤井照千代　　13,31,36,210,211,222
藤田謙一　　42,48,168
藤田久信　　107,115
舟知和助　　13,31,33
舟橋了助　　44,51

古川浩　　36
古川義重　　180
別府三穂三郎　　162,174
星野虎吉　　154,155,164,172
細木松之介　　108,115
ボウン　　83
ホリエモン　　ii
堀江堅太郎　　179
堀内省吾　　200,207
ポンジー　　228,231
本荘堅宏　　180
本多忠鋒　　138,149

〈ま行〉

前田一郎　　97,98,112
前田利定　　35,71,134-139,141-145,148,181,210
前田利功　　136,148
前田瑳一　　180
増田信一　　134-136,148,210
増田新次郎　　195
増田新一郎　　180,181
増田次郎　　180,181,195
間瀬文彦　　55
松浦厚　　162,174
松浦五兵衛　　35
松木章彦　　93,111
松島肇　　99,177,201,206,210,213,216,224
松平武親　　116
松谷元三郎（天一坊）　　75,77,115,162
松村寛平　　17,196
松村鶴雄　　61
松本小一郎　　179
松本恒之助　　47
マドフ　　228
三荒鹿三郎　　206
三浦覚一　　51,67
御子柴学之助　　197,206
三井徳宝　　47,51,52,54,68
水沢五十馬　　63,69
水品藤一郎　　106,107
溝上市太郎　　147
光永星郎　　48
南秀吉　　31
三薪舜太郎　　136,138,140-142,149
三宅健寿　　61
宮島徳太郎　　127

索　引

宮本茂実　　47
村上一郎　　108,180
村上斉　　72
村上先　　72-76,107,179,210
村上賢　　179,191
村上堅　　179
村山久雄　　203
百田郡一　　124
森本小六郎　　47,51
森本是一郎　　180,181
盛家亀次郎　　156,173
守山又三　　224

〈や行〉

八尾捨次郎　　181,187
八木恒三　　106,114,196
矢島友造　　180
安黒一枝　　166
安田伊左衛門　　47
安田寿也　　134
柳川寅吉　　180
柳田市郎左衛門　　98,112
矢野寅一　　136,138,148
矢野荘三郎　　48,51,135,149,210
山口恒太郎　　47
山口文右衛門　　196,197,206
山口練一　　127,138,140,145,210,211

山崎三雄　　180
山瀬俊賢　　56,68
山田浅雄　　42,43,51,66
山田槙蔵　　108
山本辰六郎　　196,206
山本悌二郎　　86,89
山本久顕　　114,179
行本邦彦　　40,47,51-53,65
横田千之助　　218
横田稔　　180
吉岡又三郎　　93,111
芳川寛治　　198
芳川正雄　　16,34
吉川正夫　　72,87,179
吉田伊助　　181
吉田久太郎　　121
吉田光次郎　　146
吉野小一郎　　164,174
吉村鉄之助　　47,53,99
芳村友之丞　　155,173

〈ら行〉

陸熙　　17

〈わ行〉

渡瀬茂平　　16,31,34
渡辺勝三郎　　42

会社・団体・事業所名索引（「　」内は普通名詞）

〈あ行〉

アート商会　　179
秋田石油鉱業　　111,113,206
浅草銀行　　65
朝日銀行　　162,174
朝日商会　　131
旭製炭　　79
旭炭坑　　55
亜細亜炭砿　　39,40,56-63,134,139,140,142,
　　179,188,210,211,216,217
吾妻炭砿　　206
愛宕原ゴルフ場　　30
熱海宝塚土地　　47
尼崎炭砿　　115

天草鉱業　　114
嵐山電車軌道　　18
有明湾埋立　　118,139,210
有田製磁　　118
有馬温泉　　180,187
飯坂銀行　　116
池上電気鉄道　　106,115,206
伊讃ケ原競馬場　　100
石橋土地建物　　17,33,34
泉尾土地　　11
伊勢軽便鉄道　　47
一王山大遊園　　14
市川合資　　173
糸崎船渠　　111,206
今泉製紙　　200,207

今治商業銀行　167
伊予索道　149
磐城炭山　115
岩代興業　116
岩館炭坑　93
宇治川軒　108
AIG　　i , iii , vi
Exchange & Finamce　179
エンロン　　i
江戸銀行　73
荏原土地　112
愛媛鉄道　149
塩水港製糖　73
オーナー商会　179,181,184
大分銀行　166,174
大分商業銀行　166
扇田炭鉱　33,34
扇町屋銀行　207
大久保炭砿　107
大阪証券交換所　75
大阪生命　ii
大阪窒素肥料　16,34
大阪中央土地　34
大迫商事　162
王子貯蓄銀行　172
相知銀行　126,147
大野炭砿　111
近江銀行　164
大本教　84,183,184,186
岡山証券　181
沖見初炭坑　186,187
小倉商会　205
尾道軽便鉄道　67
「温泉土地会社」　11,12

〈か行〉

カルチウム鉱泉　99,157,206
海草繊維プロジェクト　190,194-202,210,211
海府鉱業　61,112
掛川銀行　205
片上鉄道　69
勝浦炭砿　111
要屋商店　196,197
金山銀行　73
株主擁護団　207
嘉穂銀行　133
上沖之山炭砿　114

唐津銀行　130
唐津興業　118,128,147
唐津水電興業　118,128
川上軌道　120,130
川崎株式店　77
川崎銀行　135
関西銀行　104
関西信託　28,29,31
神崎実業銀行　119,123,146,166
関東銀行　142,149
関東絹毛紡織　157,161
関東鉄道　115
広東競馬　83
キャバレーヅパノン　34
起業銀行　146
「疑似温泉」　12
北大阪電気鉄道　191,192,205
北大阪電鉄土地　192,204
北大阪土地　28,33
木谷黒鉛電化　157
北日本鉱業　45
北浜ビルディング33
亀能鉄道　112
城崎温泉土地建物　12
九州採炭　224
九州製鉄　118
九州生命　146
九州電灯鉄道　120,121,124,146
九州電機鉄工　118
九州農産肥料　118,129,148
九州肥筑鉄道　36
九州窯業　118,128,210
九曜商会　224
共栄貯金　152
共栄貯金銀行　82,119,151-176,179,210,217, 220,221
共益信託　33
共益炭業　181
共正銀行　102,104
共同銀行　189,204
共同セメント会社179
共同貯蓄銀行　126
京都市電気局　25,26
共立機電線　196,206
京和銀行　163,174
紀和索道　173
喜和商事　118

索　引　243

金原鉱山　33
クーン・ロープ　ⅱ
日下温泉土地　12
草軽軽便鉄道　47
釧路炭砿　50,174
熊本移民　100
蔵内鉱業　58,59,68,69
蔵内商鉱　59,68
久留米屋本店　25
黒木洋行　179
黒崎炭坑　118,126,159
黒崎電機製作所　206
桑山商事　149
京畿鉄道　112
京阪土地　205
芸備銀行　166,175
弘益商会　106,115
皇国銀行　157,161,171,185
恒産銀行　161,162
厚生社　120,125,126,128
皇道宣揚会　183,184
合同土地信託　173
幸福相互銀行　170
神戸興業　179,181
高野鉄道　13,19,33
高野登山鉄道　33
強羅土地　149
古賀銀行　119,122
小倉鉄道　68
国際印刷　107,110
国際活映　149
国際生命　35
国産繊維工業　194,195
国体一念会　181,184
小桜丘土地　21,28,34
児島湾埋立　158
児玉電球製造所　180
後藤合資　187
五島儀商店　196,206

〈さ行〉

西海商業銀行　126,147
西海製紙　131
債券業者　91
斉藤信託　173
西肥銀行　146,147
西肥窯業　118

栄銀行　119,146
さかえたび　129,148,210
酒田鉄道　115
佐賀軌道　125,128
「佐賀財閥」　117,119,121
佐賀商工　128,129
佐賀信託　146
佐賀水産　125,129
佐賀セメント　146
佐賀貯蓄銀行　59,119-132,140,145,210,211,
　　220
佐賀土地建物　118,128,131
佐賀特許醤油　147
佐賀農工銀行　125,146
佐賀馬車鉄道　120,146
佐賀百六銀行　120, 121, 124, 127, 128, 131,
　　147
佐賀フィルム　129
相模鉄道　149
相模窯業　157
讃岐汽船　33
讃岐鉄道　33
更級炭砿　112
沢口商店　45
三十三銀行　17,33-35
三十二銀行　115
山東製塩公司　158,179
山陽炭砿　149
「潮湯」　12
地所会社　119,120
下野銀行　224
株栄会　206
昌栄銀行　211
商事信託　13,14,34,221,225
証券交換所　75,76,115
城東木材工業　212
支那大陸公司　81,82,179
白糠炭砿　55
白浜温泉土地　11
神中鉄道　113
神道教　186
新花屋敷温泉土地　15-36,211,217,230
新別府温泉土地　12
「信用補完」　ⅵ,39,212,218
水鉛鉱業　206
寿栄銀行　114
諏訪工業　206

西武軌道　　　100,102,105,106,113
瀬ケ野炭砿　　200
摂城電気軌道　　204
摂池銀行　　205
妹尾商業銀行　　133,148
釧勝興業　　45,50
仙台移民　　115
仙北鉱業　　113
戦友共済生命　　44
相互銀行　　126,147
相互貯金　　172
左右田貯蓄銀行　　66

〈た行〉

第一公債　　111
第一証券信託　　196
第一相互貯蓄銀行　　172
大京土地信託　　206
対州金鉱　　108,179
大正活映　　73
大正活動写真　　73
大正興業銀行　　17
大正信託　　75,78
大正肥料　　116
大盛炭砿　　52
大東銀行　　81,157,159-161,180,211
大東鉱業　　100,105,113,114
大東ビルブローカー銀行　　33
第二東海ラミー紡織　　206
大日本海草パルプ製紙　　199
大日本勧業　　91
大日本軌道　　33
大日本原毛紡績　　196
大日本国債　　98
大日本製パン　　73
大日本チタニウム　　185
第百七銀行　　33
第百六国立銀行　　119
太平炭砿　　205
大北炭砿　　39-41,44-55,96,97,196,210,211,
　　　　　216-218
台北炭坑　　96,111
台陽鉱業　　111
太陽電気　　179,181
太陽日報社　　203
台湾銀行　　187
台湾興業信託　　89

台湾悟樓港　　108,179
台湾商工銀行　　66
台湾証券　　89
台湾証券交換所　　71-77,179,210,211,217
台湾炭坑　　96
台湾炭砿　　111
台湾日報　　108
台湾物産　　108
台湾モルヒネ　　192
高井株式店　　185
高砂証券　　89
高槻銀行　　204,205
高松土地建物　　101
宝塚ふんどう屋　　183
宝塚遊園地　　12,15,33,34,211,217
田川貯蓄銀行　　68
武田割引銀行　　88
太宰銀行　　33
太宰貯蔵銀行　　17,33
田中猪作商店　　118
田無銀行　　111
多摩川砂利木材鉄道　　114
玉川電気鉄道　　88,100
玉川毒水　　159,173
筑前炭砿　　33
筑朝銀行　　166
中央生命　　134-145,148,210,220
中央別府温泉土地　　12
中外写真通信社　　73
中外証券信託　　40,210
中外貯金銀行　　114
中華企業　　210
中国勧業　　83
中日信託　　196
朝鮮銀行　　133
朝鮮京南鉄道　　47
朝鮮鉱山　　149
塚口土地　　28
辻川商行　　102,106
辻村栄吉商店　　196
津下商店　　179,187,209
T炭砿　　50
帝国エレベーター製造　　173
帝国勧業債券　　180,187
帝国鉱業　　95,111
帝国公債　　73,74,92,107
帝国公債信託　　91

索　引　245

帝国興信所　　42,51,61,86,95,156,163,168,
　　197,199
帝国産業　　200
帝国実業銀行　　162
帝国実業貯蓄銀行　　168
帝国殖産　　183
帝国殖産興業　　73,77,79,87
帝国繊維工業　　195
帝国炭砿　　111
帝国炭砿林業　　85,107,108,110,179,
帝国土地開墾　　88
帝国土地開拓　　69,118,145,179,210
帝国美術保存会　　183
天津銀行　　80,89
天津競馬場　　82,89
天津商工銀行　　80,89
天津土地建物　　89
東亜証券商品信託　　58
東亜炭砿（上海）　　180,187
桃園温泉土地　　15,26,34
東華生命　　149
東海生命　　174
東京郊外住宅　　149
東京国債　　91-93,100-105
東京国債銀行　　100,104
東京債券　　100
東京市電気局　　26
東京自動鉄道　　179
東京証券取引　　197
東京商事銀行　　105,153,171
東京植物繊維研究所　　196
東京相互銀行　　170
東京昼夜銀行　　196
東京美術館　　43
東京美術興業　　73,79
東京浴場炭砿　　99
東京楽天地　　41
東京渡辺銀行　　151,157,165,166
東上鉄道　　207
東水軽鉄　　179,180,203
東水電気軌道　　180,203
東台銀行　　88
東都興業銀行　　35
東邦相互銀行　　170
東方貯蓄銀行　　82,179
東北起業　　113
東北鉄道鉱業　　35,196

東洋建築材料　　118,128
東洋繊維工業　　195-197
東洋木管工業　　179,
常盤興業　　100,102,105,114
常盤商会　　133,148
「土地会社」　　11,217
富根村開墾　　158-160,179
豊田炭砿　　33

〈な行〉

内外写真通信社　　88
内国通運　　173
長野信託　　196,206
長野遊園地　　19
中林両替店　　225
浪花商会　　179
浪速信託土地　　206
浪速土地　　33
成田急行電鉄　　174
成田鉄道　　115
南薩鉄道　　185
南洲製糖　　206
南武鉄道　　174
南洋拓殖製糖　　89
錦屋商店　　101
西脇商業銀行　　31,37
二十八銀行　　88
日英興業　　206
日米銀行　　85,86
日米興業　　197
日米護謨工業　　100
日米信託　　149
日墨産業　　85-90,179,210
日昇銀行　　88
日進銀行　　73
日鮮鉱業　　73
日東鉱業　　33
日東炭砿　　111,206
日東土地建物　　112
日本温泉土地　　12
日本海上倉庫　　42
日本海藻繊維　　179,194,195
日本海草紡織　　179,198
日本公債　　91-95,219
日本興信所神戸支店　　179,184,189,204
日本国債　　40,54,91,93,96-99,210,217
日本国債信託　　98

日本採炭　　95,111
日本酢酸塗料　　44
日本産業銀行　　112
日本山林工業　　179,181
日本自動鉄道　　179
日本商事相互　　96,97
日本信託銀行　　33
日本水電　　157
日本水力電気　　69,113
日本積善銀行　　163,174
日本相互貯蓄銀行　　172
日本耐火煉瓦　　63,69
日本大正炭　　181
日本電機鉄工　　118
日本土地　　207
日本農工債券　　197
日本葡萄酒　　66
日本物産証券　　73
日本鋲釘　　100,102,105
日本無軌道電車　　22-36
日本緬羊毛織　　42,65
日本木材工業　　179,181
日本輸送機製作所　　17,21
日本林業　　42,43
能勢口土地　　13,15,33
能勢電気軌道　　21,30,172

〈は行〉

白棚鉄道　　205
箱根土地　　149,230
波佐見金山　　111
橋川水力電気　　179
橋本汽船部　　131
橋本合資　　147
端山喜三郎　　77,88
八十一銀行　　112
八丈島興業　　157,171
八郎潟開拓　　159
花屋敷温泉　　15
花屋敷温泉土地　　27-31
花屋敷土地　　13,15,26
羽田造船所　　179
播磨電気鉄道　　36
春採炭坑　　50
阪堺電気軌道　　17
播州鉄道　　37,210
阪神急行電鉄（阪急）　　12,20,25,26,32,36,
　　206,211
阪神商事　　210,222
阪神土地建物　　225
播丹鉄道　　36,37
東日本炭砿　　111,112
氷川銀行　　205
肥後汽船　　146
尾三商業銀行　　68
肥前貯蓄銀行　　120,122,124,146
肥前電気鉄道　　147
肥前煉瓦　　118,147
備前鉄道　　173
日田鉄道　　69
肥筑軌道　　128,130
肥筑軽便鉄道　　128,130
日浦炭砿　　224
簸上鉄道　　206
平賀泰次商店　　196
平野無軌条電車　　17,35
富強世界社　　162
福華公司　　84
福松炭砿　　33
富士硝子　　118,128,147
富士鉱業　　33
富士生命　　173
武州鉄道　　205
扶桑教　　179,180
仏教生命　　203
不動貯金銀行　　119,154,156,171,172
別府観海寺土地　　112
別府土地信託　　112
辺防軍　　80,81
豊国銀行　　65
報国貯蓄銀行　　172
報徳銀行　　134,163,210
「泡沫会社」　　40,95,178,214-216,221,223
ホームビルダー　　85,86
宝来温泉土地建物　　115
宝来土地建物　　17
北辰社　　173
北辰炭砿　　55
北摂自動電気軌道　　204,205
北鮮興業鉄道　　179,204
北鮮炭砿　　188
北鮮炭砿鉄道　　112,188,204
北鮮鉄道　　204
北丹鉄道　　206

北海採炭　43
北海中央電鉄　97,99
北海道砂金　115
北海道証券交換所　111
堀之内軌道　105
「ボロ会社」　221
香港株式取引所　71,139,180,210

〈ま行〉

増田合名　148
増田ビルブローカー銀行　134-137,148,210,221
松井商店　206
松島遊郭　42,218
丸菱商事　165
満洲競馬倶楽部　82,180
万年証券　89
三荒鹿三郎商店　196,206
三荒鹿之助商店　206
御影土地　14,34
三田銀行　65
水戸電気鉄道　203
美禰炭砿　100,113,114
箕面有馬電気軌道　15
美濃御料林　181,183
身延温泉工業　165
身延土地　164,165
宮城電気鉄道　33
武蔵水電　106
武蔵野鉄道　207
村上商店土地部　28
明治公債　91,92,106,179,182,210,211

明治精練　149
門司汽船　122
門司興業　174

〈や行〉

八百豊吉商店　77
矢野鉱業　136,210
山形炭砿　113
大和鉱業　54,173
大和生命　v
裕華銀行　80
「有価証券割賦販売業者」　91,219-221
「幽霊会社」　39,82,98,178,213,216,223,225
「幽霊株」　60,225
横浜共同墓地　179
横浜倉庫　173
吉田洋行　181
吉水温泉　12

〈ら行〉

「濫造会社」　177,188
リーマン・ブラザーズ　i -iv,vi

〈わ行〉

若尾銀行　164
若松炭砿　68,69
若宮炭坑　108
和歌山銀行　34
和歌山倉庫銀行　34
ワシントン・ミューチュアル　i
渡辺商事　111
渡辺倉庫　165,174

【著者略歴】

小川　功（おがわ・いさお）

　1945年　疎開先・滋賀県五個荘に生れ，兵庫県出身
　1968年　神戸大学経営学部経営学科卒業
　1990年　九州大学経済学部客員教授
　1992年　ニッセイ基礎研究所産業調査部長
　1993年　滋賀大学経済学部ファイナンス学科教授
　2007年　跡見学園女子大学マネジメント学部教授
〔著書〕
『民間活力による社会資本整備』（鹿島出版会，1987年）
『地方企業集団の財務破綻と投機的経営者』（滋賀大学研究叢書，2000年）
『破綻銀行経営者の行動と責任』（滋賀大学研究叢書，2001年）
『企業破綻と金融破綻——負の連鎖とリスク増幅のメカニズム——』（九州大学出版会，2002年）
『「虚業家」による泡沫会社乱造・自己破綻と株主リスク』（滋賀大学研究叢書，2006年）

虚構ビジネス・モデル
　　──観光・鉱業・金融の大正バブル史──

2009年3月10日　　第1刷発行　　　　定価（本体5600円＋税）

　　　　　　　著　者　　小　川　　　功
　　　　　　　発行者　　栗　原　哲　也
　　　　　　　発行所　㈱会社　日本経済評論社

　　　　〒101-0051　東京都千代田区神田神保町3-2
　　　　　　電話　03-3230-1661　FAX　03-3265-2993
　　　　　　　　　　　　　info@nikkeihy.co.jp
　　　　　　　URL：http://www.nikkeihyo.co.jp/
装幀＊渡辺美知子　　　印刷＊藤原印刷・製本＊高地製本所

乱丁落丁はお取替えいたします。　　　Printed in Japan
ⓒ OGAWA Isao 2009　　　　　　　ISBN978-4-8188-2041-8

・本書の複製権・譲渡権・公衆送信権（送信可能化権を含む）は㈱日本経済評論社が保有します。
・JCLS 〈㈱日本著作出版権管理システム委託出版物〉
本書の無断複写は著作権法上での例外を除き禁じられています。複写される場合は，そのつど事前に，㈱日本著作出版権管理システム（電話03-3817-5670，FAX03-3815-8199，e-mail: info@jcls.co.jp）の許諾を得てください。

失墜するアメリカ経済
―ネオリベラル政策とその代替案―

R・ポーリン著／佐藤良一・芳賀健一訳

四六判　三四〇〇円

サブプライム危機に揺らぐ米国経済。ニューエコノミーは株式や住宅バブルによる空虚な好況であった。途上国をも巻き込むネオリベラリズム。丹念な実証に基づき代替案を提案。

金融不安定性と景気循環

W・ゼムラー編／浅田統一郎訳

A5判　四六〇〇円

「失われた一五年」をどうみるか。金融不安定性と景気循環をめぐる本書の理論モデルは、一九八〇年代〜二〇〇〇年代の日本経済の分析に多くの示唆を与える。

投資と金融
―資本主義経済の不安定性―
（オンデマンド版）

H・ミンスキー著／岩佐代市訳

A5判　六八〇〇円

「金融的不安定仮説」を提起した初期の代表的論文を中心に構成。金融自由化で不確実性が高まりつつある今、市場経済における金融過程の本質を考察するのに格好の書である。

金融規制はなぜ始まったのか
―大恐慌と金融制度の改革―

安部悦生編著

A5判　三八〇〇円

金融規制はなぜ始まったのか。この問題を一九三〇年代の大恐慌と絡めて、アメリカ、ドイツ、フランス、日本を比較し、金融規制緩和の意味を考える。

貨幣と銀行
―貨幣理論の再検討―

服部茂幸著

A5判　四二〇〇円

二〇〇一年に日銀は量的緩和政策の採用を決定したがマネーサプライの増加には至らず結局解除となった。量的緩和論のどこが誤っていたか。各国の金融政策も踏まえて検討。

（価格は税抜）　日本経済評論社